Albert Wunsch

DIE VERWÖHNUNGSFALLE

Für eine Erziehung zu mehr Eigenverantwortlichkeit

Kösel

Verlagsgruppe Random House FSC-DEU-0100
Das für dieses Buch verwendete FSC®-zertifizierte Papier
Classic 95 liefert Stora Enso, Finnland.

15., überarbeitete und erweiterte Auflage 2015, 40. Tausend
Copyright © 2013 Kösel-Verlag, München,
in der Verlagsgruppe Random House GmbH
Umschlag: fuchs_design, München
Umschlagmotiv: plainpicture/Stüdyo Berlin (Mädchen);
Getty Images/Microzoa (Geschenke)
Druck und Bindung: GGP Media GmbH, Pößneck
Printed in Germany
ISBN 978-3-466-30982-5

www.koesel.de

INHALT

Ein Wort zuvor 9
Vorwort zur überarbeiteten und erweiterten
Neuausgabe 11

Verwöhnung als Allroundkiller von Selbstkompetenz 13
In sich selbst kreisende erzieherische Verhaltensmuster 14
Auch süßes Gift hat katastrophale Wirkung 19
Zu Risiken und Nebenwirkungen ... 24

Erziehung wozu? 25
Weshalb Erziehung? 27
Was ist Erziehung? 32
Erziehung wohin? 36
Grundvoraussetzungen zur Erziehung 41
   Alles hat seine Zeit 41
   Wie steht es mit der eigenen Pubertät? 43
   Abbild oder Eigenbild? 46
   Von der Verantwortung 49
   Beziehungen in Kontinuität und Stabilität 51
Die Entscheidung für eine ermutigende Erziehung 53
   Ich oder andere? 53
   ›Hier und Jetzt‹ oder Zukunft? 55
   Geäußertes Bedürfnis oder erkennbarer Bedarf? 57
   Strafen oder wegsehen? 58
   Zum Umgang mit Konsequenzen 60
   In ›Watte packen‹ oder ›Leben real‹? – Vom Umgang
   mit Grenzen 63

Es oder Ich?	66
Zwischen Macht und Ohnmacht	68
Vom gesprochenen Wort zur entwickelten Sprache	69
Zum Trugschluss der Bedeutung von Wissen	72
Ermutigung oder Lob?	75
Menschen für die Welt von morgen	79

Verwöhnung als Massenphänomen … 83

Der Begriff Verwöhnung: Sprachverständnis und Alltagsbedeutung	84
Zur Morphologie des Phänomens Verwöhnung	88
Verwöhnung zwischen Zuviel, Unangemessenheit und Zuwenig	94
Zu viel gewähren lassen	*95*
Zu wenig gewähren lassen	*97*
Unangemessenes Agieren	*99*
Unangemessenes Reagieren	*101*
Die Verwöhnungs-Formel im Vollzug	102
Von gefährlichen Fallen und typischen Versuchungen	105
Prädisponierende Fakten	*105*
Prädisponierende Situationen zur Verwöhnung	*108*
Verwöhnung als resistentes All-Unheil-Mittel in Erziehung und Gesellschaft	110
Der Kindergarten-Beitrag zur Verwöhnung	*111*
Verwöhnung als Lehrfach in der Schule	*113*
Frauen und Männer im Konglomerat der Verwöhnung	*117*
Sag mir, wo du arbeitest, und ich sag dir, wie verwöhnt du bist	*119*
Patientenverwöhnung per Rezept	*121*
Rezipientenverwöhnung per Medienprogramm	*123*
Industrie, Handel, Banken und Dienstleister verwöhnen ihre Konsumenten	*127*
Der Sozialstaat wird asozial und verwöhnt seine Bürger	*131*
Ein Plädoyer für mehr Selbstverantwortungswachstum	136

Zur Pathologie der Verwöhnung 139
Ein finaler Deutungsschluss 142
Der individualpsychologische Ansatz nach Alfred Adler
Fahrstuhl zur Bequemlichkeit 149
Der verhaltensbiologische Ansatz des Felix von Cube
Der Verwöhner sucht immer seinen Vorteil 155
Besondere Dispositionen zum Verwöhner 156
Das Lechzen der Verwöhnten nach ›weiter‹ und ›mehr‹ 158
Die Selbstverwöhnung 163
Verwöhnung als ›Sündenfall‹ der Moderne 167

Der Preis der Verwöhnung 173
Verwöhnung ist Verwahrlosung im Glitzerlook 175
Die Wirkung auf die Persönlichkeit 178
Zur Kollektivierung der Folgen von Verwöhnung 183
Der postmoderne Asoziale als Resultat der Verwöhnung 190

Von der Einsicht zur Veränderung 195
Der entscheidende Klick im Kopf 196
Raus aus dem Verwöhnstrudel 201
Konsequenzen für den Erzieher 201
Konsequenzen für die Erziehung von Kindern und
Jugendlichen 206
Konsequenzen für Schule, Ausbildung und Beruf 215
Konsequenzen für Freundschaft, Partnerschaft, Liebe und Ehe 219
Konsequenzen für das Zusammenleben in einer Konsum-
gesellschaft 220
Zum Transfer in den Lebensalltag 225
Ein Starthilfe-Set 225
Strategien zur Verwöhn-Entwöhnung 229
Belege für ein stabiles Selbst 234
Die Kompetenz-Erweiterungs-Regel X + 1 237
Aphorismen für die Zukunft 239

Praxistipps für den Erziehungsalltag **243**

Erprobte Wege aus klassischen Verwöhnungsfallen 250
 »Der Lehrer ist doof, ich kann die Hausaufgaben nicht!« 250
 »Ich habe keine Lust, mein Zimmer aufzuräumen!« 253
 »Mein Kind kann nicht mit anderen in einem Zimmer schlafen!« 255
 Schon wieder Trouble an der Supermarktkasse 255
 »Mein Sohn mag halt nicht alles essen!« 256
 »Ich hol nur schnell was aus meinem Zimmer!« 258
 »Die Handyrechnung ist einfach zu hoch!« 259
 »Mit solchen Klamotten werde ich schon am Schultor gemobbt!« 260
 Wenn wegen ›Durchhängen‹ die Versetzung gefährdet ist 261
 Schon wieder zu spät nach Hause gekommen! 262
 Wenn Handy-Kontakte zum Pulsschlag des Lebens werden 263

Komprimierte Aussagen zwischen Kurz-Regeln und Selbsttest 268

Selbsttest: 271
Was ist mein Erziehungsstil?

Anhang **277**
Anmerkungen 277
Literaturhinweise 283

EIN WORT ZUVOR

Der Mensch wird nicht durch die Dinge selbst
verwirrt, sondern dadurch, wie er sie sieht!
Epiktet

»Volksdroge Verwöhnung! – Oder was hat Kindererziehung mit Gewalt und dem Wirtschaftsstandort Deutschland zu tun?« So lautete ursprünglich ein Aufsatz, in welchem ich mich kritisch mit alltäglich Beobachtbarem im Umgang zwischen Erwachsenen und Kindern auseinandersetzte. Die Veröffentlichung dieses Artikels wurde zum Ausgangspunkt einer leidenschaftlichen Diskussion. Anfänglich ging ich davon aus, eine Fehlform der Erziehung in den Blick genommen zu haben. Bald jedoch stellte sich heraus, dass die Gesellschaft insgesamt durch verwöhnende Umgangsformen geprägt und geschädigt ist. Mit dem vorliegenden Buch wird der Leserschaft die Möglichkeit geboten, das eigene erzieherische oder kommunikative Handeln einer kritischen Prüfung zu unterziehen. Viele Beispiele oder Episoden werden so konkret sein, dass ›Ertappt-sein-Reaktionen‹ unvermeidlich sind. Dies wiederum bietet die Chance, unsoziales oder schädigendes Verhalten zu reduzieren, um so mit sich und anderen Menschen besser zusammenleben zu können.

Das Denken und Handeln des Menschen wird immer wesentlich durch das mitgeprägt, was andere in ihn hineingelegt haben. So möchte ich an dieser Stelle all denjenigen danken, die direkt oder indirekt zum Gelingen dieses Buches beigetragen haben. Mein Dank richtet sich an die Menschen, die als Ratsuchende Probleme einbrachten oder in Briefen und Diskussionen meine Gedanken in Selbstauseinandersetzung aufgriffen und mich damit zur Weiterarbeit motivierten. Ein spezieller Dank gilt einem Kollegen, welcher mich in freundschaftlicher Beharrlichkeit und Partnerschaft dazu ermutigte, den Einsatz des süßen Giftes Verwöhnung doch im Sinne der Individualpsychologie Alfred Adlers zu deuten. So entlarvte sich ein Vorgang, der häufig im Alltag mit positiver Zuwendung verwechselt wird, als zielgerichtetes Handeln zur Erlangung von Vorteilen zulasten anderer. Persönliche Begegnungen mit Felix von Cube erleichterten mir die Einbeziehung seines Buches *Fordern statt verwöhnen*. Dadurch erhielten die psychologischen Einlassungen durch seine verhaltensbiologischen Thesen eine wichtige Ergänzung. Ein ausdrücklicher Dank gilt auch allen Radikal-Kritikern in Reaktion auf meine Veröffentlichungen zum Thema Verwöhnung. Einerseits haben sie zum Ausdruck gebracht, wie nahe ihnen der Text gegangen ist und wie viele wunde Stellen er angekratzt haben muss. Andererseits regten sie mich mit an, manchen Aspekt dieses Themas sowohl breiter als auch vertiefter aufzugreifen. Abschließend richte ich einen Dank an meine Familie und in ganz besonderer Weise an meine Frau, welche entweder zeitweise bis spät in die Nacht gedanklich in die Abfassung des Manuskriptes mit einbezogen war oder stattdessen Äquivalent-Ideen für den ausgefallenen Sommerurlaub entwickelte.

Albert Wunsch

VORWORT ZUR ÜBERARBEITETEN UND ERWEITERTEN NEUAUSGABE

Die häufigste Frage, welche mir immer wieder neu in Interviews gestellt wurde, lautete:»Herr Wunsch, wie konnten Sie denn schon vor gut zwölf Jahren die Probleme sehen, welche uns heute prägen?« Meine Antwort lautete sinngemäß immer neu:»Seit vielen Jahren können und konnten sehende Menschen diese Entwicklung wahrnehmen, aber eine häufig auch von Politikern und anderen Entscheidungsträgern genutzte Schönfärberbrille behinderte den nüchtern-kritischen Blick bzw. den notwendigen Veränderungswillen.«

Wenn also ein Buch in zwölf Jahren auf 13 Auflagen kommt, ist dies – erst recht im Erziehungsbereich – ein deutlicher Beweis dafür, ein wichtiges Thema gut lesbar aufgegriffen zu haben. Auch das Wochenmagazin *DER SPIEGEL*, welches das Thema kurz nach dem Erscheinen des Buches auf der Titelseite mit der Überschrift:»Die verwöhnten Kleinen – Alles haben, alles dürfen, alles wollen« (ich ergänze: und nichts können) in Verbindung mit einer sehr pointierten Illustration aufgriff, belegt die Wichtigkeit des Themas, zumal diese Ausgabe zur meistverkauften des Jahres 2000 wurde. So konnten neben der ständig wachsenden Leserschaft des Buches in rund 400 Vorträgen bzw. Seminaren ca. 100 000 Menschen wichtige Anregungen zum Umgang mit Kindern vermittelt werden. Parallel dazu wurde über die Medien ein riesiger Interessentenkreis angesprochen. Eine solche gesellschaftspolitische Mitgestaltungsmöglichkeit ermutigt und macht hoffend, das häufig beobachtbare Pendeln zwischen Verhätschelung und Unterforderung bzw. einer Aufzucht per Druck und Disziplin zu überwinden.

Albert Wunsch
im Sommer 2012

VERWÖHNUNG ALS ALLROUNDKILLER VON SELBSTKOMPETENZ

Wenn du die Katze mit Leckereien fütterst, hört sie auf, Mäuse zu fangen. Ein Hund, der verwöhnt wird, hält keine Wacht.

Kodo Sawaki

Auslöser für eine Beschäftigung mit diesem Thema war folgende Beobachtung bei einer Tauffeier vor einigen Jahren: Fast alle Kinder im Alter zwischen ein und fünf Jahren hatten in der Kirche eine Nuckelpulle mit Getränken in der Hand oder im Mund. Und jene Kinder, welche noch keine Getränkeration als Beipack hatten, brauchten nur in die Nähe ihrer Eltern zu kommen – und schon bekamen auch diese eine Flasche zugesteckt.[1] Ich dachte: Ist dies die Generation, welche nach dem Lebensprinzip ›Genuss sofort‹ heranwächst? Ob sich die Eltern der erzieherischen Wirkung ihres Tuns bewusst sind? Hatten sie schon einmal über die Auswirkungen nachgedacht? Denn um ein Trinken als Reaktion auf Durst konnte es sich nicht handeln. Es wirkte eindeutig wie eine Form der Ruhigstellung. Aber selbst wenn auch Trink-Interesse mit im Spiel gewesen wäre: Kann ein Kind eine knappe Dreiviertelstunde nicht ohne Anschluss an eine Getränke-Pipeline überleben?

IN SICH SELBST KREISENDE ERZIEHERISCHE VERHALTENSMUSTER

Diese Begebenheit wurde zur Basis einer intensiven Auseinandersetzung mit dem Thema Verwöhnung. Sie mündete in den Artikel »Droge Verwöhnung« in der Wochenzeitschrift *DIE ZEIT*.[2] Er löste nicht nur eine breite Diskussion aus, sondern wurde auch zur Basis für dieses Buch. Die prominenteste Reaktion kam von Altbundeskanzler und *ZEIT*-Mitherausgeber Helmut Schmidt. Sein Fazit an die Redaktion zur Weiterleitung an mich: »Dazu großes Lob! Der Mann hat in allen Punkten recht – bitte lassen Sie ihn meine Zustimmung wissen.« Trotz dieser Unterstützung ›von höchster Stelle‹ ist aber seit Jahren festzustellen, dass sich die Probleme zwischen Inkonsequenz und Überbehütung kräftig verstärken. ›Helikopter-Eltern‹ werden diese dauernd über ihren Kindern kreisenden – sich ständig sorgenden – Mütter und Väter wie zuerst in den USA mittlerweile auch hierzulande genannt. Sie spannen einen aus Unterforderung und Ängstlichkeit zusammengewebten Rettungs-Schirm über den Nachwuchs, welcher diesen von der Lebenswirklichkeit ausgrenzt: Diese Kinder werden bei jedem Pups hochgenommen, mit Spielzeugen überschüttet, per Lieblingsspeisen ernährt und bei kleinstem Unwohlsein in Watte gepackt. Der Schulranzen wird bis ans Pult getragen und beim ersten erahnten Regentropfen setzt der Fahrdienst ein.[3] Diese Eltern lösen stellvertretend die Mathe-Aufgaben, schalten bei schlechten Noten anstelle einiger Lern-Sonderschichten den Rechtsanwalt ein, stehen bei Streitigkeiten ungefragt auf der Seite des Nachwuchses, setzen auf Handyüberwachung, wollen zum ersten Date aus Sorge mitgehen und bestimmen das Datum für die erste Elternsprechstunde im Ausbildungsbetrieb bzw. in der Hochschule. Ja, sie laufen zur Höchstform auf, wenn's beim Nachwuchs etwas zu schützen gibt oder durch Geld Wünsche erfüllt werden, oft als Folge eines schlechten Gewissens wegen zu großer zeitlicher Selbstüberlassung. Die Zielsetzung, Kinder und Jugendliche auf ein Leben in Selbstverantwortung und Eigentätigkeit vorzubereiten, wird so vereitelt.

»Umsorgt vom Kreißsaal bis zum Hörsaal – kommt jetzt die Generation Weichei?«, fragte die Sendung *Hart aber fair* im Sommer 2012. So kann keinesfalls die überall geforderte Adaptions-Fähigkeit bzw. Frustrations-Toleranz oder ein Bedürfnis-Aufschub entwickelt werden. Welche Basis benötigen also unsere Kleinen, um sich zu handlungs-fähigen und verantwortungs-bewussten Erwachsenen entwickeln zu können? Ist es der Schoß der Familie oder die staatlich geförderte Krippe? Was brauchen Kinder besonders in den ersten drei Lebensjahren? Welche Art des Umgangs mit Babys und Kleinkindern ist förderlich und was ist abzulehnen bzw. gefährdet ihre Entwicklung? Welche Gütekriterien zur Erziehung werden als Basis betrachtet?

Unterschiedlichste Wissenschaftler haben im Rahmen der Entwicklungspsychologie und Bindungsforschung wichtige Grundbedingungen für aufnahmebereite Menschen verfügbar gemacht. Aber die Beobachtung von alltäglichen Erziehungssituationen in Familie, Kindergarten und Schule verdeutlicht durch immer umfangreicher zutage tretende Mangelsituationen einen großen Handlungsbedarf.

Hier eine breit gestützte wissenschaftliche Erkenntnis: Was in den ersten drei bis fünf Lebensjahren nicht an Kleinkinder im normalen Lebensalltag herangetragen wird, ist kaum oder nur äußerst schwierig ›nachzuliefern‹. Denn es ist sowohl vom Lernprozess her einfacher und volkswirtschaftlich sinnvoller, dem gesellschaftlichen Nachwuchs wichtige Stärkungsmittel ›in die Kinderschuhe‹ zu geben, als dies mit einem immensen Kraft-, Zeit- bzw. Geldaufwand und begrenzter Erfolgsaussicht im fortgeschrittenen Alter zu versuchen. Die my way-Stiftung hat unter der Überschrift »Professionelle Elternschaft« die Formel 9 + 36 = 90 entwickelt. Das heißt: 9 Monate Schwangerschaft und die ersten 36 Monate nach der Geburt machen 90 Prozent von dem aus, was unsere Kinder und Jugendlichen im weiteren Leben – ob unter positivem oder negativem Vorzeichen – prägt. Dabei haben die Eltern als Garanten des Wachstums von Urvertrauen und Selbstsicherheit durch die Gewährleistung einer verlässlichen Mutter-/Vater-Kind-Beziehung die größte Handlungs-Verantwortung und Wirk-Bedeutung. Der Leitsatz der Bindungsforschung in diesem Zusammenhang lautet: Bindung ist die Basis von Erziehung und Bildung; oder umgekehrt: Ohne Bindung keine Bildung! Wenn dann in einer Langzeitstudie festgestellt wird, dass »mehr als ein Viertel aller Eltern von Neugeborenen bei der Erziehung unsicher oder völlig überfordert« sind und ›schon drei Monate nach der Geburt in jeder zehnten Familie der leibliche Vater nicht mehr im Familienhaushalt lebt‹,[4] wird der große Handlungsbedarf zur Stabilisierung von Eltern überdeutlich.

Auch wenn schon Sokrates vor mehr als 2 400 Jahren deutliche Worte zu offensichtlichen Jugendproblemen fand (»Die Jugend liebt heutzutage den Luxus. Sie hat schlechte Manieren, verachtet die Autorität, hat keinen Respekt vor den älteren Leuten und schwatzt, wo sie arbeiten sollte. Die jungen Leute stehen nicht mehr auf, wenn Ältere das Zimmer betreten. Sie widersprechen ihren Eltern, schwadronieren in der Gesellschaft, verschlingen bei Tisch die Süßspeisen, legen die Beine übereinander und tyrannisieren ihre Lehrer«), müssen alle erzieherisch Verantwortlichen in ihrer Zeit auf offensichtliche Defizite bzw. Fehlentwicklungen im Umgang mit dem Nachwuchs eingehen. So hat jede Gesellschaftsform ihre eigenen Erziehungs-Leitlinien und auch ihre eigenen Probleme.

Da sich das Leben in einer Spaß- und Konsumgesellschaft an der leicht erreichbaren Annehmlichkeit bzw. einer ›Jetzt und sofort‹-Mentalität orientiert, wirkt sich dies auch auf den Umgang mit Kindern aus. Im Leitsatz ›Lernen muss Spaß machen‹ präsentiert sich die Handlungsmaxime einer Spaßpädagogik. ›Genuss pur‹, ›Immer locker bleiben‹, und ›Mithalten‹ heißt dieses Lebensmotto. Die Lebenserfahrung ›Ohne Fleiß (und Anstrengung) kein Preis‹ wurde in diesem Zusammenhang weitestgehend aus dem Lebensalltag verbannt. Aber: ›Was Hänschen nicht lernt, lernt Johanna immer schwerer‹. Das wirkt sich auch negativ auf die Eltern aus, da deren Zeit, Kraft und Nerven so beeinträchtigt werden. Gleichzeitig wird das Wohlbefinden innerhalb der Partnerschaft reduziert. Dazu ein aus der langjährigen Beratungsarbeit entwickelter Leitsatz, welcher in meinem Buch zur Beziehungs-Auffrischung *An welcher Schraube Sie drehen können, damit Ihre Beziehung rundläuft. Boxenstopp für Paare* konkretisiert wurde: »Erziehungsprobleme schaffen Beziehungsprobleme, Beziehungsprobleme schaffen Erziehungsprobleme.«

Ein guter Nährboden ist die Voraussetzung für das Gedeihen jeglicher Pflanzen. Mangelt es hier an Sorgfalt und Können, wird dies das weitere Wachstum massiv beeinträchtigen. Ob Pflegeintervalle, Nahrungsgaben oder Lichtverhältnisse, alles hat massive Auswirkungen. Auch bei der Aufzucht von Tieren sind ähnliche Grundsätze zu beachten. Aber bei den Bedingungen des Aufwachsens von Kindern und Jugendlichen scheinen die Gütekriterien und Voraussetzungen für ein förderliches bzw. optimales Erwachsenwerden immer umfangreicher aus dem Blickfeld zu verschwinden oder gezielt verdrängt zu werden. Denn jeglicher Wollensäußerung im Moment zu entsprechen heißt auch, Auseinandersetzung zu vermeiden und Anspruchsdenken zu fördern. Wo ist denn das Übungsfeld fürs weitere Leben, wenn mal wirklich eine Durststrecke ansteht, Mühe bei einer Zielerreichung gefordert ist? Solche in dauernder Bedürfnisbefriedigung heranwachsende Kinder werden panikartig auf ein Ausbleiben entsprechender Unterstützung reagieren. Dies wird dann als persönlicher Angriff erlebt, dem sofort Aggression entgegengesetzt wird. Ein Blick in die Welt von Schule und Berufsausbildung zeigt deutlich, wie wenig belastbar zu viele Kinder und Jugendliche sind, kaum noch fähig, das Einbringen von Kraft und Ausdauer als Voraussetzung für Erfolg – und daraus resultierender Zufriedenheit – zu sehen.

Ein Grund für diese Entwicklung liegt in der Scheu vieler Eltern, eine Autorität zu sein, weil sie dies mit autoritärem Verhalten verwechseln. Aber fehlende Orientierungsvorgaben führen zu Unsicherheiten bei der Selbsteinschätzung mit der Folge eines unterentwickelten oder ins Unermessliche gesteigerten Ego. Wird Menschen nichts zugetraut, erleben sie sich als Nichts, wird ihnen dauernd alles nachgetragen, müssen sie sich als Mittelpunkt der Welt fühlen. Mit Aggressionen ist zu rechnen, wenn andere diese Rolle nicht anerkennen oder sogar mit demselben Anspruch auftreten. Die abwiegelnden Hinweise, dass die aufgezeigten Probleme nicht neu und deshalb zu vernachlässigen seien, sind ein klarer Beleg dafür, die anstehenden Aufgaben nicht aufgreifen zu wollen. Mit dem Scheinargument ›Das gab's schon immer‹ eine anstehende Grundsatzdiskussion verhindern zu wollen, ist grob fahrlässig. Denn Kriege beispielsweise gibt es auch schon seit Menschengedenken. Trotzdem ist immer wieder neu nach Wegen zu suchen, dass auftretende Streitigkeiten nicht zum gegenseitigen Schädel-Einhauen führen.

> *»Wir müssen lernen, Schritte zu tun, die groß genug sind, um anstrengend zu sein, aber nicht so groß, dass sie entmutigen.«*
> Karlheinz Wolfgang

Jede leicht gemachte Annehmlichkeit, jedes Anstelle-Handeln be- oder verhindert das eigenständige Handeln. Jede

Über-Fürsorge behindert die Selbst-Sorge. Jedes ›In-Watte-Packen‹ vereitelt die Entwicklung von Selbstwirksamkeit. Mit dem nett klingenden Satz ›Ich mach das schon für dich‹ geraten Sie mitten in die Verwöhnungsfalle. Werden Kinder nicht oder zu wenig altersgemäß herausgefordert, sind damit meist alle Bereiche betroffen. Wer sich beispielsweise zu wenig bewegt, wird bald übergewichtig sein, was wiederum die Entwicklung der Anstrengungs-Motivation reduziert. Wird ein Kind körperlich zu wenig gefördert bzw. herausgefordert, hat dies auch Auswirkungen auf die geistige Entwicklung. Erhält ein Kleinkind zulange Brei oder Fertignahrung, wird nicht nur das Kauen-Lernen und die Geschmacks-Entwicklung reduziert, sondern es können sich auch der Kiefer und Mundbereich nicht so entwickeln, wie dies als Resonanz-Raum für die Lautbildung nötig wäre. Diese jeweiligen Wechselwirkungen liegen nicht nur an einem aus sich heraus wirkenden Automatismus beim Kind, sondern auch daran, dass die Hauptbezugspersonen in der Regel nach demselben Grundmuster – dem leichtesten Weg – handeln. Denn wer die Herausforderung meidet, sich in Trägheit hüllt, Inkonsequenz walten lässt, Konflikte nicht zulässt bzw. sie in überbordendem Harmoniestreben ertränkt, wird diese Grundhaltung in allen Bereichen offenbaren. Alles hat Auswirkung auf alles.

AUCH SÜSSES GIFT HAT KATASTROPHALE WIRKUNG

Es wird offenkundig: Verwöhnung hat einen hohen, meist erst nach einiger Zeit zu zahlenden Preis. Denn die Erziehung zur Abhängigkeit lähmt jegliche eigenständige Entwicklung, behindert die Entstehung sozialer Kompetenz und verhindert die Bildung von Verantwortungsbewusstsein. Aber weshalb verwöhnen Eltern ihre Kinder, Frauen ihre Männer oder umgekehrt? Ein zentraler Aspekt liegt in der – meist unbewussten – Absicht, die eigene Position dadurch sichern zu wollen und andere von sich abhängig zu machen. Im Grunde eine Bestechungsvariante. Ich verwöhne dich durch ... und du bist mir dafür als Preis ewige ... schuldig. Funktioniert dies, wird Widerspruch zur Rarität. Der Satz ›Mein Kind ist mein Ein und Alles‹ legt überdeutlich offen, wo Veränderung einzusetzen hat. Denn in der Erziehung zu einem mündigen Menschen geht es nicht um ›mein Ein und Alles‹, sondern um die Befähigung der uns anvertrauten Kinder zu einem eigenständigen Leben. So entlarvt sich ein wie liebevolle Zuwendung aussehender Vorgang als Eigenliebe. Das Kind wird zum kuscheligen Schoßhund, zum eingekauften Seelenbeistand, vielleicht zum Ersatz nicht vorhandenen Partnerglücks. Ein Seminarleiter verdeutlicht: »Verwöhnung wirkt wie süßes Gift, welches die Seele einschnürt. Damit ist Verwöhnung das Schlimmste, was einem sich nicht wehren könnenden Kind angetan werden kann. Sie ist ein Verbrechen, weil die Kraft und der Lebensmut des Kindes gebrochen werden.«[5]

Verwöhnung orientiert sich an den Absichten und Bedürfnissen des Verwöhners. Ob nun kontinuierlich Fehlverhalten übersehen, Hürden weggeräumt oder angenehme Gefühlszustände zu leicht ermöglicht werden, es geht um den eigenen Vorteil, nicht um das Wohl des Kindes. Ein möglichst konfliktfreies Szenario – ohne jedwede Herausforderung – wird zur vermeintlichen Lebenswelt. Erfolg wird ohne eigenen Beitrag erfahrbar, Passivität belohnt. Es lebt sich wie im Schlaraffenland. Das Kind gewöhnt sich an den bequemen Mechanismus, alles leicht zu bekommen. Verwöhnen und Gewöhnen werden zum unzertrennlichen Paar. Aber:

> *Eine Quarantäne-Station ist keine gute Voraussetzung zur Entwicklung von Abwehrkräften.*

Die Folge ist eine Abnahme jeglicher Aktivität oder Anstrengung. Natürlicher Neugier bei der Erkundung des Lebensumfeldes wird so die Basis entzogen. Damit aber wird das Kind permanent entmutigt. Anfangs wehrt sich ein Kind noch, weil es etwas selber/anders machen möchte. ›Kann allein!‹ oder ›Will nicht!‹ steht dann im Raum. Später gibt es auf. Damit wird dem Kind die Möglichkeit zur Entwicklung ›seelischer Muskeln‹ genommen. Eigene Interessen haben keine Chance zur Verwirklichung, Willens- und Persönlichkeitsbildung finden nicht statt. Die sich so verfestigende Kraftlosigkeit führt auf Dauer zu Verwahrlosung, Aggression, letztlich zu Gewalt. Der postmoderne Asoziale steht vor uns – eine Kernaussage aus dem bereits zitierten Artikel »Droge Verwöhnung«.

Wenn Erziehung sich als Verwöhnung etabliert, Kinder für eigene Interessen oder Vorteile rekrutiert werden, findet dies bald in der Gesamtgesellschaft seinen Widerhall. Die zukünftige Generation wird zu kraftlosen, ängstlichen, leistungsschwachen, unmotivierten und angepassten Egoisten instrumentalisiert, die permanent bestrebt sind, wieder an die Pipeline wohligen Versorgtwerdens angeschlossen zu werden. Aber auf Dauer wird die vorgegaukelte Leichtigkeit des Seins zur Unerträglichkeit, sowohl für die Gemeinschaft als auch für den Verwöhnten. Damit weisen diese Gedanken weit über eine akademische Erörterung guter oder schlechter Erziehungsgrundsätze hinaus, denn das unscheinbare Phänomen der Verwöhnung hat mittlerweile die ganze Gesellschaft im Griff. Die unsere Zeit prägenden Problemthemen wie die weltweite Banken- und Eurokrise, die Tragfähigkeit des sozialen Netzes sowie die Zukunft unseres politischen Systems stehen damit in unmittelbarem Zusammenhang.

Stringent wirft dies auch ein neues Licht auf das so häufig beklagte fehlende Verantwortungsbewusstsein in Staat und Gesellschaft. Denn so wie der Einzelne für seine Verwöhnung zu zahlen hat, so sind in der Gesellschaft Unsummen für die vielen Verweigerer fällig, welche keine Verantwortung für ihr Leben übernehmen. Nicht arbeitswillige Sozialhilfeempfänger verteidigen ebenso wie Schein-Arbeitslose vehement ihren ›Leistungsanspruch‹, eine persönliche Verpflichtung zur Selbsthilfe und eigenen Vorleistung dagegen wird brüsk abgelehnt. Aber auch Ehe und Familie als Keimzelle der Gesellschaft, Freundschaft und Partnerschaft sind betroffen, weil diese nur existieren können, wenn die Beteiligten wenigstens ebenso viel einbringen, wie sie selbst herauszuholen erwarten. Aber entmutigte, Verwöhnung erheischende Menschen werden nicht ihren Teil zu einer tragfähigen Gemeinschaft einbringen können bzw. wollen, da die Bereitschaft für die kleinste Vorleistung an Kraft, Zeit, Mitwirkung oder Emotionalität fehlen wird.

Immer dann, wenn Menschen daran gehindert werden, etwas zu tun, was sie selbst tun könnten oder sollten, wenn um der eigenen Ruhe willen keine Auseinandersetzung stattfindet, Verwöhnung praktiziert wird und somit Abhängigkeit entsteht, schadet dies einem Menschen zeitlebens. Dies kann durch einzelne Personen, Personengruppen und selbst durch Institutionen geschehen, z.B. durch staatliche Organe. Auch Selbstverwöhnung vollzieht sich – wenn auch leicht variiert – nach diesem Muster, wobei dann der ›innere Schweinehund‹ ein schwaches Selbst in die Abhängigkeit führt. In allen Fällen wird gleichermaßen verhindert, ›das wunderbare Gefühl rechtschaffener Erschöpfung‹ zu spüren, zufrieden auf ein mit Mühe Geschaffenes blicken zu können. Wenn Menschen solche Erfahrungen nicht machen können, bemerken sie gleichzeitig, dass ihnen etwas nicht zugetraut wird. Dies macht klein. Eine solche Lektion heißt im Klartext: Erlerne die Ohnmacht, meide jegliches Risiko, füge dich der Verwöhnung! Stattdessen wäre aber Ermutigung zur Auseinandersetzung – kurz: ›emotional-soziales Krafttraining‹ – notwendig, vorausgesetzt, dieses orientiert sich am anderen und zeichnet sich durch wohlwollende Konsequenz aus.

Gerade die immer differenzierter werdenden Erwartungen an Familie, Schule, Beruf und Freizeit erfordern vom Einzelnen ein Höchstmaß an sozialer Investitionsbereitschaft, um unsere diffizile Gesellschaft funktionsfähig zu erhalten. In sich stehende Jammergestalten, ideenlos, frustriert, asozial, ohne Kraft, Mut und Zukunftsperspektive, gibt es schon genug. Damit kann weder die Verantwortung für die nachwachsende Generation übernommen noch der Wirtschaftsstandort Deutschland abgesichert werden.

Um mögliche verwöhnte Leser nicht allzu leichtfertig von einer persönlichen Auseinandersetzung abzulenken und sie nicht der Gefahr einer Flucht in die – vielleicht als Globalkritik getarnte – Verdrängung eigener Anteile auszuliefern, folgende Klarstellung: Es geht in diesem Buch nicht um die Kritik an einem verantwortungsbewussten Umsorgen von Kindern durch Mütter, Väter und andere Bezugspersonen, um uneigennützige persönliche Zuwendung oder um die Unterstützung echt Hilfsbedürftiger. Nein, der jegliche Aktivität und Verantwortung blockierenden Verwöhnung wird der Kampf angesagt, weil sie Abhängigkeit und Hilfsbedürftigkeit produziert. Denn wenn Verwöhnung zur Volksdroge wird, hat dies substanzielle Auswirkungen auf uns alle.

Freude, Stolz, Zuversicht und Erfolg sind der Aura der Verwöhnung erlegen. Ob Einsicht, Zeit und Kraft reichen, die Mutation vieler Zeitgenossen zum ›Homo-Schlaraffiensis‹ rückgängig, dem Lebensideal als ›Made im Speck‹ den Garaus zu machen? Hat der Homo sapiens noch eine Chance, sich an den ethischen Notwendigkeiten des 21. Jahrhunderts auszurichten?

ZU RISIKEN UND NEBENWIRKUNGEN ...

»Die EU-Sozialminister informieren: Verwöhnung gefährdet Leben!« Bis es zu einer solchen Übereinkunft kommt, wird mit großer Wahrscheinlichkeit noch einige Zeit vergehen. Um diese nicht tatenlos verstreichen zu lassen, wurde dieses Buch geschrieben. Es richtet sich gleichermaßen an einsichtige Änderungsbereite und an unbekümmert Verwöhnen-Wollende. Erstere erhalten viele Anregungen zur Korrektur, Letztere viele Anstöße zur grundlegend anstehenden Kursüberprüfung. Überzeugungstäter in Sachen Verwöhnung, besonders wenn diese zu cholerischen Reaktionen neigen, gehen jedoch bei einer weiteren Beschäftigung mit dem hier zusammengetragenen Material ein Risiko mit ernst zu nehmender Nebenwirkung ein: Es könnten kolikartige Abwehrreaktionen einsetzen.

Wer einmal in Anna Freuds Ausführungen zu *Das Ich und die Abwehrmechanismen* schaut, stellt schnell fest, dass polemisch und aggressiv geäußerte Kritik im Kern Säbelgerassel zur Ablenkung von nagenden Selbst-Zweifeln ist. »Wer so reagiert, vermeldet gleichzeitig einen Treffer«, so ein versierter Psychotherapeut zu solchen Reaktionen. Auch wenn kämpferische Abwehr in der Situation etwas Luft zu schaffen vermag: Anstehende Selbsterkenntnis wird auf diese Weise nur verhindert. Statt solcher Kurz-Schluss-Reaktionen stehen personales Wachstum und Veränderung an. Wer solche Zusammenhänge weiter ignorieren will und eine Selbstauseinandersetzung scheut, der sollte auf eine ferne Insel auswandern, damit er/sie dann wenigstens anderen nicht zur Last fällt.

ERZIEHUNG WOZU?

Um das Mögliche zu erreichen, muss immer neu
das Unmögliche versucht werden!

Hermann Hesse

»Die erste Lebenshälfte verderben uns unsere Eltern, die zweite Hälfte unsere Kinder!« Ergänzt durch eine freche Karikatur, fand ich diesen Text vor einigen Jahren an einer Bürotür. Ich ›musste‹ ihn abschreiben. Er führt zum Schmunzeln und macht nachdenklich. Fast jeder fühlt sich auf eine ganz besondere Weise angesprochen. Er verdeutlicht die – häufig tragische – Begrenztheit, Erfahrungen positiv zu nutzen. Sind wir nicht lernfähig oder wollen wir nichts ändern? Der Umgangsstil zwischen den Generationen wirkt jedenfalls stark verbesserungsbedürftig. Das ›Unternehmen Erziehung‹ braucht einen Innovationsschub, will es nicht in Konkurs geraten.

Als mich Wieland Backes in der Vorbereitung der SWR-Fernsehsendung *Nachtcafé* mit dem Titel »Erziehung – wozu?« fragte, welche Position ich innerhalb der verschiedenen pädagogischen Richtungen einnehme und wie ich die Notwendigkeit einer zeitgemäßen Erziehung auf den Punkt bringe, wurde mir so richtig deutlich, auf was ich mich mit meiner Zusage zur Teilnahme eingelassen hatte. Ich schaute im Schnellverfahren – in fünf Tagen stand die Sendung an – noch einmal die verschiedensten mir verfügbaren Erziehungsklassiker durch, verglich eher konservative mit progressiven

Theorieansätzen, bezog auch meine mittlerweile recht angestaubten Seminarmitschriften aus der Uni-Zeit mit ein und klemmte mir zur Auffrischung Ekkehard von Braunmühls *Antipädagogik* sowie Alexander S. Neills *Theorie und Praxis der antiautoritären Erziehung* als Lektüre für die Flugzeit nach Stuttgart unter den Arm.

Das Ergebnis der Materialsichtung: Viele Autoren verdeutlichen die Erziehungsnotwendigkeit des Menschen, benennen die Wichtigkeit von Normen in der Erziehung, heben hervor, dass der Educand ohne die zielgerichtete Hilfestellung von pädagogisch Befähigten nicht lebensfähig sei, während andere Autoren den Begriff von Erziehung meiden und kurz und bündig fordern: »Beziehung anstelle von Erziehung.« Wieder andere unterstreichen die Notwendigkeit emanzipatorischer Prozesse oder fordern radikal die Abschaffung jeglicher Erziehung, weil sie dem Menschen nur schade.

Unabhängig von meinem Bestreben, mir die Bandbreite der Diskussion zum Begriff der Erziehung – von der unbedingten Notwendigkeit bis hin zu ihrer Gefährlichkeit – für die Fernsehdiskussion noch einmal vor Augen zu führen, kreisten meine Gedanken immer häufiger um die Frage: Wie wollen eigentlich Eltern und andere Erziehungskräfte bei einem solchen Konglomerat von Auffassungen und als wissenschaftlich dargestellten Standpunkten zu einer handlungsfähigen eigenen Position gelangen?

Bevor ich diesen Überlegungen ansatzweise nachging, hörte ich schon erste Kritiker-Stimmen: »Ich möchte mir auf jeden Fall mein Agieren und Reagieren aus dem Bauch heraus erhalten, das werde ich mir auch nicht durch erziehungswissenschaftliche Argumente kaputt machen lassen!« – »Viele Standpunkte bieten doch erst die Chance, sich hier und dort etwas herauszunehmen!« – »Es gibt keinen Konsens in Fragen der Erziehung und jeder Mensch geht eben anders ran! Wollen Sie uns etwa etwas anderes weismachen?«

Dies zu versuchen, würden weder Seminarteilnehmer noch interessierte Leser ernst nehmen. Da ein unausgegorenes Durcheinander von Auffassungen und Absichtserklärungen jegliches situationsgemäße Handeln behindert, stelle ich hier die Grundsatzfrage »Erziehung wozu?«. Damit werden zwei Fährten gelegt. Die eine geht dem *Weshalb*, die andere dem *Wohin* des Tuns nach.

WESHALB ERZIEHUNG?

Ein Haftbefehl für den Autor und ein Verbot des Buches im Paris des Frühjahrs 1762 war die unmittelbare amtliche Reaktion Frankreichs auf Rousseaus Roman *Emil oder Über die Erziehung*. Welch revolutionäres Gedankengut wurde da zwischen den Kernaussagen ›Zurück zur Natürlichkeit‹ und ›Hinwendung zum Kind‹ vermutet? Wie groß muss die Angst der Obrigkeit gewesen sein, dass eine zu Papier gebrachte pädagogische Fragestellung diese Reaktion auslöste?

»Alles ist gut, wie es aus den Händen des Schöpfers kommt; alles entartet unter den Händen des Menschen«, so leitet Rousseau seine »Grundgedanken« zur Erziehung ein. »Das Herz duldet keinen anderen Gesetzgeber als sich selbst« – war das der Grund, welcher die Herrschenden so in Panik versetzte? »Was uns bei der Geburt fehlt und was wir als Erwachsene brauchen, das gibt uns die Erziehung.« Der unnatürliche Umgang von Eltern mit ihren Kindern, die Gleichgültigkeit im Umgang mit Säuglingen forderten geradezu eine Neubesinnung heraus. Rousseau differenzierte: »Die Natur entwickelt unsere Fähigkeiten und unsere Kräfte; die Menschen lehren uns den Gebrauch dieser Fähigkeiten und Kräfte. Die Dinge aber erziehen uns durch die Erfahrung, die wir mit ihnen machen, und durch die Anschauung.«[6] Also lautet die Quintessenz etwas vereinfacht: Je weniger Menschen durch Regeln und Verbote intervenieren, desto umfangreicher können Natur und Dinge auf das Leben vorbereiten. Ich möchte der These des ›Gewährenlassens‹ etwas nachgehen. Ein Blick in Standardwerke der vergleichenden Völkerkunde – unter besonderer Berücksichtigung sogenannter primitiver Kulturen – verdeutlicht: Erziehung als reflektierter Prozess, wie er bei uns bekannt ist, existiert bei diesen weitgehend von Zivilisationsbestrebungen unberührt gebliebenen Kleinst-Völkern fast gar nicht. Von den Yequana-Indianern im Dschungel Venezuelas berichtet Jean Liedloff: »Noch ehe die Nabelschnur abgefallen ist, ist das Leben des Säuglings voller Anregungen.«[7] Durch den unmittelbaren Körperkontakt – meist im Tragetuch – werden alle Tätigkeiten und Ereignisse im Tagesablauf der Mutter miterlebt. Aus der Position sicherer Geborgenheit wächst Vertrauen und weicht Angst, entwickeln sich Erwartungen, entsteht Neugier zu weiterführender Welterkundung. So erfahren Kleinkinder viele Impulse, um sich im Einklang mit den Stammesgenossen zu entwickeln. »Wenn dann eine seiner Handlungen Missbilligung erfährt, fühlt es, dass man nicht es selbst ablehnt, sondern seine Tat, und ist motiviert zu kooperieren.«[8]

In Zentralafrika werden die wichtigsten Funktionen des Heranwachsens bei starker Selbstüberlassung im Zusammenleben der Kinder innerhalb des Clans ›einfach so‹ erlernt, ob es sich um bestimmte Fertigkeiten, Geschick im Umgang mit kleinen Aufgaben oder um das Sozialverhalten handelt. Darüber hinaus orientieren sich die älteren Jungen am Leben der Männer, gehen mit auf Jagd oder Fischfang, während die älteren Mädchen das Tun der Frauen als Vorbild nehmen und nicht selten auch Kleinstkinder betreuen. Innerhalb der Initiationsriten werden Jungen und Mädchen getrennt auf ihre Erwachsenenrolle vorbereitet, meist für einige Wochen in der Abgeschiedenheit des Urwaldes oder eines unbekannten Geländes unter Anleitung einiger Älterer. Auf störendes oder unsoziales Verhalten erfolgen in der jeweiligen Situation Hinweise und Zurechtweisungen – bis hin zu kleinen Strafen.

Die Bedeutung von Konsequenzen im Umgang miteinander wird durch das Leben selbst deutlich. Wenn z. b. ein Eipo-Mädchen im afrikanischen Busch mit seinen Spielgefährtinnen einen reißenden Gebirgsbach ungekonnt überspringt, wartet nicht selten der Tod am Ufer; und wenn die Jungen beim Einüben von Bogenschießen oder Messerwerfen zu wenig Geschick einbringen oder wichtige Regeln nicht beachten, wird die Selbst- oder Fremdgefährdung so unmittelbar erlebt, dass spezielle erzieherische Maßnahmen entbehrlich sind. So werden die Kinder der San – ein in der Kalahari lebendes Buschmannvolk – von den Männern auf Streifzügen mitgenommen, wo sie in der Realität lernen, sich lautlos zu bewegen, regungslos auszuharren und das Wild an seinen Fährten auszumachen. Auch die Orientierung am Leben der Erwachsenen bringt den Kindern von Urvölkern wichtige Erfahrungen nahe. Wird ein Mann von der Jagd oder einem Fischfang tot ins Dorf zurückgebracht, erleben alle dieses Unglück hautnah. Die Beteiligten werden zu erkunden suchen, wie es dazu kam, und mit großer Ausdauer bemüht sein, geeignete Vorsorge zu treffen.

Ein weiteres Erfahrungsfeld: Streit, Eifersucht oder Konflikte im Zusammenleben der Familien und Paare haben immer auch etwas mit der ganzen Sippe oder Dorfgemeinschaft zu tun. So erfahren auch hier die Kinder, wie diese Probleme entstehen und mit welchen Mitteln sie gelöst werden. In solchen Ur-Gesellschaften besteht demnach kaum Bedarf, Grundsatzfragen über die richtigen Ziele und Mittel auf dem Wege zum Erwachsenwerden zu diskutieren oder Erziehung als bewussten Prozess zu initiieren.

Ein wenig oder nicht eingreifendes Erziehungsverständnis kann jedoch nur tauglich sein, wenn der dinglichen Welt und den mit uns lebenden Menschen auch der entsprechende Reaktionsraum gelassen wird. Zivilisierte Völker tendieren aber dazu, die Natur auszugrenzen, wichtige Erfahrungen im Umgang mit Sachzusammenhängen nicht zuzulassen und natürliche Reaktionen auf Verhalten von Kindern zu verhindern. In solchen Rahmenbedingungen führt das wichtige Prinzip des ›Gewährenlassens‹ automatisch in die Irrealität.

In Abgrenzung zu einer immer schon notwendig gewesenen Vorbereitung auf spezielle Aufgabenstellungen in der Gesellschaft – ob als Manager oder Lehrkraft, oder wie bei Platon als Wächter oder Regent – ist eine bewusste Erziehung eine Folge der Entfremdung von natürlichen Lebenszusammenhängen. Je größer die zivilisationsbedingte Distanz zum realen Leben, je differenzierter die Anforderungen in Beruf und Gesellschaft, desto umfangreicher müssen erzieherische Trainingsinstanzen geschaffen werden. So können in modernen Gesellschaften grundlegende Erfahrungen nicht mehr im Lebensvollzug gemacht werden, weil Gesetze dies verregeln, ängstliche Eltern es nicht zulassen, die Unwirtlichkeit der Städte keinen entsprechenden Raum bietet und persönliches Fehlverhalten im Zusammenhang mit moderner Technik oder globalen Wirtschaftssystemen in seinen konkreten Auswirkungen kaum noch erkennbar sind. So wachsen Kinder in der Atmosphäre von Treibhäusern heran, ständig überwacht und geregelt, damit nicht per Zugluft etwas von außerhalb eindringt. Um ein Bestehen außerhalb dieser Glashaus-Welt wenigstens ansatzweise zu ermöglichen, existieren kurzzeitige Adaptionsprogramme. Das Leben-Lernen wird ins Erziehungslabor verlagert, mit speziellen Übungsreihen, kybernetisch aufgebauten Informationssequenzen und studiertem Fachpersonal. Pädagogische Reflexionen und Forderungen nach einsichtigen erzieherischen Handlungsansätzen sind demnach weitgehend die Konsequenz einer sich widernatürlich äußernden Moderne.

Ein Beispiel soll der Veranschaulichung dienen. Vor einigen Jahren saß ich nach einer Segelbootsfahrt am Ufer des Ijsselmeers in einem mir bis dahin unbekannten Hafen. Ein nettes, kleines Restaurant lud zur Einkehr ein. Die Gästeterrasse war zu drei Viertel über dem Wasser erbaut. Die Abgrenzung zwischen der Verweilfläche und dem Wasser bestand lediglich aus einer aufgenagelten Dachlatte. Die Stühle hatten keine große Distanz zu dieser ›Begrenzung‹. Beim Aufstehen oder Hinsetzen war also eine gewisse Achtsamkeit aus Gründen des Selbstschutzes geboten. Die Tische waren gut besetzt, es gehörten mindestens sieben Kinder im Alter zwischen drei und zehn Jahren zu den Gästen.

Da saß ich nun als richtliniengeprägter Deutscher und überlegte, wie viele Verstöße gegen gesetzliche Regelungen, Bau- und Ordnungsvorschriften in unserem Land zu ahnden wären. Aber weder die Kinder noch die Erwachsenen schienen solch eigenartige Gedanken zu haben. Es gab keine Verhaltensanordnungen, keine Vorsichtshinweise nach dem Muster »Pass auf, dass du nicht ertrinkst« – und es gab auch keine Probleme. Die Kinder spielten Fangen und tollten auf der Holzfläche zwischen Tischen und Stühlen herum. Bei uns im Rheinland hätten sicher Väter entsetzt auf eine solch fahrlässige Situation reagiert, mit einer Klage gegen den Betreiber gedroht, Mütter hätten kreischend den Nachwuchs von der Gefahrenkante fernhalten wollen und mit großer Wahrscheinlichkeit wäre mindestens eines unserer supertoll erzogenen Wohlstandskinder am Ende doch im Wasser gelandet. Aber in den Niederlanden – wie in Venedig oder anderen vergleichbaren Gegenden – ist Wasser so allgegenwärtig, dass Kinder wohl mit der ›Muttermilch‹ die entsprechenden Verhaltensweisen im Umgang mit diesem Element einsaugen.

Fast zeitgleich, so las ich in einer Tageszeitung, hat ein Vater in Paderborn per Gerichtsbeschluss die Stadt verpflichten wollen, alle Wasserläufe mit entsprechenden Schutzgittern zu versehen, nachdem sein Kind in einen der Paderquell-Seen gestürzt war. Bei meinem letzten Besuch in dieser schönen Stadt sah ich, dass ihm kein Erfolg beschieden war. Gut so, denn die Folgen für den Nachwuchs aus Paderborn könnten problematisch sein, wenn er sich erst einmal an Gitter am Rande von Gewässern gewöhnt hätte: Entweder müssten ihm für viele Jahre *alle* ungeschützten Wassergebiete gesperrt werden oder die geplante Urlaubsreise an Nordsee oder Rhein würde zur nächsten Katastrophe führen. Aber vielleicht gibt es demnächst in jeder Stadt in Wassernähe Mitarbeiter der Tourismuszentralen mit mobilen Gittern, welche dann immer parallel zum Aufenthalt solcher Kinder im Uferbereich ausgerollt werden ...

Dies meine ich, wenn ich oben die Erziehung in Bezug zur Entfremdung von natürlichen Lebenszusammenhängen gesetzt habe. In unserem Kulturkreis ist Letzteres weitgehend Realität, wenn auch in ländlichen Gebieten weniger als in Städten. Das Lernlabor muss demnach für Kinder in solchen Gesellschaften in die Bresche springen. In relativ künstlichen Situationen muss dann zu vermitteln versucht werden, wie es im *wirklichen* Leben aussieht: dass Wasser z. B. schmutzig sein und ein Hineinfallen zum Ertrinken führen kann.

WAS IST ERZIEHUNG?

Vor einigen Jahren drehte eine pädagogische Kommission in Amerika die Fragestellung »Was ist richtige Erziehung?« um und fragte: Was muss ich tun, damit mein Kind mit dem Leben nicht zurechtkommt und straffällig wird? Die Kommission stellte zwölf Regeln auf. Hier ein Auszug davon: »Fangen Sie in früher Kindheit an, dem Kind alles zu geben, was es will. Auf diese Weise wird es bald glauben, dass die Welt ihm das Leben schuldig ist. – Geben Sie ihm keinerlei religiöse Erziehung. Lassen Sie es 18 Jahre alt werden und dann ›selbst entscheiden‹. – Vermeiden Sie, das Wort ›unrecht‹ zu gebrauchen. Das könnte zu einem Schuldkomplex führen. Wenn man es später wegen Autodiebstahl verhaftet, wird es glauben, dass die Gesellschaft gegen es eingestellt ist. – Streiten Sie sich häufig mit Ihrem Partner in der Gegenwart Ihrer Kinder. Auf diese Weise vermeiden Sie, dass diese später schockiert sind, wenn die Familie zerbricht. – Wenn Ihr Kind in echte Schwierigkeiten kommt, entschuldigen Sie sich selbst, indem Sie sagen: ›Ich konnte niemals etwas mit ihm anfangen.‹ – Stellen Sie sich auf ein Leben voller Kummer ein, Sie haben berechtigte Aussicht darauf.«

Auch wenn Eltern oder andere Erzieher sicherlich nicht wollen, dass die ihnen anvertrauten Kinder lebensunfähig werden, führt ihr Handeln häufig genau zu einem solchen Resultat. Und im Rückblick auf die Geschichte der Erziehung wird deutlich, dass dies kein Phänomen der Neuzeit ist, auch wenn in unseren Tagen die Zusammenhänge und Auswirkungen viel differenzierter und komplizierter geworden sind. Schon über 200 Jahre vor diesem Text aus den USA wurde die folgende Anleitung verfasst. So fragte Rousseau die Menschen seiner Zeit:

»Kennt ihr das sicherste Mittel, euer Kind unglücklich zu machen? Gewöhnt es daran, alles zu bekommen! Denn seine Wünsche wachsen unaufhaltsam mit der Leichtigkeit ihrer Erfüllung. Früher oder später zwingt euch die Unmöglichkeit, sie alle zu erfüllen, zur Ablehnung, und diese ungewohnte Ablehnung wird es mehr verwirren als der Verzicht auf das, was es haben wollte. Zuerst möchte es den Spazierstock haben, dann die Uhr, dann den Vogel in der Luft, den funkelnden Stern, alles, was es sieht.«[9]

Darüber, wie nun dieses *Erlernen des Lebens*, die geeignetste Hilfe zum Erwachsenwerden auszusehen hat, wird seit Generationen heftig gestritten. Die Suche nach dem richtigen

Weg wird dadurch erschwert, dass die jeweiligen Ziele, auf welche hingewirkt wird, meist nicht klar zum Ausdruck gebracht werden. So sind verschiedenartige Erziehungspraktiken die Folge unterschiedlicher Menschenbilder bzw. Gesellschaftsverständnisse. Um die Gegensätzlichkeit dieser Wege zum Erwachsenwerden zu verdeutlichen, hier eine Typisierung von drei weitverbreiteten Handlungsmustern bzw. Erziehungsstilen:

- Das Elternhaus als Disziplinierungsanstalt:
  Handeln lernen durch *Unterwerfung*.
  Der – hoffentlich – überkommene Ansatz!

- Das Elternhaus als Leer-Institution:
  Handeln lernen durch *Selbstüberlassung*.
  Ein als fortschrittlich dargestellter Ansatz!

- Das Elternhaus als Beziehungs- und Entwicklungsraum:
  Handeln lernen in *sozialer Verantwortung*.
  Der zukunftsorientierte Ansatz!

Wird hier auch vom Elternhaus als Urstätte erzieherischer Verantwortung ausgegangen, so sind Kindergarten, Schule und andere tragende Kräfte von Erziehung ebenso im Blick. Die obige Gegenüberstellung verdeutlicht, dass die oft eingebrachte Alltagsauffassung ›Ich nehme mir halt von allem etwas und bastle mir so meinen eigenen pädagogischen Handlungsrahmen‹ keine Tragfähigkeit hat. Denn ein Disziplinierungsverständnis widerspricht einem Entwicklungs- und Beziehungsraum ebenso wie die Selbstüberlassung – wobei ein Handeln in sozialer Verantwortung natürlich die Akzeptanz von Grenzen und eine Unterordnung gegenüber Regeln und Normen einschließt.

Erziehung ist Anregung und ermutigende Hilfe für Kinder und Jugendliche durch Eltern und andere Erziehungskräfte. Sie umfasst alle Bestrebungen, die zu einem selbstständigen und eigenverantwortlichen Leben in der Gesellschaft führen.

Dies schließt auch die Weiterentwicklung von gesellschaftlichen Normierungsprozessen ein. Zeichnet sich ein solcher Entwicklungsraum durch tragfähige Beziehungen, Geborgenheit, Kontinuität und Sicherheit aus, bietet er optimale Voraussetzungen, um

> vom Noch-nicht-Können zum Immer-besser-Können und
> vom Verharren vor Hürden zum ›Wie kann es trotzdem gehen?‹ zu gelangen.

Bei der Erziehung geht es also um das Erlernen des Lebens. ›Weltoffenheit und Unfertigkeit‹ verdeutlichen gleichzeitig Ausgangspunkt und Notwendigkeit pädagogischer Hilfestellungen. Die Veröffentlichungen von Immanuel Kant, Arnold Gehlen und Adolf Portmann haben dies eindrucksvoll belegt. Kein Lebewesen kommt so hilflos wie der Mensch zur Welt. Ständig werden neue Sinnesreize benötigt, um durch Fühlen, Sehen, Hören, Riechen und Schmecken in die Welt hineinzufinden. Neben einer gesunden leiblichen Grundversorgung ist das Wohl von Kindern existenziell an den positiven und kontinuierlichen Umgang mit den Bezugspersonen gekoppelt. Die Prozesshaftigkeit dieses Vorgangs wird in dem Satz von Antoine de Saint-Exupéry »Leben heißt langsam geboren werden« nachvollziehbar in die Anschaulichkeit gebracht.

ERZIEHUNG WOHIN?

»Es muss doch mehr als alles geben!« – »Ich will Genuss, jetzt sofort!« – »Geld regiert die Welt!« – »Nur wer Macht hat, kann sich alles leisten!« – »Ohne Luxus ist das Leben nichts wert!« – »Mit einem Traumjob kommt das große Glück von selbst!« – »Das Leben muss Spaß machen, egal wie!« – »Nur wer an sich denkt, kommt weiter!«

Dieser Blick in die Denkwelt und Handlungsmaximen von ›Ichlingen‹ verdeutlicht, welche Ziele eine verantwortliche Erziehung nicht haben kann bzw. welche Notwendigkeit sich ergibt, junge Menschen möglichst resistent gegen solche Leitbilder zu machen. Aber blitzlichtartig hämmern sich die Botschaften von Hedonismus und Konsumorientiertheit in die Köpfe der Menschen: »Das will ich auch! Jung, schön, erfolgreich, gut drauf! Das ist Leben pur!«

Damit kein falscher Tenor entsteht: Genussstreben ist nichts Verwerfliches und Träume von Erfolg und Glück gehören nicht nur zum Wesen des Menschen, sondern sind Grundbedingung zum Beflügeln von Antriebskräften. Auch gegen eine verantwortbare Teilhabe am Konsum in modernen Gesellschaften ist nichts einzuwenden. Aber Maß und Mittel sind neu in den Blick zu nehmen. Ist jedoch nur das Ergebnis gefragt, erhält ein Nachdenken über Voraussetzungen und Bedingungen schnell einen Platzverweis. Denn angesichts von solch schillernd-lockenden Lebensperspektiven die Fragen zu stellen, wie denn ein möglichst erfolgreiches Leben erreichbar sein könnte, welche Wegstrecken zurückzulegen, wie viel Fleiß und Schweiß aufzubringen und Rückschläge oder Umwege hinzunehmen seien, erscheint dann schon fast spießig. So werden notwendige Vorleistungen und mögliche Hürden gezielt ausgeblendet, wird die in den Medien inszenierte Schein-Welt zur Wirklichkeit erklärt. ›Nur der entsprechende Zugangsschlüssel muss gefunden werden. Und das dürfte doch nicht so schwer sein.‹ Je umfangreicher Erwachsene von diesem virtuellen Szenario in den Bann gezogen werden, desto schwieriger und notwendiger ist es, Kinder und Jugendliche zu einer eigenverantwortlichen Lebensgestaltung zu ermutigen. Erst recht vor dem Hintergrund einer weitverbreiteten Null-Bock-Mentalität. Dieser Aufgabe haben sich Eltern und andere Erziehungskräfte überzeugend zu stellen, wollen sie nicht durch fahrlässige Unterlassung die Zukunft der nachwachsenden Generation gefährden.

»Erziehung ist Vorbild und Liebe, sonst nichts!«, so fast wortgleich die großen Pädagogen Pestalozzi und Fröbel. Erziehung hat das Ziel, Kinder und Jugendliche auf eine möglichst geeignete Weise ins Leben unserer sich weiterentwickelnden Gesellschaft hineinwachsen zu lassen, um damit Selbstständigkeit und Eigenverantwortlichkeit zu erreichen. Um Kindern und Jugendlichen das zu ermöglichen, haben Väter und Mütter, weitere Familienmitglieder sowie Kindergarten und Schule die Aufgabe, durch viele altersgemäße Lernfelder möglichst optimale Voraussetzungen zur Entwicklung von Fähigkeiten für eine eigenständige Lebensbewältigung zu schaffen. Daneben haben gleichaltrige Kinder, das weitere soziale Umfeld sowie Erfahrungen im Umgang mit anderen Menschen oder mit Sachzusammenhängen eine prägende Wirkung auf den Prozess des Erwachsenwerdens.

Die Erziehungsinstanzen werden einerseits durch die Gesellschaft geprägt und sind somit ein Teil von ihr, andererseits müssen sie aus einem gewissen Abstand zu dieser Gesellschaft ihrer Erziehungsverantwortung nachkommen, womit sie gleichzeitig wiederum Einfluss auf die Gesellschaft nehmen. Diese Interdependenz wird in der Hinterfragung des Handelns der Erziehungsperson konkret, da weder eine bloße Anpassung an spezielle Werte und Normen der Gesellschaft noch an die der handelnden Personen dem in die Eigenständigkeit zu führenden Kind und Jugendlichen gerecht wird.

> *Wachstum entsteht durch Anstrengung, durch ein eigenständiges Meistern von Aufgaben oder Problemen.* <

Dies belegen regelmäßig die Daten im Wirtschaftsteil der Zeitung. Auch im Sport ist dies offensichtlich. Dann, wenn es fast nicht mehr geht, wenn es anfängt, wehzutun, werden letzte Reserven freigesetzt, werden Leistungsgrenzen überschritten. Und da der Lebensalltag eine gute körperliche Verfassung erfordert, wächst die Einsicht, den Körper regelmäßig zu fordern. Die wie Pilze aus dem Boden sprießenden Fitnessstudios bestätigen diesen Trend.

Beim Aneignen von Wissen, sozialen Kompetenzen, technischen Fertigkeiten oder geistiger Fitness ist dies keinesfalls anders. Fehlt ein solches Training, werden Hürden als angeborene Begrenzungen oder als Willkürakte der Umwelt erlebt. ›Offensichtliches Unvermögen muss man halt akzeptieren und vor Anforderungen sind unsere Kinder natürlich zu schützen‹, so die Denkweise vieler Eltern. Solche Reaktionen verfestigen jedoch die schon reichlich vorhandene Bequemlichkeit und Trägheit. Da der Lebensalltag viele Fähigkeiten fordert, müsste als Konsequenz ein großer Run auf entsprechende Trainingsmöglichkeiten feststellbar sein. Mitnichten – eine starke Abstinenz bestimmt die Situation. Und da viele Erziehungspersonen sich selbst nicht entsprechend herausfordern, vermeiden sie dies auch tunlichst den anvertrauten Kindern und Jugendlichen gegenüber.

Das Leben in einer immer differenzierteren Welt erfordert neben Eigenständigkeit und sozialer Kompetenz in erheblichem Maße die Bereitschaft zur Verantwortungsübernahme, Belastbarkeit in Konfliktsituationen, Kreativität bei Problemlösungen, Durchhaltevermögen, Überblick, Erfahrungswissen, Urteilskraft, Wahrnehmungs- und Verknüpfungsfähigkeit, Verlässlichkeit, Flexibilität, Mobilität, Engagement, Toleranz und Weltoffenheit, Gelassenheit mit sich selbst und im Umgang mit anderen, kurz: eine gehörige Portion Mut, sich immer erneut auf das Wagnis des Lebens einzulassen. Dies sind die Kernziele einer zukunftsweisenden Erziehung, welche gleichzeitig einen Blick auf den zugrunde liegenden Wertekanon ermöglichen.

Aber durch welche Maßnahmen können Kinder und Jugendliche Eigenständigkeit, Durchhaltevermögen und Lebensmut erlernen? Dazu das folgende Beispiel aus der Kleinkinderziehung, welches etwas abgewandelt auf alle Lebenssituationen übertragen werden kann:

- Die häufigste Art, ein kleines Kind von A nach B zu bringen, ist, es zu tragen oder den Kinderwagen zu nutzen.
  Hier geschieht *Beförderung!*

- Die zukunftsorientierte Art, ein Kind von A nach B gelangen zu lassen, ist, ihm jede mögliche Hilfe zur eigenständigen Fortbewegung zu geben, je nach Alter natürlich unterschiedlich.
  Hier geschieht *Förderung!*

› Im ersten Fall wird anstelle des Kindes gehandelt, was auf Dauer abhängig macht.
› Im zweiten Fall wird durch motivierende Anreize bzw. Hilfestellungen gehandelt, was zur Verselbstständigung führt.

Frühes eigenständiges Greifen, Krabbeln, Tippeln, Gehen, Trinken und Essen, Sprechen, Treppensteigen, Anziehen, Klettern, Fahrradfahren in erster Linie irgendwelchen besonderen Anlagen – sprich Genen – oder dem Zufall zuzuschreiben, drückt nur aus, vor den wirklichen Zusammenhängen die Augen zu verschließen. Um diese Fähigkeiten zu erreichen, sind nicht Drill und Dauertraining angesagt, sondern das fördernde Aufgreifen eigener Welterkundung. Denn wie die Eigenständigkeit wird auch die Unselbstständigkeit – bis hin zur Hilflosigkeit – erlernt.

Das fünfjährige Kind, welches der Kindergärtnerin regelmäßig mittags den Anorak vor die Füße warf und »Anziehen!« rief, muss mit dieser Vorgehensweise schon oft Erfolg gehabt haben. Vielleicht fing alles damit an, dass die Zeit zu Hause für das eigenständige Anziehen nicht vorhanden schien und daher Vater oder Mutter ›das mal schnell übernahm‹. In einer Mischung aus Bequemlichkeit und Unvermögen musste das Kind demnach mit Nachdruck für das Aufrechterhalten dieses Systems des Angezogenwerdens sorgen.

Hier die Übertragung des oben herausgestellten Beispiels auf ältere Kinder:

- Die häufigste Art, junge Menschen auf das Leben vorzubereiten, ist, ihnen ein Bündel technischer Fertigkeiten zuzüglich einer kräftigen Portion Buchwissen anzutragen.
  Hier geschieht *Beförderung!*

- Die zukunftsorientierte Art, junge Menschen auf das Leben vorzubereiten, ist, ihnen jede mögliche Hilfe zur eigenständigen Entwicklung zu geben, je nach Alter natürlich unterschiedlich.
  Hier geschieht *Förderung!*

Erziehung im lebensfördernden Sinne findet immer dann statt, wenn ausreichend Raum geboten wird, etwas eigenständig zu schaffen. So entwickeln Kinder Selbstständigkeit, Kompetenz, Mut, Sicherheit, Stärke und damit letztlich die Fähigkeit zu lieben. Ob dieser Vorgang dann als Erziehung, emanzipatorischer Prozess, antipädagogische Aktion oder Sozialisation bezeichnet wird, erscheint mir drittranging. Denn die Frage, was ein Mensch braucht, um vom ›Noch-nicht‹ über ›Jetzt-packe-ich-es-an‹ zum ›Ich-kann-es-selbst‹ zu gelangen, wird durch keine akademische Erörterung beantwortet. Der Erfolg eines solchen Vorgehens wird ausschließlich durch den Umfang und die Qualität von genutzten und/oder geschaffenen Herausforderungssituationen bestimmt und daran gemessen, wann und in welchem Umfang dieses eigenverantwortliche Handeln deutlich wird. Denn mit 20 bis 25 Jahren sollte der Nachwuchs in der Lage sein, sein Leben eigenständig zu gestalten.

GRUNDVORAUSSETZUNGEN ZUR ERZIEHUNG

Die Frage, welche Voraussetzungen bei Eltern – und in vergleichbarer Verantwortung Stehenden – vorhanden sein müssen, um der gestellten Erziehungsverantwortung nachzukommen, wird in der pädagogischen Diskussion meistens ausgeblendet. Daher werde ich einige grundlegende Notwendigkeiten genauer unter die Lupe nehmen, vom Einsatz der Zeit für die Erziehungsaufgaben über die Frage der persönlichen Reife der Erzieher, den Umgang mit der Verantwortung als Pädagoge, der Achtung von Heranwachsenden in ihrem Eigensein bis hin zur Bedeutung von Kontinuität und Stabilität in der Erziehung.

Alles hat seine Zeit

So steht es im Buch der Prediger des Alten Testamentes: »Es gibt eine Zeit des Wachsens und Reifens und eine Zeit der Ernte, des Festhaltens und des Loslassens.« Damit ist einerseits unser Handeln in den Lauf der Zeit gestellt, andererseits wird zum Ausdruck gebracht, dass alles auch seine Zeit benötigt. So setzen wir täglich neu Sekunden, Minuten oder gar Stunden für Hobbys, Reisen, Autopflege, Sportverein, Freundeskreise, Körperpflege, PC und Internet, Blumenzucht oder Muße ein. Auch all die wichtigen Fernsehsendungen sowie der Umgang mit Hund und Katze sind nicht zu vergessen. Ja – und manchmal benötigen auch Kinder Zeit. Dafür bleibt angesichts der vielen anderen Zeit-Zehrer nicht unbedingt viel. So berichtete ein Radiosender vor einigen Jahren aus einer Untersuchung: »Berufstätige Mütter beschäftigen sich 37 Minuten, berufstätige Väter 17 Minuten täglich mit ihren Kindern.« Leider wurde kein Vergleich mit Nicht-Berufstätigen vorgenommen, da der Umfang von zusätzlich verfügbarer Zeit noch nichts über ihren sinnvollen Einsatz im Umgang mit Kindern zum Ausdruck bringt.

Nach dieser Anmerkung, so weiß ich aus verschiedensten Elternseminaren, geht es dem schlechten Gewissen berufstätiger Mütter – berufstätige Väter haben übrigens fast nie ein schlechtes Gewissen, trotz chronischen Zeitmangels – meistens schon etwas besser. Erst recht, wenn ich von amerikanischen Untersuchungen berichte, dass nicht der Umfang der eingebrachten Zeiten von Eltern im Umgang mit Kindern entscheidend ist, sondern die *Qualität* der dann gelebten Beziehung.

Zeit scheint also komprimierbar zu sein. In einem begrenzten Sinne, ja. Da aber der Einsatz von Zeit auch immer Wertigkeiten und Wichtigkeiten widerspiegelt, entlarven sich permanente Verdichtungsversuche im Umgang mit dem Nachwuchs sehr schnell. Wenn der Vater außerhalb seiner Berufsausübung für alles Mögliche – von der Autopflege über den Sportverein zum Medienkonsum – Zeit hat, wenn sich bei der berufstätigen oder nicht berufstätigen Mutter fast alles um Tennis, Kosmetik, Sonnenbank und Frauencafé dreht, nur leider für Sohn und/oder Tochter keine Zeit mehr bleibt, muss sich der Nachwuchs als störender Zeitfresser vorkommen.

Fazit: ›Lass mich sehen, wofür du dir Zeit nimmst, und ich sage dir, was dir wichtig ist.‹

Wie steht es mit der eigenen Pubertät?

Eine wichtige Voraussetzung zur Übernahme elterlicher oder anders begründeter erzieherischer Verantwortung ist, die eigene Pubertät halbwegs positiv zum Abschluss gebracht zu haben. Denn es beeinträchtigt den Erziehungsvorgang erheblich, ›wenn Kinder für Kinder zu sorgen haben‹. Ich unterstreiche, dass ich nicht die 14- bis 18-jährigen Mütter oder Väter meine. Nein, ich denke an die 30- bis 50-Jährigen, welche in der Erziehungsverantwortung stehen. Nun werden vielleicht einige Leser anmerken wollen, dass diese Forderung leicht anmaßend wirke. Was soll eine solche Unterstellung erwachsenen Menschen gegenüber?

Dazu eine kleine Begebenheit: Nach einem anstrengenden Termin kamen eine Kollegin – Mitte 30 – und ich zur Übereinkunft, gemeinsam ein Abendessen im Restaurant um die Ecke einzunehmen. Jeder bestellte etwas Schmackhaftes von der breit sortierten Speisekarte. Ein Eis sollte den Abschluss bilden. Mein Teller war schon abgeräumt, auf dem meiner Kollegin befanden sich noch eine halbe Kartoffel und ein Häppchen Fleisch. Als sie den Teller in diesem Zustand nach einiger Zeit dem Kellner zum Abräumen gab, stutzte ich. Sie schien es bemerkt zu haben und wollte wissen, was denn sei. Da wir uns gut kannten, fragte ich: »Theresa-Maria, wieso lässt du denn diese zwei Bissen in den Abfall wandern, hat es dir nicht geschmeckt?« »Doch«, sagte sie, »sehr gut sogar, aber dies ist eine persönliche Macke von mir, ich gebe immer einen Rest zurück.« Meine Verwunderung über ihre Antwort muss deutlich in meinem Gesicht gestanden haben. »Und wieso?«, fragte ich. »Das ist ganz einfach«, meinte sie leicht verlegen, »es ist meine Art der Reaktion auf den früher von den Eltern streng gesetzten Rahmen, immer die von Mutter zugeteilte

Menge auch essen zu müssen. Jetzt leiste ich mir die Freiheit, immer etwas auf dem Teller zu lassen.« Darüber, dass sie auf diese Weise natürlich keine freie Entscheidung trifft und ihr Handeln immer noch Ausdruck des mütterlichen bzw. elterlichen Einflusses ist, wenn auch unter umgekehrtem Vorzeichen, haben wir uns noch lange unterhalten. Ihr abschließender Seufzer: »Vielleicht werde ich ja doch noch mal erwachsen.«

Solche in Kindheit und Jugendalter erhaltenen Prägungen hindern uns nicht selten zeitlebens, wirklich eigenständige Entscheidungen zu treffen. Dass dies im Umgang mit Kindern äußerst problematisch sein und zu recht skurrilen Situationen führen kann, können einige Bruchstücke von Gesprächen zum Thema Erziehung in Beratungssituationen oder bei Wochenendseminaren verdeutlichen:

»Wenn ich mit meiner Tochter Vereinbarungen treffen muss, wann sie abends von der Party nach Hause zu kommen hat, kann ich gar keinen klaren Kopf behalten. Mal möchte ich keine Grenze setzen und selbst bis tief in die Nacht mitgehen, weil ich als Älteste keine Gelegenheit ›zum Ausgehen‹ hatte, mal bin ich versucht, die Zeiten zu knapp zu setzen, weil sie es ja auch nicht besser zu haben braucht als ich.« – »Ich gerate ständig mit meinem 14-jährigen Sohn aneinander. Dauernd gibt es Machtkämpfe.« Nach längeren Gesprächen stellte sich heraus, dass der überstarke eigene Vater bestimmte Diskussionen erst gar nicht zuließ – auch heute ist dies noch so – und dementsprechend ein Nachgeben oder Einlenken dem Sohn gegenüber als persönliches Versagen und Ausdruck fehlender männlicher Durchsetzungskraft empfunden wurde. – Ein 45-jähriger Lehrer, welcher von seiner Mutter immer noch dirigiert und gemaßregelt wird – »Ich arbeite daran, mich diesem Einfluss zu entziehen« –, steht gleichzeitig in der Ablösungs-Auseinandersetzung mit dem eigenen 14-jährigen Sohn. »Da ist es oft recht schwierig für mich, das richtige Maß zu finden!« – Eine nette, leicht unsicher wirkende Frau Ende 30, die schwärmend von ihrer positiven Vaterbeziehung berichtet, hat Probleme damit, dass sich der 17-jährige Sohn so oft entzieht. »Früher haben wir uns so gut verstanden und heute kann ich ihn noch nicht mal zum Morgengruß in den Arm nehmen.«

Zum Abschluss dieser Beispiele ein Problem-Blitzlicht aus der Sicht des Nachwuchses: »Ich komme mit meiner Mutter nicht mehr klar. Im Grunde kann ich sie nicht mehr ernst nehmen. Meine Mitschülerinnen lachen schon über sie, wenn sie mich mal an der Schule abholt.« Auf die Nachfrage, welche Schwierigkeiten sie im Umgang mit der Mutter habe, schließlich sei dies für eine 15-jährige Tochter nichts Außergewöhnliches, sprudelte sie los: »Neulich hat sie sich mit ihren 41 Jahren sogar superhohe Plateaus gekauft. Über ihre wirklich kurzen Miniröcke und knappen Blusen könnte ich ja vielleicht noch hinwegsehen, wenn sie nicht so dicke Beine und Arme hätte. Und dann fängt sie einfach auf der Straße zu singen an oder fragt mich im Supermarkt laut zum Mithören einfach so, ob ich heute auch einen Schlüpfer anhabe.«

Regelmäßig zum Frühstück gibt es die erste Breitseite. Und nachmittags, wenn es etwas zum Vorteil der ach so Großen zu regeln gibt, kommen sie lammfromm und fragen um Unterstützung. Die Nerven liegen blank, ein Rumpf-Selbst hält deprimiert Bestandsaufnahme, anstelle von tiefem Durchatmen setzt Hyperventilation ein. Wollen Sie nicht zum Hauptakteur, zur Hauptakteurin solcher Szenen werden, ist eine frühzeitige Stabilisierung der eigenen Persönlichkeit notwendig. Denn in Zeiten besonderer Beanspruchung wird schnell der Unterschied zwischen Staffage und eigentlicher Substanz offenkundig. Dies trifft für Eltern, Erzieherinnen, Lehrkräfte oder Vorgesetzte im Beruf gleichermaßen zu. Nur wer aufhört, sich Anerkennung durch nette Gesten erkaufen zu wollen, sich mit modischen Accessoires oder ähnlichen Attributen –

plus einiger Jahre Altersvorsprung – einen Status zusammenzubasteln, hat den ersten Schritt auf dem nicht leichten Weg vom Schein zur Entwicklung personalen Seins getan. Nur wer anfängt, »sich selbst möglichen Widersprüchen im Leben zu stellen, und bisweilen auch Lebenslügen ausräumt«[10], wird für die Zukunft taugen. Nicht Perfektheit, sondern Bescheidenheit und Demut werden diesen Menschen prägen, der gleichermaßen seine Möglichkeiten und Grenzen kennengelernt hat. Damit ist auch die notwendige Voraussetzung zur Übernahme einer Erziehungsverantwortung gegeben: ›entgegengebrachte Autorität‹.

Abbild oder Eigenbild?

Es liegt im Trend der Zeit, wichtige Ereignisse und Vorhaben nicht ohne entsprechende Planungen anzugehen: der nächste Urlaub, die Hochzeitsfeier, das eigene Haus, der 50. Geburtstag. Selbst Geburtstermine werden präzise geplant, sodass steuerliche Erwägungen sowie die geeignetste Jahreszeit berücksichtigt und selbst der lange vorgeplante Besuch von Tante Helene aus Florida nicht tangiert werden. So erscheint es nur folgerichtig, wenn schon kurz nach der Kindtaufe die wesentlichen Dinge im weiteren Leben des neuen Erdenbürgers geklärt werden: Wie kommen wir möglichst rasch an eine Tagesmutter, dann soll es dieser Kindergarten, jene Grundschule und anschließend das Rheinhild-Gymnasium sein, weil das dortige Abitur immer noch das angesehenste der Stadt ist und schon Großmutter dort ihre Reife fand. Für gute berufliche Perspektiven ist natürlich ein frühzeitiger Umgang mit den modernen Medien wichtig, Franz geht möglichst bald in einen Judoverein und für Susanne wird schon mal nach einer Ballettschule in der Nähe Ausschau gehalten. Nur das Organisieren der Nachhilfe hat noch etwas Zeit, weil ja mögliche Defizite noch nicht offensichtlich wurden. – Stopp! Planung ist sicher in vielen Bereichen gut, aber hier geht es um die Entwicklung des eigenständigen Seins eines Kindes, welches weder Abbild oder Gegenbild noch sonst wie zustande gekommenes Wunschbild der Eltern zu werden hat.

Die Alternative zum eben verdeutlichten Stopp heißt nicht die Hände in den Schoß zu legen. Vieles im Umgang mit Kindern kann geplant werden. Die intensivste Sinnhaftigkeit und Notwendigkeit einer Vorbereitung ergibt sich jedoch aus der bewussten Übernahme von Elternschaft. Hier stünden Klärungen über einen möglichst geeigneten Umgang zwischen Eltern und Kind an, wären Auseinandersetzungen zu bestimmten Erziehungspraktiken angemessen, würde ein aktives Aufgreifen von Seminarangeboten der Vorbereitung auf die Rolle als Vater bzw. Mutter dienen.

Erziehung kann nicht dem Zufall überlassen werden, sondern erfordert einen »vorausdenkenden Entwurf«, wie Heinrich Roth dies einmal auf den Punkt gebracht hat. Diese – ständig zu hinterfragende und anzugleichende – Leitlinie hat sich

> an diesem Kind mit
> diesen speziellen Anlagen in
> dieser zukünftigen gesellschaftlichen Wirklichkeit

zu orientieren. Um die damit verbundene Forderung der Intersubjektivität zu konkretisieren: Nicht meine, sondern *seine* Zukunft hat im Zentrum zu stehen. Nicht meine, sondern den Fähigkeiten dieses Kindes entsprechende Hobbys und Interessen sind zu fördern. Nicht das Idealbild von Elternteilen – was ich eigentlich werden wollte, was meiner Traumvorstellung von Beruf und Bildung entspricht – ist hier gefragt! Ebenso wenig kann ein zurückliegendes Gesellschaftsverständnis oder die Welt von Schaf-Farmern in Irland ein Maßstab für jene zukünftige Wirklichkeit sein, auf welche die nachwachsende Generation vorzubereiten ist.

Ein Orientierungspunkt zwischen Abbild und Eigenbild ist das Vor-Bild.[11] Da insbesondere Kleinkinder für das Entwickeln des Eigen-Seins viele Anhaltspunkte benötigen, werden die Personen des unmittelbaren Umfeldes – ob gewollt oder ungewollt – ständig danach abgeklopft, was an Interessantem, Richtungweisendem oder Erfolgversprechendem übernehmbar sein könnte. Dabei erhalten die Beziehung zu diesen Erwachsenen und deren Glaubwürdigkeit im Vor-Leben eine zentrale Bedeutung. So werden Standfestigkeit wie auch Standpunktlosigkeit, Aktivität oder Passivität zum Maßstab für die Selbst-Werdung junger Menschen, mit den entsprechenden positiven bzw. negativen Folgen.

»Obwohl Kinder und Jugendliche auf vielen Gebieten nach Unabhängigkeit und Selbstständigkeit streben und ihre eigenen Ansichten durchsetzen möchten, suchen sie gerade in den zentralen religiösen, weltanschaulichen und moralischen Fragen die Autorität und den Rat der Erwachsenen.« Daher haben sie für »Neutralität und Relativismus« wenig Verständnis, weil sie eindeutige Auskunft zum Umgang mit wichtigen Lebenssituationen wollen. Verweigern Erziehungspersonen solche Orientierungshilfen, breiten sich verständlicherweise schnell »Unzufriedenheit und bisweilen Nihilismus und Zynismus« aus. Insoweit ist ein eigenverantwortliches Hineinwachsen in die Gesellschaft ohne Vorbilder nicht möglich. Da hilft auch kein Beteuern eigener Unsicherheit oder ideologisch begründetes Heraushaltenwollen, denn mit Halbherzigkeit ist keine Werte-Erziehung möglich. Wie sollen junge Menschen aus sich selbst zwischen Gut und Böse unterscheiden können, wenn ihnen niemand unmissverständlich Auskunft gegeben hat, »was gut und böse ist«[12]? So verwerflich es wäre, Kinder zum Ab-Bild eigener Vorstellungen zu machen, so unmöglich wäre es aber auch, sich als Vor-Bild beim Werden eines Eigen-Seins entziehen zu wollen.

Von der Verantwortung

»Du bist zeitlebens für das verantwortlich, was du dir vertraut gemacht hast«, lässt der französische Erfolgsautor Antoine de Saint-Exupéry den Fuchs zum kleinen Prinzen sagen, obwohl es nur um eine Rose ging. Wie viel nachdrücklicher muss diese Botschaft wirken, wenn es um das in unsere Hand gelegte Schicksal eines Kindes geht? So nachvollziehbar dieser Gedanke sein mag, beim Engagement für das sogenannte Kindeswohl gibt es deutliche Schwachstellen in der Verantwortungsübernahme. Sie meinen, ich male schwarz? Schließlich wollen doch alle Eltern nur das Beste! – Fragt sich nur, für wen!

Wenn Eltern nicht irgendein Bestes, sondern *das* Beste für ihre Kinder wollten, sähen viele von ihnen hoffnungsvoller in die Zukunft, würde sich der Alltag von Söhnen und Töchtern wesentlich verbessern.

Ein Beispiel aus der Nachbarschaft von guten Freunden: Jeden Morgen dasselbe Weinen, wenn die gut einjährige Sarah von ihrer als Lehrerin tätigen Mutter um Punkt 7.30 Uhr zur Tagesmutter gebracht wird. Täglich dasselbe Ritual: »Du musst nicht weinen, bei Frau X ist es doch so schön. Gleich kommen auch wieder die anderen Kinder.« Das Kind weint noch schluchzender: »Begreif doch, ich habe jetzt keine Zeit; ich muss pünktlich in die Schule, wo all die Kinder auf mich warten. Heute Nachmittag habe ich wieder mehr Zeit; tschüs, ich hab dich lieb!«

So stressig beginnt in der Regel der Wochentag für dieses Mädchen. Jeden Morgen scheint sich erneut in seinem kleinen Köpfchen das gleiche Gedankenkarussell zu drehen: »Ich bin Mama wichtig, so sagt sie, aber dann lässt sie mich hier im Stich. Also hat sie mich doch nicht lieb, bin ich ihr also nicht wichtig. – Nein, sie drückt mich doch immer so fest und gibt mir ein Küsschen. Aber die Kinder in der Schule sind ihr wichtiger, sonst bliebe sie ja bei mir.« – »Tschüs, ich hab dich lieb!« Wer kann eine solche Botschaft begreifen, ohne bitterlich zu weinen!

> *Ob der Preis dieses täglichen Kampfes so mancher Teilzeit-Mütter – bzw. Teilzeit-Väter – bei der Übergabe ihrer Teilzeit-Kinder an die Tageszeit-Mütter nicht doch zu hoch ist?*

Noch einige Anmerkungen zu diesem Beispiel: Nicht die Einbeziehung von Tagesmüttern wird hier hinterfragt, sondern vieles im Zusammenhang dieser Betreuungshändel. Mir ist aufgefallen, dass die Nachbarin oft mehr Hinweise für die Blumenpflege erhält, wenn sie diese während des Sommerurlaubs zur Versorgung übernimmt, als dies bei der Überlassung von Kindern der Fall ist. Auch der Kanarienvogel oder erst recht Hunde und Katzen werden mit wesentlich mehr Spezialhinweisen und zu beachtenden Eigenheiten in die abwesenheitsbedingte Pflege gegeben. So nachvollziehbar und wichtig diese Sorgfalt im Umgang mit Pflanzen und Tieren ist, so fragwürdig wird der Vergleich zu den Rahmenbedingungen bei der Übergabe von Kleinstkindern an sogenannte Tagesmütter. Eine Abstimmung über wichtige Erziehungsgrundsätze scheint eher von peripherer Bedeutung. Doch ob sie kinderlieb ist, wird häufig gefragt, was immer das sein mag. Die Situation bei der Übergabe von Babys und Kleinst-Kinder an die Mitarbeiterinnen von Krippen ist meist vergleichbar.

Wenn solches Agieren den Umgang zwischen Eltern und Kindern prägt, erhalten Blumen – ob im Sinne des kleinen Prinzen oder der reisebedingten Überlassung der Nachbarin gegenüber – mehr Beachtung als die uns anvertraute nachfolgende Generation.

Beziehungen in Kontinuität und Stabilität

Auch wenn der Satz ›Was Gott verbunden hat, soll der Mensch nicht trennen‹ auf das Ja der Eheleute innerhalb der Trauung bezogen ist, so rückt er auch die lebensprägende Verantwortung für eine verlässliche Eltern-Kind-Beziehung ins Blickfeld. Denn ein Beziehungs-Crash wirkt auf Kinder nicht wie ein grippaler Infekt, sondern eher wie ein Herzinfarkt. Zu viele Einzelschicksale belegen, dass Kinder unter einer elterlichen Trennung oft zeitlebens leiden. So sollen Therapeuten oft über viele Jahre die seelischen Blessuren abmildern, welche aus dem Erleben von Zerrissenheit, Entwertung und Beziehungsbruch entstanden sind.

Es stellt sich jedoch die Frage, ob die Gefühle und Bedürfnisse der betroffenen Töchter und Söhne in solchen Krisen überhaupt einen besonderen Stellenwert haben. Alle müssten wissen, dass ein positives Elternhaus die beste Voraussetzung für das Heranwachsen von Kindern ist, dass Beziehungsbrüche zum aufgedrückten Lebensbegleiter werden. Ist dies auch noch im Blick, wenn die Zeichen in einer Ehe auf Sturm stehen?[13] Welche Relevanz innerhalb des häufig dann einsetzenden Scheidungsszenarios haben die vorhersehbaren Folgen dieses Schrittes für diejenigen, welche einmal als ›das Ein und Alles‹ der noch intakten Beziehung bezeichnet wurden? Finden die zu erwartenden Verlustgefühle, Selbstzweifel, Versagensängste, emotionalen Zerrissenheiten, Konzentrationsprobleme und Essstörungen als Kriterien zur Entscheidung überhaupt Berücksichtigung? Langsam stirbt so jegliche Hoffnung auf die Zukunft. Setzt dann nach einer Trennung auch noch der Kampf um die Kinder ein, sind allen erdenklichen Grausamkeiten Tür und Tor geöffnet.

Manche Scheidung ist vielleicht wirklich das kleinere Übel, viele Krisen könnten jedoch anders als durch Auseinandergehen bewältigt werden. Denn persönliche – und damit partnerschaftliche – Lebensqualität entwickelt sich durch das

Meistern von Problemen, nicht durch Flucht. Wird diese – auch im Konflikt liegende – Chance nicht aufgegriffen, werden die Beteiligten meist schneller von einer vergleichbaren Situation eingeholt als erwünscht, wenn auch unter veränderten Rahmenbedingungen.

Aber Beziehungen in Kontinuität und Stabilität werden nicht nur durch Trennungen negativ tangiert. In vielen offiziell intakten Familien existieren Umgangsstile, welche diese Grundvoraussetzung für ein Erwachsenwerden ebenfalls massiv gefährden. So werden Kinder vernachlässigt, gedemütigt, heruntergemacht, sich selbst überlassen, missbraucht. Wenn sie keine alters- und situationsgemäße emotionale Zuwendung erhalten, ist dies damit vergleichbar, ihnen Atemluft oder Essen vorzuenthalten. Beziehungen brauchen Zeit, Nähe, Wärme, Behutsamkeit, Verständnis, Pflege, Geduld und Wertschätzung in einem Rahmen von Kontinuität und Stabilität. Beziehungen lassen sich nicht kontingentieren, ein- oder ausschalten, konservieren oder erkaufen. Sie verlieren ihre Tragfähigkeit, wenn der Pulsschlag des Herzens ausbleibt. Wenn wir in diesem Zusammenhang die Gesetze der Ökonomie auf unser Handeln übertragen, würde manchem Zeitgenossen der erhebliche Kostenfaktor der eigenen emotionalen Armut bilanziert. »Immer da, immer nah«, so wirbt eine Versicherung. Es wäre großartig, wenn viele Kinder und Jugendliche versichert sein könnten, Eltern und andere wichtige Personen als Wegweiser an ihrer Seite zu wissen.

Jeder Erziehungsstil ist Ausdruck der jeweiligen Persönlichkeit. Sind hier Korrekturen sinnvoll oder notwendig, geht dies nur über eine Änderung des eigenen Person-Seins. Denn bevor ich mich in Verantwortung erzieherisch betätige, muss ich Selbsterziehung geleistet und Verantwortung in mein eigenes Leben gebracht haben. Ein Elterntrainings-Programm bringt diese Zusammenhänge auf den Punkt: »Kindererziehung ist Selbsterziehung«.

DIE ENTSCHEIDUNG FÜR EINE ERMUTIGENDE ERZIEHUNG

Grundvoraussetzung für eine ermutigende Erziehung ist, dass sich möglichst viele Menschen für einen solchen Prozess des Erwachsenwerdens von Kindern und Jugendlichen einsetzen. Dies wurde in den vorausgehenden Abschnitten verdeutlicht. Aber so einfach, wie sich diese Forderung vielleicht anhören mag, ist sie nicht zu verwirklichen. Das Erziehungsgeschehen ist durch konträre Positionen geprägt: Soll der Einzelne oder die Gemeinschaft gefördert werden? Kann es um das Erleben des Moments gehen? Soll ›in Watte gepackt‹ werden oder ist die Lebensrealität im Blick? Strafen oder wegsehen? Welche Relevanz kommt geäußerten Bedürfnissen zu? Ist Faktenwissen sinnvoll? Wo sind Grenzen zu setzen und wo nicht? Cool bleiben oder Gefühl zeigen? Und in welchem Verhältnis befinden sich Macht und Ohnmacht in der Erziehung? Eltern und andere Erzieher stehen häufiger in solchen Polarisierungen, als ihnen lieb ist. Jede Entscheidung grenzt gleichzeitig andere Positionen aus. – Hier eine Orientierungshilfe.

Ich oder andere?

»Der Mensch wird am Du zum Ich« – in dieser Wort-Kargheit bezieht Martin Buber seine Position zu diesem im Alltag sehr offenkundigen Gegensatz. Nur die Beachtung durch ein Du schafft Selbstvertrauen und bildet gleichzeitig die Basis zur Entwicklung von Vertrauen gegenüber anderen. Aber was heißt das für das Phänomen des Egoismus? Müssen wir nur lange genug warten, bis aus dauernd saugenden Blutegeln soziale Menschen werden? Oder benötigen wir nur eine neue Sichtweise, um das permanente Erheischen von Vorteilen als soziales Tun zu deuten? Nein, der Umkehrschluss des Buber-Textes lautet: Wenn der Mensch nicht einen angemessenen

Bezug zu einem Du findet, wird er kein Ich, kein personales Sein entwickeln. Insoweit sind Egoisten keine ich-bezogenen, sondern ich-lose Menschen.[14] Ein fehlendes Selbst sucht immer verzweifelter nach einer Basis der eigenen Existenz und steigert sich letztlich in die Ich-Sucht. Vieles, was uns unter der schillernden Chiffre ›Selbstverwirklichung‹ präsentiert wird, entlarvt sich so als Egotrip auf Kosten anderer.

Aber sogenannte Egoisten sind nicht Eindringlinge ferner Galaxien, sondern Sprösslinge unserer Erde. Mangelhafte soziale Kontakte, Selbstüberlassung, Gefühlskälte und fehlende Deutlichkeit im Umgang mit Regeln bilden den Nährboden für ein solches Wachstum. Aber auch eine überproportionale Zuwendung an Liebe, Aufmerksamkeit, Geld oder Zeit kann zu solchem Verhalten führen. Tyrannen werden nicht geboren, sondern entwickeln sich unter unseren Augen, sind Ausdruck des Unvermögens der primären Bezugspersonen. Wer in Unkenntnis über vorhandene Grenzen aufwächst, gerät schnell ins Niemandsland. Der Weg aus diesem Terrain führt zur Forderung nach einem neuen Umgang mit Kindern und Jugendlichen, beginnend mit der Feststellung einer Schwangerschaft. Diese Betrachtung hebt die häufig feststellbaren Diskrepanzen zwischen Menschen mit unterschiedlicher sozialer Reife nicht auf, erleichtert aber eine Trendwende.

Demnach entwickelt sich ein eigenständiges Ich in einer durch ›Wollen und Lassen‹ geprägten Auseinandersetzung mit anderen Menschen, ist eine Gemeinschaft so stark, wie die Mitglieder Eigenständigkeit und Verantwortung füreinander einbringen. »Alles, was gut für dich ist, ist auch gut für andere«, so die Thesenkarte eines psychologischen Instituts. Somit ist im Umkehrschluss alles, was für den Einzelnen schädlich ist, letztlich auch gemeinschaftsschädigend. Störend für das Gleichgewicht in Sozietäten ist aber auch, nur geben und nicht annehmen zu wollen. Asozial ist, wer mehr aus dem Zusammenleben mit anderen herauszieht, als er einzubringen bereit ist. Sozial ist, wer Positives in Personengemeinschaften einbringt und die Fähigkeit hat, Defizite und Störungen im Agieren und Reagieren möglichst nicht entstehen zu lassen bzw. diese durch geeignete Maßnahmen zu reduzieren. Jede Ermutigung fördert und stabilisiert soziales Verhalten. Achtung und Anerkennung ergeben sich in dem Maße, in welchem dieses Zusammenwirken vom Einzelnen – insbesondere durch das Erbringen von Vorleistungen – gefördert wird.

»Jeder braucht mal Hilfe«, steht auf dem Button einer Hilfsorganisation. Und jeder ist auch zur Hilfe fähig. Arme und Reiche, Große und Kleine, Frauen und Männer, Praktiker und Theoretiker sind gleichermaßen aufeinander angewiesen. Unterschiedliche Kulturen bieten viele Ansatzpunkte gegenseitiger Bereicherung. Menschen können auf Dauer nicht ohne andere Menschen leben. Das gilt nicht nur für das Zusammenleben innerhalb pluraler Gesellschaften, sondern ebenso für den Umgang zwischen unterschiedlichen Nationen.

Ich oder andere? Die Lösung liegt in der Synthese von Eigennutz und Gemeinnutz.

›Hier und Jetzt‹ oder Zukunft?

»Das Glück kennt nur Minuten, der Rest ist Wartezeit«, diese Song-Botschaft vertraute einst Hildegard Knef dem Mikro an. Zupacken und festhalten, den tristen Alltag ausblenden. Jetzt sofort muss es sein, ›es lebe der Augenblick‹. Dies will die Welt der Genusssucht zum Lebensprinzip erheben. Aber weshalb ausblenden, was bald sein wird, denn einige Stunden später ist schon morgen und das ›Hier und Jetzt‹ von gestern prägt den neuen Augenblick. Trotzdem versuchen immer wieder neu unzählige Zeitgenossen, diesen Zusammenhang zwischen ›Gestern, Heute und Morgen‹ zu ignorieren, ob im Zusammenleben mit anderen Menschen oder im Umgang mit sich selbst. Auch wenn manche es zu verdrängen suchen: Unser Denken und Handeln von heute gründet im Gestern und prägt unser Schicksal von morgen.

In dieser Spannung stehen junge Menschen ganz besonders, denn das Zukünftige wird häufig als so fern empfunden. »Weshalb der ganze Lernstress in der Schule, wo niemand weiß, wie es in fünf oder elf Jahren in der Berufswelt aussieht?« »Sexualität macht mir jetzt Bock, da werde ich doch nicht über die geile Situation hinausdenken!« Zwei typische Facetten im Denken und Empfinden von Heranwachsenden. Die Erfahrung der Folgen von Unterlassungen oder Fehlverhalten für sich selbst und andere ist noch nicht so ausgeprägt. Viele Erwachsene bieten prächtige Ansatzpunkte zur Nachahmung. Schließlich haben die es ja auch irgendwie geschafft.

> *Herkunft = Zukunft: Verbessern Sie die Zukunftschancen Ihrer Kinder, indem Sie die Herkunftsvoraussetzungen optimieren!*

»Ich bin zigmal gegen Wände gelaufen, ehe ich begriff, welche Nachteile durch ein Missachten von Konsequenzen des momentanen Tuns kurze Zeit später auf mich einstürzten. Als ich dies endlich geschnallt hatte, erlebte ich trotzdem noch viele neue Crash-Situationen, ehe ich raffte, mich in der Situation angemessener zu verhalten«, sagte ein 25-Jähriger mir nach vielen persönlichen Rückschlägen seit seinem Auszug aus dem Elternhaus. Er scheint wesentlich weiter zu sein als viele seiner Altersgenossen. Denn nur die Erfahrung, dass der Genuss des Augenblicks massiv getrübt oder verkürzt wird, wenn die Rahmenbedingungen auf Zukunft nicht stimmen, wird den scheinbaren Gegensatz von Vergangenem, Momentanem und Zukünftigem aufheben und zu einem weniger kurzsichtigen Umgang mit diesen Lebensgesetzen führen.

In Kürze: Die Herrschaft des Augenblicks verdrängt die

Vergangenheit, ignoriert die Zukunft und lässt dem Leben keinen angemessenen Raum!

Geäußertes Bedürfnis oder erkennbarer Bedarf?

»Die zum Ausdruck gebrachten Bedürfnisse von Kindern und Jugendlichen sollen Maßstab des Handelns sein!« So lautete das Credo der Erziehungswissenschaft in der Folge der 68er-Umbrüche in unserer Gesellschaft. Scharfe Kontroversen zwischen konservativen und progressiven Vertretern wurden ausgefochten, werteorientierte Ansätze hatten neuen Strömungen Platz zu machen. Die Pädagogik schuf sich durch die Ergebnisse soziologischer Forschungen eine neue Basis.[15] Das Wollen junger Menschen wurde zur Maxime des Handelns erhoben. Dieser häufig als Erfahrungswissenschaft bezeichnete Ansatz hatte zur Folge, dass von Pädagogen getätigte Überlegungen zu Zielen von Erziehung, allgemein verbindlichen pädagogischen Kriterien und zeitüberdauernden Werten als Auswurf reaktionären Denkens diskreditiert wurden.

Auf den Punkt gebracht: Pädagogische Institutionen entwickelten sich so zu Bedürfnis-Verwirklichungs-Anstalten. Dieses neue Selbstverständnis fand schnell Eingang in die erzieherische Alltagspraxis und führte zu grundlegenden Veränderungen. Sobald es zu Auseinandersetzungen zwischen Erziehenden und Kindern bzw. Jugendlichen kam, wurde der Rückzug angetreten oder, wenn es gar nicht mehr ging, Zuflucht in autoritären Reaktionsmustern gesucht.

In Zeiten gesellschaftlicher Umbrüche ist es hilfreich, den Blick in vergangene Epochen zu werfen. Im *Emil* verdeutlicht Rousseau zur hier aufgeworfenen Fragestellung kurz und knapp: »Ich habe schon oft gesagt, dass das Kind nichts bekommen darf, weil es danach verlangt, sondern weil es dessen bedarf.«[16] Dass dies kein Gegensatz sein muss, ist nachvollziehbar. Aber es wird auch offenkundig, dass nicht jedes geäußerte Bedürfnis einen über die Situation hinausweisenden

Wert haben muss, ob dies das Verlangen nach Süßigkeiten oder das Habenwollen eines Fernsehers im Kinderzimmer ist. Oft ist das Gegenteil der Fall. Das Statement des Jugendforschers Prof. Klaus Hurrelmann ist auf diesem Hintergrund Situationsanalyse und Appell zugleich:

> *»Kinder bekommen zu wenig von dem, was sie brauchen, wenn sie zu viel von dem bekommen, was sie wollen!«*

Dem verantwortungsbewussten Erzieher kommt somit die Aufgabe zu, zwischen diesen und jenen Bedürfnissen unterscheiden zu lernen, um dann solche aufzugreifen, welche das Kind oder den Jugendlichen möglichst optimal für das weitere Leben fördern. Um die Sinnfrage in den Blick nehmen zu können, ist dazu häufig der begrenzende Rahmen des Zweckhaften zu überwinden.

Strafen oder wegsehen?

»Wer seinen Sohn nicht züchtigt, liebt ihn nicht«, sagt ein arabisches Sprichwort. Schnell setzen Assoziationen von Rohrstock oder Lederriemen ein. Dies darf nicht sein, wird jeder empfinden, der sich für einen gewaltfreien Umgang mit Kindern einsetzt. Aber was heißt ›züchtigen‹ in diesem Kulturkreis? Kann es mit Strafen gleichgesetzt werden? Was ist überhaupt eine Strafe und was soll sie bewirken? Die Frage von Strafen oder Nicht-Strafen bzw. die Suche nach anderen angemessenen Reaktionen ruft nach Antwort.

Das Ankündigen oder Umsetzen von Strafen ist häufig eine Reaktion aus dem Bauch heraus. Weil Mutter oder Vater äußerst ärgerlich bzw. richtig wütend ist, soll eine drakonische Maßnahme dem Ganzen ein jähes Ende setzen. Häufig aber werden Drohungen ausgesprochen und nicht gehalten. Auch wenn es von der Sache her manchmal sinnvoll sein kann, sollten z. B. mehrwöchige TV-Verbote oder radikale ›Ausgangs-Sperren‹ besser nicht umgesetzt werden. Die bloße Ankündigung einer Strafe schafft anstelle einer Verbesserung jedoch nur Verwirrung. Also gilt, trotz aller Erregtheit: ›Sage nur das, was auch in angemessener Weise umzusetzen ist!‹ Eine Strafe ist nie die kausale Folge eines störenden oder schädigenden Verhaltens. Sie ist das Resultat einer Übereinkunft zwischen Menschen oder ergibt sich als Sanktion durch Personen oder Gruppierungen. Insoweit ist zwischen bekannten oder anerkannten und in einer Situation angesetzten Strafen zu unterscheiden. Ob eine Strafe zur erwünschten Veränderung führt, hängt eng damit zusammen, ob sie vom Grundsatz akzeptiert wird. In der Erziehungspraxis führen Strafen – wie in der Gesellschaft auch – eher selten zur einsichtigen Verbesserung eines Handelns. Sie haben aber trotzdem eine wichtige Bedeutung als Korrektiv.

Auch wenn hier Strafen als sehr begrenzt sinnvolles und kaum wirksames Erziehungsmittel betrachtet werden: Wegsehen kann auf keinen Fall als Alternative herhalten. Denn jedes Ignorieren von störenden oder schädigenden Verhaltensweisen bzw. das Unterlassen von wichtiger Reaktion vermittelt den Handelnden die Information, dass Ungutes oder gar Falsches doch möglich ist und anscheinend toleriert wird.

Wer wegsieht, reagiert auch. Die stille Botschaft lautet: ›Mir ist es egal!‹ Kinder oder Jugendliche spüren die ihnen entgegengebrachte Gleichgültigkeit. Der Sache bzw. dem Vorgang wird Bedeutungslosigkeit beigemessen. Damit wird deutlich gewordenes Fehlverhalten ignoriert und in der Folge potenziert. Beim Betroffenen bildet sich folgende Einschätzung: ›Wenn diese Bezugsperson sich nicht äußert, wird dies bei anderen Menschen sicher auch so sein.‹ Es bleibt offen, ob das eigene Verhalten nun positiv, negativ oder dazwischen liegend zu beurteilen wäre. Wenn auf unterschiedlichste Verhaltensweisen Reaktionen ausbleiben, müssen sie alle gleich bewertbar sein. Sobald dieses gleich-gültige Umgangssystem verlassen wird, sind Konfrontationen vorprogrammiert. So gefällt es dem Nachbarn gar nicht, dass Philipp fast regelmäßig mit dem Dreirad heftig gegen sein Garagentor fährt, und Beatrix, die Thomas in einen Fischteich stoßen will, wundert sich über seine wütende Abwehr. Fehlende Bestätigung, Korrektur oder Begrenzung von Verhalten führen zu Unsicherheiten im Umgang mit Lebewesen oder Dingen. Daher haben Kinder ein Recht darauf, zu erfahren, was das Zusammenleben fördert bzw. sozial nicht erwünscht ist.

Zum Umgang mit Konsequenzen

Viel erfolgreicher ist ein Reagieren durch das Zulassen bzw. Aufzeigen von Konsequenzen. Diese ergeben sich – in Abgrenzung zu Strafen – unmittelbar als natürliche oder logische Folgen aus einem Verhalten. Die natürliche Folge von Vorratshaltung ist, in der Not auf diese zurückgreifen zu können. Gute Noten ergeben sich in der Regel aufgrund von Lerneifer. Und die Konsequenz unerledigter Aufgaben im Haushalt ist nicht Fernsehverbot, sondern ihre Nacharbeit, beispielsweise anstelle sonst möglicher Fernsehzeit. Die logische Folge des Nicht-Ausziehens lehmiger Schuhe im Hause ist keinesfalls ein Herumlamentieren der Mutter oder eine Kürzung der Spielzeiten, sondern die Säuberung der verschmutzten Treppe, am besten sofort nach der Verunreinigung. Und eine natürliche Konsequenz von zu leichter Kleidung bei Minustemperaturen ist, mächtig unterkühlt zu werden bzw. sich kräftig zu erkälten.

Werden negative Konsequenzen zugelassen, lernen Kinder an den Folgen ihres Handelns ohne elterliches Herumgeschimpfe. Dass Konsequenzen auch wehtun können, haben alle erlebt, die mit ihren Fingern einer brennenden Kerze, der Herdplatte oder einem Bügeleisen zu nahe gekommen sind. Und da es immer mehr Menschen gibt, die ihre Kinder vor allem Ungemach bewahren wollen, können oder wollen diese auch – oft schon gedanklich – keine Konsequenzen zulassen. Ein Trick: Sie mixen Konsequenz und Strafe durcheinander.

Die folgende Episode kann dies verdeutlichen:
Die 13-jährige Carina wollte an einem Winterabend ohne entsprechend warme Kleidung ›mal schnell‹ zur Freundin. Der warnende Hinweis der Mutter, »Du weißt doch, dass du dich schnell erkältest, zieh dir doch die warme Jacke und den Schal über«, wurde überhört. Carina: »Es sind doch nur fünf Minuten mit dem Rad.« Es kam wie vermutet. Sie erkältete sich und musste das Bett hüten. Als sie die bei Krankheiten übliche Rundum-Versorgung der Mutter einforderte und nicht erhielt – weder wurde das Frühstück noch die Medizin wie sonst üblich ans Bett gebracht –, sagte die Mutter: »Wenn du in eigener Entscheidung warnende Hinweise ausschlägst und dich in unangemessener Kleidung in die Kälte begibst, dann erwarte ich zumindest, dass du mich nicht an den Folgen zu beteiligen suchst. Dies ist halt die Konsequenz deines unbedachten Verhaltens.« – Die Nachbarin, welche diese Situation eher zufällig mitbekommen hatte, meinte dazu: »Das finde ich aber nicht richtig, dass sich Carina jetzt zur Strafe selbst versorgen soll. Ist Druck etwa dein Erziehungsmittel?«
Fazit: Wer Konsequenzen mit Strafen verwechselt, verhindert selbstverantwortliches Lernen.

Ist jedoch ein konsequentes Denken vom Grundsatz her vorhanden, offenbart die Umsetzung allzu häufig die Inkonsequenz. Die Handelnden bekommen ›schlotternde Knie‹, die Mutter wird weich oder der Vater fällt auf das nette Augenklimpern der Tochter rein. Wer Kindern jedoch die Erfahrung der Folgen ihres Tuns vorenthält, verhindert die Entwicklung der Motivation, sich fürs Gute, Richtige oder Sinnvolle einzusetzen, um so Nachteile zu vermeiden. Der Volksmund fasst dies im Satz zusammen: »Aus Schaden wird man klug!« – aber nur, wenn die Konsequenzen deutlich spürbar sind.

> *Stehlt den Kindern nicht die Erfahrung der*
> *Folgen ihres Tuns!*

Inkonsequent ist auch, wenn mangels eigenständigen Putzens der Zähne der Papa für die dreijährige Isabelle in die Bresche springt. Die noch unausgeprägte Selbstverantwortung der Kleinen würde durch eine Vereinbarung, dass es z. B. Süßspeisen oder Zuckerzeug grundsätzlich nur bei eigenständig vorgenommener Zahnpflege gibt, stark gefördert.

Unumstößliche Voraussetzung für den Umgang mit Konsequenzen ist also, dass diese auch zugelassen werden. Fehlt dazu bei Erziehungspersonen das ›Rückgrat‹, weil sie die damit oft verbundene eigene Anspannung selbst nicht aushalten können, wird Erfahrungslernen verhindert und der nächsten Problemsituation Vorschub geleistet. Wird dagegen die Konsequenz eines Tuns gespürt, wird sie das zukünftige Handeln stark prägen.

Als vor Jahren innerhalb eines Abendvortrags eine Frau unaufgefordert das Kurz-Statement eingab, dass die Konsequenz das Wichtigste bei der Erziehung sei, erlebte ich bei mir eine eigentümliche Spannung. Einerseits war ihr nach Worten nur zuzustimmen, andererseits signalisierte ihr Tonfall eine Barschheit und Kälte, die an einen Kasernenhof erinnerte. Dies brachte mich zur Entwicklung des folgenden Leitgedankens:

- Konsequenz ohne liebevolle Zuwendung ist Härte.
- Konsequenz ohne das eigene Vorbild ist Lüge.
- Liebevolle Zuwendung ohne Konsequenz ist Feigheit.

Richtige Konsequenzen sind nachvollziehbar und reduzieren die Voraussetzung zur Entstehung von Machtkämpfen zwischen Kindern und Eltern, weil so Ereignisse zu stillen ›Miterziehern‹ werden. Solche Konsequenzen verdeutlichen auf differenzierte Weise, was welche Folgen hat. Ist der Preis zu hoch, ändert sich meist das Verhalten. Konkret: Verpasse ich durch die Nacharbeit der Hausaufgaben etwas mir Wichtiges – z.B. die Fußballübertragung am Abend –, werde ich solche Auswirkungen zukünftig vermeiden wollen. Ist das Säubern der Treppe aufwendiger als ein Ausziehen der Schuhe, besonders wenn ich in einer spannenden Spielsituation fehle, werden Änderungen eingeleitet. Und wenn Carina durch ihre Erkältung nicht an der ›heißesten Party des Jahres‹ teilnehmen kann, wird sie dies in Zukunft unbedingt vermeiden wollen.

In ›Watte packen‹ oder ›Leben real‹? – Vom Umgang mit Grenzen

»Über den Wolken muss die Freiheit wohl grenzenlos sein«, so äußert Reinhard Mey seinen in Noten gefassten Traum von fehlenden geistigen oder materiellen Schlagbäumen. Achtung – auch als Ohrwurm uns einzufangen suchende Schwärmereien bleiben irreal! Wird diese Sequenz eines bekannten Schlagers in Bezug zur Erziehungspraxis gesetzt, ergibt sich eine deutliche Diskrepanz. Während Reinhard Mey lediglich seiner und vieler Menschen Hoffnung Ausdruck verleiht, scheinen viele in erzieherischer Verantwortung Stehende ihr Handeln wirklich an dieser Idee der Grenzenlosigkeit auszurichten.

»Solange ich es beeinflussen kann, werde ich meinem Kind nicht dauernd Grenzen aufzeigen. Im späteren Leben gibt es davon mehr als genug.« So äußerte sich recht erregt ein Vater während eines Vortragsabends zum Thema »Droge Verwöhnung«. Ich stimmte zu, dass es nicht hilfreich sei, ein

Kind ständig auf Grenzen aufmerksam zu machen. Jedoch kräftig an einem Zukunftsbild zu werkeln, in welchem Grenzlinien ignoriert werden, hätte auch fatale Folgen. Denn zeigen diese sich im realen Leben, werden sie leicht als Willkürakt einer feindlichen Welt interpretiert. Je früher und häufiger erfahren wird, weshalb und wie andere Menschen ihren Einflussbereich behaupten und/oder verteidigen, desto umfangreicher sind die Lernmöglichkeiten auf dem Weg zu einem geeigneten Umgang. Wer also ein System der Grenzenlosigkeit zu inszenieren versucht, provoziert damit den späteren Konflikt.

Kindererziehung nach dem Prinzip ›Alle Kanten erhalten Polster‹ setzt den jungen Menschen außerhalb dieser ›Illusion auf Zeit‹ unvorbereitet und schonungslos dem realen Leben aus. Ein solches Aufwachsen wird schnell zum Scheitern führen. Diese grenzenlose Schein-Freiheit wird Heranwachsende dermaßen einengen, dass sie zeitlebens einen Stempel der Unfreiheit tragen. Menschen in ihrem Umfeld werden den Umgang meiden, weil das Zusammenleben mit ihnen unerträglich sein wird. Maßlosigkeit ist das Signum solcher Erdenbürger, welche alles haben, aber nichts geben wollen.

⟩ *Eine wichtige Verdeutlichung: Grenzenlosigkeit macht irre! Zu enge Grenzen töten!* ⟨

Oft ist zu hören, dass Eltern und anderen Erziehungskräften der Umgang mit Grenzen sehr schwerfällt. »Dauernd soll ich Grenzen setzen«, sagte eine Erzieherin während einer Fortbildung, »eigentlich möchte ich dies gar nicht.« Aber müssen wir wirklich ständig Gericht spielen und entscheiden, was richtig und falsch ist? Nein, weil ca. 90 Prozent des täglichen Miteinanders schon durch Gesetze, Konventionen oder bewährte Alltagsregeln geklärt sind. Denn dass unser Garten am Zaun aufhört, beim Spielplatz-Ärger kein Kopf meine

Schippe abkriegen möchte, ich anderen nicht ins Wort falle, Blumenbeete nicht zu zertrampeln sind, bei einer Klassenarbeit vom Nachbarn abzuschreiben regelwidrig ist, in einem Geschäft nicht einfach was – unter Umgehung der Kasse – in die Tasche gesteckt werden darf oder laute Musik im öffentlichen Bereich andere Menschen meist kräftig stört, ist recht klar geregelt. Hier ist auf die Einhaltung dieser Regeln zu achten, sind vorhandene Grenzen ›nur‹ zu verdeutlichen.

Fehlende Grenzverdeutlichungen von Eltern schaffen häufig recht klare Umfeld-Probleme. Entweder leiden andere unter kreischenden Kindern im Restaurant bzw. gezielten Stör-Attacken oder sie geraten ins Schussfeld eines elterlichen Abwehrfeuers, wenn sie sich regulierend an die Kinder wenden: ›Da haben sie mir nicht reinzureden!‹ ›Diese Einmischung ist eine Anmaßung.‹ ›Für die Erziehung sind *wir* zuständig.‹ Eine gelassene und ziel-führende Reaktion fällt da meist nicht so leicht. Aber der Hinweis ›Wenn Sie Ihrer Erziehungsverantwortung angemessener nachkommen würden, bräuchte ich nicht selbst aktiv zu werden‹, würde die Situation auf den Punkt bringen und könnte eine Klärung einleiten. Falls Ihr Gegenüber stattdessen wie eine Rakete hochgeht, dann sind Sie an symbiotisch mit dem Nachwuchs verbundene Eltern geraten, welche Ihre Kritik am eigenen Kind als persönlichen Angriff sehen.

Übrigens ist ein solches Reagieren durch unfreiwillig Betroffene eigentlich kein ›Mit-Erziehungs-Versuch‹, sondern ein normaler ›Sozialisations-Vorgang‹. Denn immer, wenn Menschen mit ihrem Verhalten andere stören, hat das Umfeld nicht nur das Recht, sondern geradezu die Pflicht, konkrete verhaltensrelevante Rückmeldungen nach dem Muster ›So nicht‹ zu geben, weil sonst Chaos und Willkür Tor und Tür geöffnet würden.

Zur Klarstellung: Weder Begrenzungen um der Grenzen willen noch ein Befolgen aus bloßem Gehorsam führen weiter. Nur die Erfahrung, sich im Schutz der eigenen Grenzen – bei gleichzeitiger Akzeptanz der Grenzen anderer – gut entwickeln zu können, lässt innere Akzeptanz wachsen, wirkt sich fördernd auf das weitere Leben aus. Daher erfordert der Umgang mit Grenzen Behutsamkeit und Nachvollziehbarkeit. Nur so kann die Einsicht heranreifen, dass ich selbst und andere Menschen gleichermaßen Nutznießer solcher Markierungen sind. Denn wenn Freiheit heißt, dass ich machen kann, was ich will, dann muss ich mir auch gefallen lassen, dass andere mit mir machen, was sie wollen. Eine Regel könnte lauten: So viel Freiraum wie möglich, so viel Grenzen wie nötig!

Es oder Ich?

»Ich will doch nur dein Bestes!« So der Titel einer *Hallo, Ü-Wagen*-Sendung des WDR aus Mönchengladbach. Der Anstoß dazu kam aus einem Seminar der dortigen Fachhochschule für Sozialwesen zum Thema »Elternsprüche«. In der Sendung gab es reichlich Gelegenheit, weitere Beispiele solcher an Kinder gerichtete Steuerungsmaßregeln kennenzulernen. Die Palette reichte von »Was sollen nur die Nachbarn sagen« über den Standardspruch elterlicher Gewalt »Solange du deine Füße unter meinen Tisch stellst ...« bis hin zu »Du bringst mich noch ins Grab!«. Neben einer großen Untauglichkeit als Lebens-Wegweiser oder einer De-Eskalation von Konfliktsituationen offenbaren die aufgeführten Sprüche, dass es ausschließlich um das Wollen oder Wohlbefinden von Eltern und nicht um die Sorgen oder Interessen von Töchtern oder Söhnen geht.

»Ich will, dass ...«, »Solange du deine Füße ...«, »Du bringst mich ...« – wer solche Kost als Kind oft serviert bekommt, dem drängt sich der Unwert des eigenen Ich deutlich ins Bewusstsein. Sicher haben Erziehungsverantwortliche das Recht, ihre Vorstellungen oder Sorgen zu nennen. Aber genauso selbstverständlich sollte es sein, dass auch gegenteilige Auffassungen angemessenen Äußerungsraum finden. Überzeugungsarbeit für die jeweiligen Standpunkte ist dann gefragt, keinesfalls ›Ich-will-Disputationen‹. Wird aufgrund von Macht entschieden, fällt die Begründung wichtiger Aspekte und möglicher Entscheidungskriterien in der Regel über Bord. Aber es gibt bessere Konfliktlösungsmöglichkeiten.

Ist es wirklich sinnvoll oder notwendig, ein Verhalten zu ändern, müssten die konkreten Auswirkungen des momentanen Tuns oder Nicht-Tuns für den Handelnden im Zentrum stehen. Dazu ist kausales und nicht autoritäres Denken einzubringen. Nicht, ob *ich* als Vater, Mutter oder Erziehungsverantwortlicher etwas will, sondern dass *es* notwendig ist, diesen Schritt zu gehen, um jenes Ziel zu erreichen, ist dann Maßstab. In diesen Begründungszusammenhang können dann auch alle – oft so hochgelobten – Lebenserfahrungen einfließen. Gibt es trotzdem Einschätzungsdifferenzen, prallt nicht das unterschiedliche Wollen von zwei Menschen aufeinander. Stattdessen befinden sich die beidseitig eingebrachten Argumente angesichts des zur Lösung anstehenden Problems auf dem Prüfstand. Dies ist besonders in der Pubertät wichtig, weil jede Ich-Botschaft von Vätern oder Müttern per se in der Gefahr steht, Proteste auszulösen, weil Ablösung und Aufbegehren diese Entwicklungsphase prägen. Wird mit einem solchen personenbezogenen ›Anti‹ gleichzeitig auch der Inhalt bekämpft, gerät das Miteinander schnell in eine doppelte Schieflage, weil neben der Beziehungsebene auch noch die Sachebene zum Störfall wird.

Je umfangreicher eine Fragestellung durchdrungen wird, Sachbezogenheit und Einfühlungsvermögen deutlich werden – ob im zwischenmenschlichen oder eher technischen Bereich –, desto klarer und nachvollziehbarer wird der Lösungsweg. Nur wenn die positiven Folgen eines Verhaltens deutlich erkannt bzw. die negativen vermieden werden, ergibt sich die Chance zur Veränderung. Ob dann letztlich Einsicht oder selbstgespürter Druck dazu führen, Nachteile zu vermeiden, ist eher zweitrangig. Schritt für Schritt werden Agieren oder Reagieren sich daran orientieren, das angestrebte Ziel möglichst störungsfrei zu erreichen.

Interventionen mit dem Ziel einer Kurskorrektur werden auf Dauer nur eine positive Wirkung haben, wenn sich nicht ein *Ich* durchzusetzen sucht, sondern Argumente als Begründung eingebracht werden. Sobald deutlich wird, dass *es* angesagt ist, dieses zu tun oder zu lassen, um wichtige Lebensziele erfolgreich anzusteuern, kann eigenverantwortliches Handeln einsetzen, ob bei den Nachwachsenden oder den schon Erwachsenen.

Zwischen Macht und Ohnmacht

Wer sein erzieherisches Handeln auf bloße Macht stützt, wird langfristig scheitern; ist es durch Ohnmacht geprägt, hat es selbst kurzfristig keine Chance. Unabhängig von ihrer unterschiedlichen Wirkung prägen Macht und Ohnmacht den Umgang zwischen Jung und Alt. Mal setzen Erwachsene Machtmittel gegen Kinder und Jugendliche ein, was dann bei diesen – oft begleitet von Protestbekundungen – letztlich zu Ohnmacht führt; mal probt der Nachwuchs machtvoll den Aufstand und ermöglicht so elterliche Ohnmachts-Erfahrungen. Führt Ohnmacht nicht zum Aufgeben, sucht sie die Anbiederung; Machtansprüche operieren mit Gewalt und Zwang. Beides führt zu keinem selbstverantwortlichen Hineinwachsen in die Zukunft. Zwang führt zu einer formalen Anpassung. Sobald wie möglich wird diese aufgegeben. Anbiederung setzt auf einen Erfolg durch scheinbare Zugewandtheit. Ihr Zweck wird schnell durchschaut, der Mensch gemieden. So taugen weder Machtanspruch noch Ohnmacht für die Erziehung. Bedrückend und unerträglich wird es für Kinder, wenn sie sich dem System elterlichen Machtgebarens und den damit einhergehenden Ohnmachts-Erfahrungen nicht entziehen können, häufig zeitlebens.

Die zunehmende Demokratisierung in modernen Gesellschaften hat zu einem deutlichen Autoritätsverlust geführt. Dies wirkte sich nicht nur tiefgreifend auf den institutionellen Auftrag von Staat, Politik, Kirche und anderen Organen, sondern auch auf die Erziehungsaufgabe von Eltern und Lehrern aus. Allen irgendwie als Machtäußerung deutbaren Phänomenen wird der Kampf angesagt, günstigerenfalls setzt eine grundsätzliche Infragestellung ein. Dabei bleibt auf der Strecke, dass Macht nicht automatisch negativ zu interpretieren ist. Ihr Zustandekommen und ihre Rahmenbedingungen sind kritisch zu überprüfen.

Autorität verfügt immer auch über Macht. So wie mit der Amtsautorität Macht verbunden ist, ob akzeptiert oder nicht, so ergibt sich diese ebenso aus jeglicher Fachautorität. Auch eine persönliche Autorität, vorausgesetzt, sie basiert auf Authentizität und Verlässlichkeit, ist mit Macht gekoppelt. Erst wenn Macht nicht auf besonderen Qualifikationen basiert und darüber hinaus unkontrollierbar ist, wird sie zur Bedrohung. Eine andere Gefahr ist mit der Ohnmacht gegeben, denn sie ist Ausdruck tiefer Angst und großen Unvermögens sich und anderen Menschen gegenüber. Daher kann sie nie zu einer tragfähigen Erziehung beitragen. Wenn jedoch erzieherische Verantwortung in der Kombination von Überprüfbarkeit und Fähigkeit deutlich wird, kann sie kraftvoll den jungen Menschen zu der großartigen Leistung herausfordern, sich dem Leben mit Mut zu stellen.

Vom gesprochenen Wort zur entwickelten Sprache
»Kitabesuch garantiert keine ausreichenden Sprachkenntnisse«, so eine Meldung des *Tagesspiegel*. Auch wenn gemeinhin in Sachen Kita oder gar Kitapflicht damit argumentiert wird, dass Kinder aus benachteiligten Familien dringend in

die Krippe müssen (die anderen natürlich auch), weil sie dort optimal gefördert würden und gerade so die mangelnden Sprachkenntnisse ausgeglichen werden könnten, zeigt dieser Befund eine Misere auf. So hat eine Untersuchung im Land Berlin zutage gebracht, dass mehr als die Hälfte der Vier- bis Fünfjährigen, die in Berlin spezielle Sprachförderung brauchen, jahrelang eine Kita besuchten. Offenbar hat sie das sprachlich aber nicht weitergebracht. So wird in diesem Artikel kritisch gefragt: »Wie kann in einer babylonischen Sprachsituation Deutsch erlernt werden?«[17] Wie können Kinder von brabbelnden Kindern richtiges Sprechen erlernen?

Was ist passiert, dass die Sprache nicht mehr in erster Linie im Elternhaus erlernt wird? Wieso werden Krippen und Kindergärten benötigt, um in die Sprache zu finden? Weshalb versuchen staatliche Initiativen – fast automatisch – alle möglichen Erziehungs-Defizite auszugleichen, ohne sich gleichzeitig den Ursachen zu stellen? Sicher sind durch die vielen Familien mit Migrations-Hintergrund manche – auch sprachlichen – Probleme erklärbar. Aber diese Begründung trifft nur teilweise zu, weil in ihrer jeweiligen Muttersprache gut aufgewachsene Kinder recht schnell eine weitere Sprache erlernen können. Bei genauerem Hinsehen geht es – egal ob mit oder ohne Migrations-Hintergrund – um das Maß eines aktiven und richtigen Gebrauchs der Sprache im alltäglichen Leben, um die Art, Intensität und Qualität der Sprach-Entwicklung und Sprech-Fähigkeit. »Es gibt einfach zu viele anregungs-arme Familien, das ist ein großer Teil des Problems«, hat der Berliner Kinder- und Jugendarzt Ulrich Fegeler in seiner Praxis beobachtet. Kann eine solche fachliche Einschätzung einfach so im Raum stehen gelassen werden?

⟩ *Kinder brauchen qualifizierte Ansprache, um in die Sprache zu finden.* ⟨

Weltweit erlernen Kinder ihre Erstsprache in der Regel nicht im Rahmen eines organisierten Lernprogramms, sondern sie ist das Ergebnis eines aktiven alltäglichen Umgangs zwischen Erwachsenen und Kindern. Dieser Vorgang wird als ›Erwerb der Muttersprache‹ bezeichnet. Dass nicht nur die Mutter, sondern auch der Vater und andere Beziehungspersonen an diesem Prozess beteiligt sind, ist selbstverständlich. Basis ist aber, dass richtig mit Kindern sprechenden Erwachsenen die Hauptfunktion zukommt. Da jedoch der Spracherwerb in der Regel mit Mühe, Wiederholung, Übung, Zuwendung, Kontinuität und Zeit verbunden ist, werden Trägheit, Inkonsequenz, fehlende Empathie und Ansprache, häufig in Kombination mit (angeblichem) Zeitmangel, starke Beeinträchtigungen bzw. Defizite nach sich ziehen.

Interviews mit Sprachtherapeuten ergaben, dass seit ca. 20 bis 30 Jahren die Zahl der Kinder mit einer Spracherwerbs- bzw. Sprachentwicklungs-Verzögerung ständig zunimmt, während durch Krankheiten oder sonstige Ereignisse ausgelöste Beeinträchtigungen abnehmen. Ein Logopäde aus dem Allgäu konstatierte: ›Erwachsene sprechen immer weniger mit Kindern.‹ Bei der Einschulung wird festgestellt, dass immer mehr Kinder – auch ohne Migrations-Hintergrund – sprachlich unterentwickelt sind, sowohl auf den Wortschatz als auch auf die Artikulationsfähigkeit bezogen. ›Zu wenig Bewegung, zu viel Fernsehen, zu wenig sprachlicher Kontakt‹, lautet das Fazit von Dr. Fegeler. Körperliche Ursachen hätten im Verlauf der vergangenen Jahre keineswegs zugenommen. Dennoch steige der Förderbedarf bei Kindergarten- und Grundschulkindern stetig. Er wird deutlich: »Glotze aus!« Jeden Abend fünf Minuten eine Geschichte vorlesen und dann gemeinsam darüber reden: Das trainiere richtiges Sprechen und Sprachverständnis.[18]

Zum Trugschluss der Bedeutung von Wissen

»Input, Input, Input«, ruft der so menschlich wirkende Fantasieroboter voller Wissensdurst im Angesicht tausender Bücher im amerikanischen Spielfilm *Nummer 5 lebt* und nimmt seitenweise Fakten in Bruchteilen von Sekunden auf. Ganze Regale werden durchgekämmt, die Lesegeschwindigkeit ist atemberaubend.

Obwohl wir täglich feststellen, dass unser Wissen viel zu selten zu einem adäquaten Handeln führt, glauben wir, per Lernstoff-Angebote und sich auf Faktenvermittlung stützende Aufklärungsaktivitäten Kinder und Jugendliche optimal auf das vor ihnen liegende Leben vorbereiten zu können. Welch eine Paradoxie: Wir wissen – und können es häufig genug erleben –, dass Faulheit Erfolg verhindert, Gewalt neue Gewalt entstehen lässt, die allgegenwärtige Überzuckerung in Speisen und Getränken der Gesundheit substanziell schadet, mangelnde Bewegung Muskeln und Knochenbau ruiniert, ein behutsamer Umgang mit der um uns existierenden Welt überlebensnotwendig ist, die Arbeit in unserer Gesellschaft zur Umverteilung und Neubewertung ansteht, Drogen kaputt machen und jedes soziale Gebilde nur durch selbstverantwortliches Handeln lebensfähig ist. Aber die wenigsten Menschen handeln entsprechend. Trotzdem prasseln immer neue Ergüsse entsprechender Hinweise, Warnungen oder Veränderungsforderungen per Sprache auf uns ein.

Wieso kommt es zu einem solchen Phänomen? Einerseits orientieren sich viele Menschen an der Maxime ›Ich glaube nur, was ich sehe!‹, ob im Bereich der Politik, im alltäglichen Miteinander und erst recht innerhalb von Verlautbarungen der großen Kirchen. Andererseits klammern wir uns im Zusammenhang lebenswichtiger Lernvorgänge auf irreale Weise an eine Methode, deren Fragwürdigkeit und Unbrauchbarkeit täglich offenkundig wird. Oder stehen nur unsere Bildungsexperten in diesem falschen Glauben und haben das Lernverständnis der amerikanischen Filmgestalt ›Nummer 5‹ auf Deutschland übertragen? Nein, die deutsche Bildungstradition hat es nicht nötig, auf einen solchen USA-Import angewiesen zu sein. Schließlich haben wir ja schon einiges aus eigener Kraft geschaffen: Es lebe das Lern- und Bildungsverständnis des ›Nürnberger Trichters‹!

Auch wenn manche Zeitgenossen immer noch danach zu forschen scheinen, an welcher Stelle des menschlichen Körpers am ehesten der Einfüllstutzen für den ›Wissenstrichter‹ platziert werden könnte, um dann im Schnellverfahren die wichtigsten Daten ablassen zu können, weisen selbst Computerspezialisten darauf hin, dass eine noch so optimal geordnete und umfangreich bestückte Festplatte keine Gewähr für einen reibungslosen und situationsbezogenen Einsatz bietet, wenn beim Anwender der notwendige Überblick oder die Bereitschaft zum Handeln fehlt. Darüber hinaus ist eine solche Lernstoffvermittlung nach dem Prinzip ›Der Abspeichervorgang kann beginnen!‹ nicht nur eine ineffektive, sondern auch gefährliche Methode der Vorbereitung auf kommende Aufgaben.

Es ergibt sich ein dreifaches Risiko: Erstens hinterlässt sie bei der vermittelnden Instanz – ob Eltern, Lehrer oder betriebliche Ausbildung – die Illusion, das Wichtigste im Hinblick auf die Problemsituation X oder das Vorhaben Y getan zu haben, frei nach der Devise ›Ich habe es ja gesagt oder als Text rübergebracht – also ist es angekommen!‹. Zweitens ist mit der Weitergabe von Fakten häufig verbunden, dass nur Teile verstanden und/oder akzeptiert werden, was zu kuriosen oder bedrohlichen Situationen führen kann, je nach Mix der verschiedenen Fragmente. Drittens impliziert das Überlassen von Informationen auch die Möglichkeit, das Gegenteil zu tun, orientiert an dem Grundsatz ›Wenn schon eine solch deutliche Warnung zum Ausdruck gebracht wird, muss es ja besonders reizvoll sein!‹[19] In allen Fällen fehlen Anhaltspunkte, was angekommen ist und zu welchen Folgerungen dies führt. Aber alle Vorgehensweisen lassen in der Regel beim Info-Akteur das gute Gefühl entstehen, etwas Wesentliches vollbracht zu haben. Und genau dies behindert die Wachsamkeit, die – je nach Bereich und Alter unterschiedlich – kritischen Bereiche im Blick zu halten, um entsprechend stützend oder relativierend zu intervenieren.

Schon Johann Heinrich Pestalozzi warnte 1809 davor, »von der Kraft leerer Worte alles zu erwarten«, und Otto Willmann stellte 1917 deutlich die Wirkung eines »Verbalismus« als Erziehungsmittel infrage. Paul Zulehner brachte 1998 die allgegenwärtige Buchstabengläubigkeit in seinem Plädoyer »Wider den Wort-Durchfall« recht drastisch auf den Punkt – auch wenn er sich dabei ›nur‹ auf Ansprachen in Gottesdiensten bezog. Daher kann bei ausbleibendem Erfolg auch eine Erhöhung der bisherigen Dosis nicht weiterführend sein. Es ist höchste Zeit, anstelle einer ›Konzentration auf das Wort‹ wieder mehr wirksame Mittel beim Erziehen einzusetzen.

Verantwortungsbewusste und engagierte Menschen, die bereit sind, ihren Teil zum Gelingen des Zusammenlebens in Beruf, Familie und Freizeit einzubringen, die fähig sind, Handlungsansätze zur Vermeidung bzw. Überwindung von Problemen in den unterschiedlichsten Situationen entwickeln zu können, benötigen eine am Leben orientierte Erziehung, Schule und Ausbildung. Diese können ihre Existenzberechtigung nicht aus dem Umfang der Mühe oder der Anzahl der entstandenen Schweißtropfen der Beteiligten bei ihren täglichen Speicherungsversuchen begrenzt funktionsfähiger Schüler-Festplatten ableiten. Auch nicht von der perfekten Aushändigung eines noch so sorgfältig gepackten Tugendsackes.

Gerade im Informationszeitalter gilt es nicht mehr, vorrangig Wissen zu vermitteln, weil dieses ja jederzeit von unterschiedlichsten Datenträgern abgerufen werden kann, sondern Kinder und Jugendliche zu einem angemessenen Umgang mit Kenntnissen herauszufordern:

› Erlernen des Lernens im Sinne der *Aneignung:* Wie viel Geschick, Anstrengung, Gedächtnisleistung, Übungs-Training, Kreativität, Kombinationsfähigkeit und Zeit ist zur Erreichung des Zieles X oder Y notwendig?
› Erlernen des Umgangs im Sinne der *Handhabung:* Auf welche Weise finde ich was wo und wie funktioniert was?
› Erlernen des Umgangs im Sinne der *Wirkung:* Was führt zu welchen ethischen, technischen, ökonomischen, biologischen und psychischen Reaktionen?
› Erlernen des Umgangs im Sinne von *Verantwortung:* Welche Anwendung bzw. Entscheidung fördert, behindert bzw. verhindert das Zusammenleben?

Das ist die heutige Herausforderung für eine zukunftsorientierte Erziehung angesichts der auf uns zukommenden Wissensgesellschaft und Globalisierung. Einziger Maßstab ist dabei die Wirksamkeit von eingebrachten Lernsituationen im Hinblick auf die unterschiedlichsten heutigen und zukünftigen Lebensanforderungen. Denn Wissen muss in die Anwendung gebracht werden. Dann wird sich zeigen, was trägt und taugt. Eine asiatische Weisheit fasst das, worauf es ankommt, in einen Satz zusammen: »Lehr die Menschen nicht Schiffe zu bauen, sondern wecke in ihnen die Sehnsucht, das Meer zu erkunden.«

Ermutigung oder Lob?

»Grundvoraussetzung für das Entstehen von Motivation ist das Lob«, so las ich unlängst in einem Erziehungsratgeber. – »Lob schafft Abhängigkeit und führt in Sackgassen«, so die These eines Seminarleiters zum Thema »Ermutigung«. Diese offensichtliche Widersprüchlichkeit machte mich stutzig. Sollten denn die ständig zu beobachtenden positiven Alltagserfahrungen im Zusammenhang von Lob und Anerkennung falsch sein?

Lob ist in der Regel die Reaktion einer Person auf das erfolgsorientierte Handeln einer anderen Person: »Das ist aber toll, da wird sich Opa freuen.« Führt eine Tätigkeit nicht zum erhofften Erfolg, ergibt sich zwangsläufig auch kein Raum für Lob. Nicht selten setzt dann Tadel ein. Der Lobende steht häufig in einer verantwortlichen Position oder ist der Erfahrenere, z. B. als Vater oder Mutter, älteres Geschwister, Lehrer, Meister, Spezialist oder Vorgesetzter. Lob kann aber auch aus der Position reiner Bewunderung erfolgen, ohne besonderen Vorsprung an Wissen oder Können. Es erhält seinen Wert durch das Vorhandensein einer positiven Beziehung zwischen Lob-Gebendem und Lob-Erhaltendem. Nur in dieser Kombination kann es zum Weitermachen anspornen. Das Lob eines abgelehnten Menschen kann eventuell demotivierende Wirkung haben. Lobende Herausstellungen beinhalten keine Ansatzpunkte, welche unmittelbar einer Weiterführung des Handelns dienen.

Ermutigung setzt bei einer Zwischenbilanz an. Diese kann jedoch positiv oder negativ sein. Besonders weiterführend ist, wenn auf ›Noch-nicht-Können‹ reagiert wird. Aber auch angemessene Hinweise, wie der momentane Erfolg auszubauen wäre, werden gerne aufgegriffen: »Wenn du den Gegenstand mit beiden Händen fasst, geht es leichter.« – »Zwei Stufen sind zu viel, eine nach der anderen ist besser.« – »Okay, die Mathe-Aufgaben fallen dir schwer, aber wenn wir als Erstes das Leichte erledigen, dann das, was mit etwas Übung zu schaffen ist, und uns schließlich den schwierigen Rest vornehmen, müsste es klappen.« Die Botschaft lautet hier: »Um dies zu erreichen, ist jenes förderlich.«

Beim Lob dagegen wird zum Ausdruck gebracht: »Ich finde

es anerkennenswert.« Bei der Ermutigung steht nicht die Mut machende Person, sondern die weitere Zielannäherung im Zentrum. Daher besteht zwischen Mut machenden und ermutigt werdenden Menschen eine größere Gleichwertigkeit als zwischen Lob-Gebenden und Lob-Erhaltenden. Bei der Ermutigung ist auch die Bemühung zu einer Leistung Kern der Würdigung, nicht nur das formelle Ergebnis. Ihr Wert ergibt sich aus der Verdeutlichung eines eigenständig begehbaren Weges. Die damit einsetzende Entlastung – bzw. Ent-Ängstigung – wird vielfältige Aktivitäten erschließen.

Lob kann nur auf erwünschtes Verhalten folgen. Die Wirkung ergibt sich aus dem Maß einer positiven Wertschätzung gegenüber dem Lobenden. In dieser Personenbezogenheit des Lobs liegt die Gefahr der Abhängigkeit. Da keine Perspektiven aufgezeigt werden, wie Teilerfolge ausgedehnt werden können, provoziert bloßes Lob häufig Sackgassensituationen. Wird es unangemessen eingesetzt, wirkt es kontraproduktiv. Demgegenüber ist mit der Ermutigung untrennbar verbunden, dass sie Handlungsschritte in die Zukunft aufweist, egal, ob vom Erfolg oder Misserfolg ausgegangen wird. Je nachvollziehbarer die Richtung, je angepasster die Schritte, desto umfangreicher wird sich zielgerichtetes Agieren entwickeln. Darin liegt die Kraft der Ermutigung. Das Lob dagegen ist ein sich schnell verflüchtigendes, angenehmes Gefühl. Kann die Ermutigung ein Lob mit einbeziehen, gerät sie nicht in Gefahr, das Vorhandene ohne angemessene Bewertung nur als Ausgangspunkt für Weiteres zu sehen. Denn zwischen einem Teilerfolg und dem nächsten Schritt gehört eine angemessene Zeit des freudigen Verweilens, weil sonst Unzufriedenheit und Überforderung einsetzen können.

An dieser Stelle fällt mir folgende Beobachtung aus Afrika ein: Zwei ca. fünf bis sechs Jahre alte Kinder in Lilu, einem Ibu-Ort in Nigeria, spielten miteinander, indem sie eine Mini-Anhöhe herunterrollten. Sie legten sich, trotz ihrer hübschen, sauberen Kleider, Kopf an Kopf in eine Line und probierten aus, wer wie weit kommt. Dann setzten sie sich, schauten auf die zurückgelegte Strecke – es waren wenige Meter – sahen sich an und lachten freudig miteinander. Zigmal derselbe Ablauf: rollen, ankommen, zurückblicken, sich gemeinsam freuen. Für mich wurde der Vorgang zur Allegorie ›Zufriedenheits- und Erfolgs-Gefühle entstehen dann, wenn wir uns regelmäßig das Geleistete in Freude vor Augen führen‹. Diese Kinder brauchte niemand zu ermutigen, erst recht nicht zu loben (viele europäische Mütter hätten sich stattdessen ärgerlich auf die staubig gewordenen Kleider und den anstehenden Waschvorgang konzentriert). Sie hatten aus sich heraus das Gefühl, das selbstgesteckte Ziel auch erreicht zu haben.

Kinder sind Gäste, die nach dem Weg fragen, so lautet der Titel eines Buches von Jirina Prekop und Christel Schweizer. Aber wie kann eine Wegauskunft gegeben werden, wenn der Zielpunkt nicht bestimmbar ist? Wie wird denn die zukünftige Welt aussehen?

Auch wenn vieles außerhalb unserer Vorstellung liegt, die Aufgabe, darauf vorzubereiten, nimmt uns niemand ab. Denn immer dann, wenn nicht klar ist, was konkret auf Menschen zukommen wird, können und müssen wir zeitüberdauernde Fähigkeiten und Lebensstabilisatoren in den Blick nehmen. Ich habe dazu im Rückblick auf die großartigen technischen und kulturellen Meisterleistungen nach vernichtenden Kriegen und großen Katastrophen eine verblüffend einfache Antwort gefunden: Zielstrebigkeit, Mut, Kraft, Geschick, Ausdauer, Ideenreichtum, Verantwortungsbewusstsein, Geschick im Umgang mit Geld und Dingen und die Fähigkeit, mit anderen gemeinsam zu handeln, ließen nicht nur existenzielle Not überwinden, sondern werden auch heute als die Schlüsselqualifikationen für das Bestehen des Einzelnen in immer differenzierter werdenden Arbeitsfeldern in einem globalisierten Wirtschaftssystem betrachtet. Eine solche Mitgift wird junge Menschen wirkungsvoll auf ein eigenverantwortliches und zukunftstaugliches Leben vorbereiten, ohne es im Detail zu kennen.

MENSCHEN FÜR DIE WELT VON MORGEN

Die Erziehung des Menschen beginnt mit der Geburt. Wer sich dieser Aufgabe verweigert, verhindert Lebenserfolg. Die Nutzung der Spannung der in diesem Kapitel aufgeführten und zum Teil scheinbaren Gegensätze gibt Kraft für eine zukunftsweisende Erziehung. Sie erhält ihre deutlichste Wirksamkeit durch die Umsetzung der Begriffe

> wohlwollend,
> konsequent und
> vorlebend.

Wohlwollend steht für einen durch Behutsamkeit, Rücksichtnahme, Zuversicht und Ermutigung geprägten Umgang. Konsequenz ist gleichbedeutend mit dem Verdeutlichen und Zulassen von Folgen des eigenen Handelns, um so Grenzen, Rücksicht und Gerechtigkeit zu erfahren. Vorlebend schließlich drückt aus, dass das eigene Tun oder Unterlassen an den gleichen Kriterien gemessen wird wie das der Heranwachsenden; immer bemüht, in positiver Weise mindestens einige Orientierung gebende Schritte voraus zu sein. Dies können nach meiner Einschätzung nur Menschen, welche aus wohlverstandener Liebe handeln.

Solche Erziehungspersönlichkeiten werden Kinder und Jugendliche nicht zu Objekten der Erziehung machen, aber über das Subjektive hinausweisende Bezüge werden auch nicht ausgeblendet. So lässt sich Sinn verdeutlichen und ein Dialog darüber ermöglichen. Auf diese Weise kann auch die häufig deutlich werdende Diskrepanz zwischen Wort und Leben reduziert werden: einfühlsam, unmittelbar und glaubwürdig.

Heranwachsende haben viele Fragen, Unsicherheiten, Sehnsüchte, Enttäuschungen und Hoffnungen. Daher benötigen sie Orientierung und Beistand. Bezogen auf den Pluralismus in unserer hoch entwickelten Konsum- und Industriegesellschaft ergibt sich die Forderung, Werte-Vielfalt nicht zur Werte-Beliebigkeit verkommen zu lassen. Das heißt konkret: Erziehungsverantwortliche beziehen vom eigenen Wert- und Weltverständnis aus deutlich Stellung, um damit eine Einladung zu deren Übernahme offenkundig werden zu lassen, ohne im Falle der Nicht-Übernahme Sanktionen einzusetzen. Je differenzierter ein gesellschaftliches System ist, desto umfassender muss die Hilfestellung für ein Hineinfinden und Eigenständigwerden sein. Und diese wird keinesfalls durch die Überreichung eines Wert(e)-Papieres möglich sein, denn Werte werden durch Vorleben vermittelt.

Hierzu werden Menschen gebraucht, die eine neue inhaltlich-argumentative Qualität und eine deutliche Positionierung und Auseinandersetzungsbereitschaft im Umgang mit Kindern und Jugendlichen einbringen. Anbiederungsversuche sind ein Zeichen von Schwäche und Standpunktlosigkeit. Auch angstvolles Dramatisieren oder sich liberal gebende Bagatellisierung im Sinne von ›Es wird schon nicht so schlimm sein‹ werden der Situation nicht gerecht. Pädagogisch Handelnde können dann auch nicht mehr in der – wichtigen – Phase des ›Alles-Verstehens‹ stecken bleiben, da dies nur der Ausgangspunkt für eine situationsbezogene Wegverdeutlichung sein kann. Ebenfalls wäre die Rückzugsposition im Sinne von ›Das muss jeder selber wissen‹ aufzugeben, da sie im Kern eine pädagogische Bankrotterklärung ist. Denn wenn alle Menschen überblicken würden, um was es in dieser oder jener Situation geht, sähen viele Verhaltensweisen im Alltag anders aus.

Sicher muss jeder die Konsequenzen eigener Entscheidung tragen bzw. ertragen, selbst wenn er/sie davor weglaufen möchte. Werden die möglichen Folgen eines Verhaltens Jugendlichen jedoch im Vorhinein nachvollziehbar verdeutlicht, könnte dies ein wesentlicher Beweggrund für eine veränderte Entscheidung sein. Es würde gelernt, wie – vielleicht noch so erträumte und wohlige – Augenblickssituationen nicht gleichzeitig in Verantwortungslosigkeit enden müssen, Gefühl und Verstand in ihren eigenständigen Realitäten und Wirkungen besser eingeschätzt und Momentanes, Zurückliegendes und Kommendes miteinander verknüpft werden können. Findet eine solche Hilfestellung nicht statt, wird auch Trost oder Wundpflege nur Schalheit hervorrufen. Nicht Inkompetenz, sondern Mut zur Erziehung ist gefordert.

Um diese Grundsätze verwirklichen zu können, ist es notwendig, die Spannung zwischen ›So ist es‹ und ›So könnte/sollte es sein‹ im Jugendlichen und im Umgang mit diesem auszuhalten und zu nutzen. Damit würde einerseits die konkrete Situation des ›Hier und Jetzt‹ bejaht, gleichzeitig jedoch darüber hinausweisend die notwendige Zukunftsbezogenheit mit berücksichtigt, eingebunden in das Spannungsfeld individueller und sozialer Bezüge von *Ich, Du* und *anderen*.

Das Jahrhundert des Kindes hat Ellen Key kurz nach 1900 eingeläutet und die italienische Ärztin Maria Montessori unterstrich dieses Plädoyer wenige Jahre später durch ihr Buch *Selbsttätige Erziehung im frühen Kindesalter*. Die Reformpädagogik in den 1920er-Jahren setzte sich für eine Schule und Erziehung ›vom Kinde aus‹ ein. Nicht ›kraftlose Wesen‹ oder ›leere Gefäße‹ sollten mit Wissen vollgestopft werden, sondern Stoffauswahl und methodische Vorgehensweise hatten einen ›geistigen Verkehr‹ mit Kindern zu ermöglichen. Diese Veränderungen in der Folge des verlorenen Ersten Weltkrieges führten insgesamt zu einer ›neuen Sicht des Menschen‹, welche durch gegenseitiges ›Geben und Nehmen‹ geprägt war.[20] Auch die UN-Kinderkonvention hatte und hat das Ziel, weltweit die Lebensverhältnisse von Kindern zu verbessern. Aber die Wirklichkeit zeigt, dass ein »Jahrhundert des Kindes« nicht ausreichte.

Die Entwicklungsphasen vieler heutiger Kinder und Jugendlicher:
- Geboren als Prinz oder Prinzessin,
- im Burgverlies aufgewachsen und
- mit vielen Defiziten ins Leben gelassen!

Oder ganz konkret:
- Als Säugling wurde ich mit Zuwendung und Geschenken überschüttet,
- als Kind erfuhr ich, dass ich zum Störenfaktor in Beruf und Tagesablauf wurde,
- als Jugendlicher geriet ich per Geld und Konsumgüter in die Abschiebung,
- als Erwachsener warf man mir vor, mein Leben nicht in den Griff zu bekommen.

VERWÖHNUNG ALS MASSEN-PHÄNOMEN

Der Westen hat so viele Lebens-Mittel geschaffen,
dass er durch diese gehindert wird zu leben.

Aus China

Viele kennen ihn, den durch seine Rolle im Spielfilm *Free Willy* bekannt gewordenen Schwertwal Keiko. Als er nach vielen Jahren der Rundum-Versorgung ausgewildert werden sollte, zeigte das 25 Jahre alte Tier kein Interesse an der im Frühjahr 2002 ermöglichten Freiheit in einer geschützten Bucht bei Island. Es wollte weitergefüttert werden. Trotz eines ca. 20 Millionen Dollar kostenden Trainingsprogramms zur Auswilderung verhungerte der Wal eher, als selbst per Fischjagd für einen gefüllten Magen zu sorgen. Pflegepersonal und sonstige Bezugspersonen waren entsetzt. Schließlich hatten sich doch alle so um den Wal bemüht und ihm das Leben im noblen Meeresaquarium in Newport, Oregon, so angenehm wie möglich gestaltet, ihm reichlich Nahrung gegeben, damit er kräftig wurde, um sich in der späteren Freiheit gut behaupten zu können. Aber der jahrelang unter Menschen lebende Wal schaffte es nicht, für sich selbst zu sorgen.

Im September 2002 entdeckte man, dass Keiko einem Fischerboot bis nach Norwegen gefolgt war. Es gelang, das ausgehungerte Tier in den Taknesfjord zu locken und dort zu betreuen, wo es zu einer namhaften Touristenattraktion wurde. Nach einer Lungenentzündung verweigerte der Wal die Nahrungsaufnahme und erlag schließlich 27-jährig seinem Leiden. Richten wir den Blick von einem fern lebenden Meerestier auf die Situation des Heranwachsens von Kindern und Jugendlichen in unserer Wohlstandsgesellschaft. Schnell werden wir feststellen, dass es viele Parallelen zwischen Keiko und dem ach so umsorgten Großwerden von ›Franz oder Franziska Unbeschwert‹ gibt. Auch hier wird häufig, fernab von einer Herausforderung zur Eigentätigkeit, großzügig gefüttert, gemacht und organisiert. Somit trifft die im vorigen Kapitel angeschnittene Frage, wessen ein junges Lebewesen bedarf, um in einigen Jahren selbstständig und eigenverantwortlich sein Leben zu meistern, in beiden Fällen gleichermaßen zu. Kinder stark machen, um als mündiges soziales Wesen existieren zu können, war die Hauptforderung. Die Frage, wie immens der Aufwand an Kraft, Zeit und Geld für ein Verselbstständigungstraining von verwöhnten Menschen angesichts der Mühen für den Filmhelden Keiko sein wird und wer überhaupt die Bereitschaft hätte, diesen investieren zu wollen, ruft nach Antwort.

DER BEGRIFF VERWÖHNUNG: SPRACHVERSTÄNDNIS UND ALLTAGSBEDEUTUNG

Die bisherigen Ausführungen konnten ansatzweise verdeutlichen, wie notwendig eine vertieftere Auseinandersetzung mit dem Begriff Verwöhnung ist. Schrittweise soll dieses Phänomen einer grundsätzlichen Klärung unterzogen werden. Als Erstes lade ich Sie ein, für sich selbst die beiden Fragen

› Was verstehen Sie unter Verwöhnung?
› Weshalb verwöhnen Menschen?

für einige Minuten auf sich wirken zu lassen, um dann die entstandenen Gedanken aufzuschreiben. In einem zweiten Schritt bringen Sie das Ergebnis Ihrer kurzen Reflexion ins Gespräch mit Ihrem Partner oder Ihrer Partnerin, den eigenen Kindern, einem Kollegen bzw. einer Kollegin oder anderen Personen. Halten Sie das Ergebnis dieser Erörterungen auch schriftlich fest, ob es sich um Fragen, Thesen oder Antworten handelt, um diese später zu den hier gemachten Aussagen in Bezug setzen zu können.

Immer dann, wenn Begriffe in der alltäglichen Anwendung zu Unklarheiten führen, hilft ein Blick in Wörterbücher. Danach gibt es zwei Bedeutungen von Verwöhnen:

1. liebevolles und fürsorgliches Umsorgen und
2. übertriebenes Umsorgtsein, sodass der Umsorgte verhätschelt und verweichlicht wird.

Dementsprechend findet der Begriff Verwöhnung in der Alltagssprache eine facettenreiche Anwendung: So sollen Blumen verwöhnen, der neue Service im Kino soll verwöhnen, Hotels und Restaurants bieten Verwöhn-Arrangements, zarte Wäsche soll verwöhnen, Frauen suchen per Heiratsanzeige einen Mann, um ihn nach ›Strich und Faden‹ zu verwöhnen, und natürlich werden die lieben Kleinen verwöhnt.

Wird der Begriff Verwöhnung im Zusammenhang mit Kinderverhalten oder Erziehung verwendet, erhält er eindeutig eine negative Bedeutung. Erklärlich wird dies, wenn wir uns die Herkunft dieses Begriffs anschauen. Sprachgeschichtlich kommt das Wort »Verwöhnen« vom mittelhochdeutschen »verwenen«. Dies bedeutet, in übler Weise an etwas gewöhnen. Das mittelhochdeutsche »wenen« = »gewöhnen« hat die Bedeutung, zu schlechten Gewohnheiten zu veranlassen. Bezogen auf Kinder werden auch Begriffe wie verziehen, verzärteln und verweichlichen gebraucht, ergänzt durch Ausdrücke wie »jemand etwas hinten reinstecken« und »am Rockzipfel hängen«.

In diesem Buch geht es um die zweite Bedeutung, wo verhätscheln zur Verweichlichung führt. Aber selbst das erste Begriffsverständnis – eigentlich nett und harmlos wirkend – wirft die Frage auf, was denn in einer konkreten Situation als liebevoll und für-sorglich verstanden wird. Ist es immer liebevoll, wenn Eltern beim kleinsten Mucks ein Kind hochnehmen? Ist es fürsorglich, einem Jugendlichen den Start in den Tag durch ein Bereitlegen aller wichtigen Sachen zu erleichtern, weil ›Transusigkeit‹ sonst Wichtiges vergessen lassen könnte? Fördert es das Zusammenleben von Erwachsenen wirklich, wenn jemand dauernd für andere Sachen erledigt, ob im Beruf, in Partnerschaft oder Freizeit? Zur vertieferten Klärung ist es notwendig, das Phänomen der Verwöhnung, besonders im Umgang mit Kindern, einer weiteren Analyse zu unterziehen.

Ein Student meiner Seminare an der Universität Düsseldorf, welcher den Gedanken des *ZEIT*-Artikels »Droge Verwöhnung« sehr kritisch gegenüberstand, hatte auf diesem Hintergrund eine Hausarbeit übernommen. Zur Einführung ins Thema befragte er einige Menschen aus seinem Umfeld, was sie mit Verwöhnung verbinden. Hier die Antworten:

› »Verwöhnung bedeutet, jemanden über ein reelles Maß hinaus etwas Gutes tun, wobei die verwöhnte Person im gewissen Maße den Sinn für die Realität verlieren kann.« (Altenpflegerin, 49 Jahre, zwei Kinder)
› »Verwöhnen heißt, für eine Person zu viel tun, Aufgaben abnehmen, die sie alleine bewältigen könnte, um Liebe zu beweisen. Hierbei können Hintergedanken eine Rolle spielen. Man verwöhnt oft Kinder, obwohl es klar sein sollte, dass das Kind dadurch verdorben wird.« (Industriekauffrau, 23 Jahre)

› »Jemandem etwas zukommen lassen, das dieser nicht unbedingt braucht. Das Verwöhnen kann manchmal aus Eigennutz den Zweck haben, jemanden unmündig zu halten.« (Student für Erdkunde und Geschichte, Sekundarstufe II, 22 Jahre)
› »Verwöhnen ist das ›unnötige Erledigen‹ von Arbeiten für einen anderen zur Erhaltung bzw. Erlangung seines eigenen Wohlbefindens.« (Schornsteinfeger, 25 Jahre)

Diese Mini-Befragung verdeutlicht – auch wenn sie nicht repräsentativ ist –, dass alle hier getätigten Äußerungen den Vorgang der Verwöhnung keinesfalls in einem positiven Licht sehen. Mich hat diese Klarheit und Eindeutigkeit sehr überrascht. Denn viele Diskussionen mit Eltern oder anderen Erziehungsverantwortlichen waren Zeugnisse des Versuchs, Verwöhnung entweder als Ausdruck von Liebe darzustellen oder die negative Wirkung der Verwöhnung verteidigend herunterzuspielen, frei nach der Devise ›Ein bisschen Verwöhnung ist doch nicht so schlimm‹.

Neben diesen Befragungs-Ergebnissen soll auch ein O-Ton aus Kindermund nicht fehlen. Eine Mutter hatte sich mit der *Verwöhnungsfalle* in eine Zimmerecke zurückgezogen, während die beiden Söhne im Alter von sechs und acht Jahren an ihr vorbeigingen, um etwas zu holen. Da fragte einer: »Was liest du denn da?« »Ach«, meinte die Mutter, »das ist ein Erziehungsbuch zum Thema Verwöhnung.« »Hm!?« Daraufhin die Mutter: »Habt ihr eine Vorstellung, was Verwöhnung eigentlich ist?« Die beiden grübelten und dachten eine Weile nach. Dann kam fast sprudelnd wie aus beider Mund: »Mama, wenn wir im Garten spielen und dann mit schmutzigen Schuhen durch das Wohnzimmer laufen und du dann den Dreck wegsaugst, das ist Verwöhnung!« Die Mutter war baff. So viel Sachkenntnis und Selbstreflexionsfähigkeit hatte sie ihren Kindern nicht zugetraut. Aber es nagte auch die Frage, wie oft sie wohl in der Vergangenheit per ›Reine-Machen‹ für die Kinder in die Verwöhnungsfalle getappt war.

Jetzt ist übrigens ein erster guter Zeitpunkt, die Aufzeichnungen Ihrer Beschäftigung mit dem Thema Verwöhnung mit den hier zusammengetragenen Gedanken in Bezug zu setzen.

ZUR MORPHOLOGIE DES PHÄNOMENS VERWÖHNUNG

Wer verwöhnt, verstößt gegen das Gesetz, denn ›alle Erziehungsmaßnahmen sind zum Wohle des Kindes durchzuführen‹. Dies verdeutlichen sowohl der Artikel 6 des Grundgesetzes, die §§ 1626 und 1627 des Bürgerlichen Gesetzbuches als auch Artikel 3 der UN-Kinderkonvention. Das Kinder- und Jugendhilfegesetz von 1990 (SGB VIII) beschreibt im § 1:»Jeder junge Mensch hat ein Recht auf Förderung seiner Entwicklung und auf Erziehung zu einer eigenverantwortlichen und gemeinschaftsfähigen Persönlichkeit. Pflege und Erziehung der Kinder sind das natürliche Recht der Eltern und die zuvörderst ihnen obliegende Pflicht. Über ihre Betätigung wacht die staatliche Gemeinschaft.« Das Strafgesetzbuch ist das Instrument des Staates, Rechtsverstöße von Eltern oder anderen Erziehungsverantwortlichen zu ahnden, auch im Zusammenhang von Erziehungsaufgaben.[21]

Als weitverbreiteter Irrtum stellte sich manchmal innerhalb meiner Vortragstätigkeit und im Rahmen fachlicher Auseinandersetzungen heraus: Wer gegen die Verwöhnung antritt, fordert Strenge und Härte, ist gegen Genuss und Lust eingestellt, grenzt die Liebe aus! Wenn das ganze Thema auf einen Begriff gebracht werden soll, dann am ehesten auf den der Konsequenz. Denn wenn Menschen auch die Verantwortung für die Folgen ihres Verhaltens übernehmen, werden viele negative Auswirkungen erst gar nicht eintreten. Richtig ist: Wer der Verwöhnung den Kampf ansagt, fordert eine Neubesinnung im Kontakt mit Menschen, wobei dem Umgang mit sich kaum wehren könnenden Kindern ein ganz besonderes Augenmerk zukommt.

> *Auf diesem Hintergrund entlarvt sich die Verwöhnung als Todfeind einer tragfähigen Investition in die Zukunft. Mit Ideenreichtum und Hinterlist gehen die Handelnden ans Werk und behindern den Prozess des Wachstums fundamental. Dies vereitelt eine optimale Förderung und Entwicklung zur Eigenständigkeit. Schwäche, Kraftlosigkeit und eine permanente Mutlosigkeit sind die Folgen. Demnach verhindert Verwöhnung ein Leben in Selbstverantwortung.*

Der einzelne Verwöhnvorgang für sich betrachtet wirkt oft vordergründig wie positive Zuwendung. Selbst wenn negative Aspekte schon in der Situation deutlich werden, setzen die Beteiligten in der Regel alles daran, ihr Handeln als liebevolles Umsorgen darzustellen.

Um das verwöhnende Interaktionsgeschehen genauer erfassen zu können, hier eine grundlegende Definition:

> *Verwöhnung ist das Resultat unangemessenen Agierens oder Reagierens auf Wünsche oder Verhalten.*

Positives erhält überproportionale Verstärkung und Negatives keine Begrenzung. Da im Leben außerhalb von Verwöhn-Systemen mit deutlich spürbaren Konsequenzen auf schädliches – insbesondere unsoziales – Verhalten zu rechnen ist, wachsen Verwöhnte immer intensiver in eine Scheinwelt hinein. So werden Kontakte zu anderen Wertungssystemen als bedrohlich erlebt, wird die Unwirklichkeit zum bevorzugten Aufenthaltsraum. Dieser Realitätsverlust zerstört auf Dauer jeglichen Lebensmut. Der Vorgang ist weder an bestimmte soziale Schichten noch an spezielle Altersgruppen gebunden. So durchzieht der Ungeist der Verwöhnung alle Lebensbereiche. Die Basis dazu wird überwiegend in den ersten Lebensjahren gelegt. Um diese subtilen kleinen Schritte ins Reich der Verwöhnung besser erkennen zu können, werden in einem ersten Ansatz einige Beispiele aus dem erzieherischen Alltag eingebracht. Intention und Vorgehensweise sind jedoch auf alle Lebensbereiche übertragbar.

»Christoph!«, rief die Mutter, »Tini hat schon wieder ihr Pausenbrot vergessen. Nimm es gleich, wenn du zur Schule gehst, für deine kleine Schwester mit!« – »Deine Schuhe sind schon wieder weg? Frühestens morgen kann ich aber erst neue beschaffen, auch wenn ich nicht weiß, wie du jetzt schon zum dritten Mal Teile deiner Sportsachen beim Fußballtraining vergessen konntest.« – »Bei diesem Nieselregen brauchst du nicht mit dem Fahrrad zur Schule zu fahren, ich bringe dich schon mit dem Auto hin«, sagt die Mutter zu ihrem 15-jährigen Sohn. – »Meinst du nicht, ein Fernseher wäre als Weihnachtsgeschenk für eine Neunjährige viel zu teuer? Aber schreibe ihn mal auf den Wunschzettel«, meinte der Vater, »du bist ja unser Sonnenschein!«

»Was man ihr auch gibt, dauernd quengelt sie herum und will mit ihren zwei Jahren am liebsten von morgens bis abends auf den Arm genommen werden. Aber irgendwann fehlt mir einfach die Kraft.« – »Ich will heute ganz viel essen!«, schreit der dreijährige Franz. Aber kaum hat er angefangen zu essen, verkündet er ebenso lauthals: »Ich bin satt und es passt nichts mehr in meinen Bauch.« Daraufhin der Vater: »Wenn du nichts mehr magst, ist das okay. Wir wollen dich ja nicht zwingen.« – »Jeden Tag dasselbe Theater mit dem Zubettgehen«,

seufzt eine entnervte Mutter.»Erst nach der allabendlichen ca. zehnminütigen Autofahrt wird Barbara müde, sonst ist kein Einschlafen möglich. Gott sei Dank nickt sie mittlerweile jedoch schon nach einem Video weg.« – »Mama, wenn ich kein Taschengeld mehr von dir bekomme, sage ich es am Wochenende Papa, wenn er mich wieder nachmittags zu sich holt. Der ist nämlich nicht so knauserig!« Daraufhin die Mutter:»Was meinst du denn, wie viel Geld du zusätzlich brauchst?«
Dies ist ein kleiner, unsortierter Auszug von Verwöhn-Beispielen. Mal geht die Initiative von den Eltern aus, mal vom Nachwuchs. Ruhe haben oder gefallen wollen, Konfliktvermeidung und Verlustangst sind die Beweggründe. Wer jedoch nicht als Kind lernt, sich auseinanderzusetzen, wird als Erwachsener vor kleinsten Beanspruchungen kapitulieren. Wer »Kindern die Probleme stiehlt«, wie Thomas Gordon dies formulierte, betreibt gleichzeitig Raubbau am weiteren Lebensglück. Wenn Ihnen diese Beispiele als Beleg für Verwöhn-Situationen nicht reichen sollten, setzen Sie sich auf Kinderspielplätze, in Straßenbahnen, beobachten Sie Kinder und ihre Eltern in Kinos, Restaurants, Kaufhäusern, Ausstellungen, Arztpraxen, bei Gottesdiensten oder Beerdigungen.

Verwöhnung beginnt, wo die Herausforderung ausbleibt. Verwöhnung verhindert somit

> Interesse und Neugier
> Auseinandersetzungsbereitschaft
> Kraft und Ausdauer
> Anerkennung (wer keine Anerkennung findet, erkennt auch nichts anderes an)
> Zielstrebigkeit
> angemessene Rückmeldungen
> Grenzerfahrungen
> selbst geschaffenen Erfolg
> ein realistisches Selbstbild

- › und damit Selbstvertrauen (wer sich nicht traut, traut auch keinem anderen)
- › Zufriedenheit und Selbstwert (wer sich selbst nicht als Wert erfährt, achtet auch keine anderen Werte)
- › Lebensmut
- › Toleranz und Rücksicht
- › Eigenständigkeit
- › Verantwortungsbewusstsein
- › soziale Kompetenz

Ein kurzes Zwischenresümee angesichts dieser einzelnen Aspekte:

> *Verwöhnung verhindert ein erfolgreiches Leben!*

Viele Eltern und andere in erzieherischer Verantwortung Stehende glauben in der Situation des Handelns, ihrem/einem Kind wirklich etwas Gutes zu tun. »Schließlich gibt es im späteren Leben so viele schwere und entbehrungsreiche Situationen, dann soll es als Kind wenigstens in angenehmen Rahmenbedingungen heranwachsen!« Dies ist eine der häufigsten Entgegnungen, wenn Betroffene das eigene Verwöhnen zu rechtfertigen suchen.

Aber wie eine Quarantäne-Station eben kein Übungsfeld zur Entwicklung von Abwehrkräften ist, so kann die künstliche Welt vieler Erziehungsräume auch nicht auf die Realitäten von Anstrengung, Disharmonie und Konflikt vorbereiten. Der einzige Weg, um für das zukünftige Leben gewappnet zu sein, besteht darin, ›Gefordertwerden‹ und ›Auftanksituationen‹ in ein ausgewogenes Verhältnis zu bringen. Optimal sind jene Bedingungen, in denen Kindern und Jugendlichen ermöglicht wird, sich auf möglichst unterschiedliche erwartbare Situationen vorzubereiten. Nicht durch Vermeidung wird dies erreicht, sondern indem gelernt wird, damit umzugehen. Kein Mensch würde z.B. Mitarbeiter einer Feuerwehr für ihre Aufgaben üben lassen, indem Trainingstermine als nette und angenehme Kaffeerunden arrangiert würden, frei nach der Devise: Die tatsächlichen Einsätze werden schwer genug.

Auf den Ernstfall des Lebens von Kindern und Jugendlichen bezogen glauben viele Zeitgenossen, mit Anstrengungs-Vermeidung oder als Liebe deklarierter Verzärtelung am geeignetsten vorzubereiten. ›Nein‹, werden einige sich besonders angegriffen fühlende Leser vielleicht einwerfen wollen, ›was hier als Verwöhnung bezeichnet wird, ist in Wirklichkeit Ausdruck elterlicher bzw. erzieherischer Verantwortung. Wir reagieren nur auf die Grundbedürfnisse von Kindern nach Zuwendung und Geborgenheit.‹

Aber Verwöhnung reagiert eben meistens nicht auf die Grundbedürfnisse, sondern auf die eingesetzten Symptome:

› Ein Kind sucht Nähe und bekommt die Nuckelpulle.
› Ein Kind probt beim Essen per Spinat-Verweigerung den Aufstand und bekommt anstelle einer einfühlsamen Auseinandersetzung eine doppelte Portion Nachspeise.
› Ein Kind hat Langeweile und bekommt den Fernseher als Unterhaltung.
› Oder mit Udo Lindenberg: »Sie wollte Liebe und kriegte Taschengeld.«

Wird jedoch auf die Grundbedürfnisse reagiert, geschieht dies maßlos:

> *Verwöhnung vollzieht sich durch die Erfüllung bzw. Weckung lebenshindernder Bedürfnisse, konkret durch zu viel oder zu wenig Gewährenlassen oder durch unangemessenes Agieren und Reagieren.*

VERWÖHNUNG ZWISCHEN ZUVIEL, UNANGEMESSENHEIT UND ZUWENIG

Über ein Zuwenig in der Erziehung wird eher selten diskutiert. Aber die Frage »Kann es überhaupt ein Zuviel an Zuwendung und Liebe geben?« wird häufig gestellt. Vorsichtig tasten sich Eltern so an ein schwieriges Thema heran und verdeutlichen gleichzeitig – wenn auch versteckt – die eigene Position. Denn nonverbal wird in den Raum gestellt, dass es kein Zuviel geben kann. Aber in dieser Gegenüberstellung lässt sich die Frage gar nicht beantworten. Außerdem wäre es sinnvoll, die Beweggründe und Wirkungen von Zuviel bzw. Zuwenig genauer unter die Lupe zu nehmen. Weiterhin sind Sprachverständnis und persönliche Auffassung von Zuwendung und Liebe zu schillernd. Wende ich mich zu, weil es für mich oder das Kind wichtig ist? Wie grenzt sich Eigenliebe von selbstloser Liebe ab? Auch wird trefflich darüber gestritten werden können, was in der konkreten Situation zu viel und was zu wenig ist. Geht es um ein mögliches Zuviel an Geld oder Zeit, an Geben oder Lassen? Was ist für den Einzelnen zu viel? Wird dies aus der Perspektive des Kindes oder des Erwachsenen so bewertet? In welcher Relation stehen Viel oder Wenig zu vergleichbaren zurückliegenden oder kommenden Situationen?

    Findet ein Mensch zu wenig Anerkennung, fördert dies seine Lebenshoffnung keinesfalls. Steht er dauernd im Zentrum der Beachtung, ist ein solches Zuviel in der Regel die Basis eines völlig unangemessenen Selbstbewusstseins. Ein übersteigertes Ego, welches sich ohne ›roten Teppich, Rampenlicht und Jubelchor‹ erst gar nicht zu bewegen gedenkt, wird mit Verweigerung oder Zorn auf die popelige Alltäglichkeit reagieren.

    Dreh- und Angelpunkt ist die Frage, welche erzieherische Haltung dem ›Viel‹ oder ›Wenig‹ an Zuwendung zugrunde liegt.

Zu viel gewähren lassen

»Aber wenn mein Kind quengelt und schreit, muss ich es doch an die Brust legen«, so eine 28-jährige Mutter. »Das muss mein Mann verstehen, schließlich geht es ja um das Wohlbefinden unseres Kindes.« Der Mann schien viele Veränderungen seit der Geburt des Kindes zu verstehen. Dass aber seine Frau seit ca. fünf Monaten fast rund um die Uhr den kleinen Nachwuchs am Busen hat, um ihm ein optimales Dauernuckeln zu ermöglichen, will er nicht als unbedingte Folge des Kindersegens akzeptieren. »Ich bin eben für eine sehr natürliche Säuglingsphase«, meinte sie jedoch. Damit war verbunden, dass die Verfügbarkeit der Ehefrau für die anstehenden Haushaltsarbeiten fast auf dem Nullpunkt angekommen war. Der berufstätige Ehemann hatte schon in den letzten Wochen der Schwangerschaft Wohnungsreinigung, Einkauf und Abwasch übernommen. Jetzt standen auch noch Kochen und Wäschepflege an. Wortkarg drückte er aus, dass er sich das Eheleben nach der Geburt der Tochter etwas anders vorgestellt hatte.

Bevor hier etwaige Gleichgesinnte zum – manchmal berechtigten – Loblied auf eine körpernahe Säuglingsphase anstimmen, wird vor einem überschnellen Rückgriff auf den Begriff ›natürlich‹ gewarnt. Zum einen ist Körperkontakt nicht mit Dauernuckeln gleichzusetzen und zum anderen nicht mit einer fehlenden Verfügbarkeit für häusliche Aufgaben. Naturvölker konnten und können sich einen solchen Unfug nicht leisten. Während der Stillzeit wird es der Frau des Neandertalers ebenso wenig möglich gewesen sein, die vielfältigen Aufgaben rund um die Feuerstelle ruhen zu lassen, wie den in unserer Zeit zwischen Haus- und Feldarbeit lebenden Indiofrauen in den Anden Perus. Und die Frage, wie extensiv die Stillzeit sein sollte, sollte nicht ausschließlich durch den angeblich ›natürlichen Instinkt‹ der Mutter gesteuert werden, denn dabei könnte zu steigern gesuchtes ›Mutterglück‹ das

›Kindeswohl‹ behindern. Damit wären dann ›Tür und Tor des Zuviel‹ geöffnet. Denn jeder nicht an der Zukunft des Kindes orientierte Maßstab führt zur Verwöhnung.

Nicht nur das Ausloten und Setzen von Orientierungspunkten im noch unstrukturierten Leben von Kindern ist eine wichtige erzieherische Aufgabe, sondern auch die Verdeutlichung schon existierender Grenzlinien. Denn wer auf die Überschreitung bekannt gemachter Grenzen nicht reagiert, bekundet damit, dass entweder die vorher aufgestellte Regel doch nicht so wichtig ist oder ihre Beachtung aus Angst vermieden wird. Ob es sich dann um Bettgehzeiten, Herumschreien, Essensverweigerung oder ein Hantieren an Mutters wertvollem Klavier handelt, ist zweitrangig. Da selbst ältere Säuglinge schon Grenzverstöße provozieren – der fragende Blick in Richtung Vater oder Mutter vor dem Übergriff in eine Tabuzone verdeutlicht eindeutig die Kenntnis der Zusammenhänge –, sind Eltern vom ersten Tag an gefordert. Wird häufig ein erstmalig störendes Verhalten ignoriert, weil es so ›süß‹ aussieht und Klein-Theresa es ja noch nicht begreifen kann, löst ein späteres Verbot – wenn dasselbe Verhalten nicht mehr als so ›putzig‹ angesehen wird – Irritationen aus. Auch die Ermöglichung immer größer werdender Wünsche fällt unter die Kategorie des Zuviel-Gewährenlassens.

Ein besonders eklatantes Beispiel fehlender Begrenzung auf Kosten anderer: Der ca. vierjährige Matthias ist mit seiner Mutter bei Freunden zu Besuch. Schon nach kurzer Zeit erkundet er recht gründlich das Wohnzimmer. Stereoanlage, Blumenvasen oder Tischdekoration – nichts ist vor ihm sicher. Als er die dritte Abstellebene des offenen Bücherregals durch gekonntes Klettern erreicht hat, reagiert die Gastgeberin leicht seufzend in Richtung Mutter:»Ingeborg, meinst du nicht, das geht zu weit?« Während Matthias sich keck weiter nach oben arbeitet, äußert sich die Mutter recht entrüstet: »Gehörst du etwa auch zu den Menschen, die ihren Kindern dauernd Begrenzungen aufzwingen? Du hast doch selber drei Kinder!« Ein eher zaghaftes »Eben!« der Gastgeberin geht zwischen Kaffeetrinken und Kuchenessen unter.

Übervolle Kinderzimmer, kaum geregelter Fernsehkonsum, überproportionale Geldzuwendungen, riesige Eisportionen, Berge an Süßigkeiten, willkürliches Aufgeben von vorher gemachten Absprachen – dies sind nur einige Beispiele des Zuviel im Umgang mit Kindern. Wer nach der Maxime ›Alles ist jederzeit auf leichteste Weise zu haben‹ aufwächst, wird mit Bitterkeit und Hass reagieren, wenn dieses Erfahrungsprinzip nicht mehr trägt. Zur Erinnerung: Grenzenlosigkeit macht irre!

Zu wenig gewähren lassen

Was würden Sie davon halten, wenn jemand vor dem Betreten eines Atomkraftwerkes von einer Sicherheitskraft den Hinweis erhielte: »Passen Sie unbedingt gut auf, denn hier lauern viele Gefahren!«? Sie würden vermutlich – je nach Naturell – entweder einen Lachanfall bekommen oder wütend am Verstand ihres Gegenübers zweifeln. Denn auf was genau und in welcher Weise aufzupassen wäre, bliebe restlos offen.

Wie wenig hilfreich muss ein Kind von acht Monaten, welches eine Treppe hochzuklettern versucht, den warnenden Hinweis eines besorgten Erwachsenen empfinden: »Pass auf, dass du nicht fällst!« Denn was wirklich hilfreich wäre, bleibt ebenso ungenannt wie beim vermeintlichen Sicherheitshinweis vor dem Betreten des Atomkraftwerkes. Soll tatsächlich eine Hilfestellung gegeben werden, ist mehr als ein vehementes Äußern substanzloser Achtungshinweise wie »Das ist heiß, gefährlich, tief, zu hoch oder zu schwer« vonnöten. Weiterführend wäre es, wenn konkret verdeutlicht würde, dass z.B. rutschfeste Söckchen oder Schuhe mit Gummisohle Vorbedingung sind und wie Händchen und Füßchen zu setzen sind, um mit gutem Halt auf den Treppenstufen voranzukommen.

Der mehrdeutige Hinweis »Kinder lernen von Fall zu Fall« bringt auf den Punkt, dass Rückschläge bei Lernvorgängen nicht nur hinzunehmen, sondern fast notwendig sind. Für eine zukunftsorientierte Erziehung reicht es nicht, nur möglichst selten Erprobungssituationen zu be- oder verhindern. Nein, Ziel muss sein, so häufig wie möglich herausfordernde Rahmenbedingungen für experimentierendes Tun zu schaffen. Denn nur ein frühzeitiges Einüben in geistige, soziale oder technische Fertigkeiten ermöglicht ein eigenständiges Handeln. Diesem Ziel laufen alle Maßnahmen von Erziehungspersonen zuwider, wenn diese für ein Kind handeln, ob in Konfliktsituationen oder beim Zurechtfinden in der alltäglichen Lebenspraxis. Wird dieser Grundsatz beherzigt, entfällt auch das Schreiben einer Entschuldigung, wenn sich Sohn oder Tochter kurz vor dem Zubettgehen ›plötzlich‹ daran erinnern, die Mathe-Hausaufgaben noch nicht erledigt zu haben. Rückenstärkend im eigentlichen Sinne wäre es, dem Fachlehrer den wirklichen Hergang mitzuteilen. Dann müsste der Nachwuchs zu seiner Bummeligkeit stehen und die Lehrkraft könnte überprüfen, ob vielleicht fehlendes Begreifen der tiefere Grund für die nicht erbrachte Leistung ist.

> *Wer häufig für ein Kind handelt, es zu lange füttert, anzieht, ihm die Spielutensilien wegräumt, bei Konflikten sofort Partei für das eigene Kind ergreift, für die Folgen von Missgeschick, Fehlverhalten oder Streit stellvertretend eintritt, sollte möglichst früh nach einem Menschen Ausschau halten, der diesen Job zukünftig, spätestens nach dem eigenen Ableben, übernimmt. Wer Anstrengungen oder negative Konsequenzen zu vereiteln sucht, schützt nicht, sondern macht in Wirklichkeit schutzlos.*

»Übung macht den Meister«, so der Volksmund. »Ohne Fleiß kein Preis«, weiß jeder im Bereich des Sports. Wenn das Hauptaugenmerk in der Kindererziehung auf eine Reduzierung von Risiken gelegt wird, werden Stolperstellen und Gefahrenpunkte außerhalb des häuslichen Lebensraumes wirklich zur Gefahr.

Nur die Auseinandersetzung mit den unterschiedlichsten Anforderungen führt zu wichtigen Erfahrungen, macht stark. Wer das erlernen will, wird nicht die Zeit in wohlig-warmen Kuschelecken vertun. Herumtrödeln und Verharren sind Ausdruck einer Müdigkeit dem Leben gegenüber. Elan und Mut brauchen zum Wachsen kraftvolle Vorbilder und herausfordernde Situationen. Kinder, die mit einem Jahr schon recht selbstständig – ohne anschließendes Großreinemachen – mit dem Löffel essen bzw. aus einer Tasse trinken können oder ein paar Wochen später den Kinderstuhl ohne Blessuren erklimmen, fallen nicht vom Himmel, sondern sind das Resultat vieler ganz irdischer Übungssituationen.

Subtil und variationsreich sind die eingesetzten Verhinderungsstrategien beim Heranwachsen von Kindern, meist aus Angst oder fehlender Zeit eingesetzt. Mannigfaltig und ermutigend sollten daher die Rahmenbedingungen und Hilfestellungen sein, sich dem Wagnis des Lebens immer neu zu stellen. Denn: Zu enge Grenzen töten!

Unangemessenes Agieren

Die dreijährige Lisa schaut interessiert bei den letzten Handgriffen beim Aufbau des Büfetts zu. »Du hast sicher einen so großen Hunger, dass du nicht mehr warten kannst, bis wir alle was zu essen bekommen. Hier, nimm schon mal ein Stück Wurst.« Lisa nimmt, ohne sich vorher besonders hungrig gezeigt zu haben, die Wurst, welche die Mutter von einem Schnittchen einer fertig angerichteten Platte genommen hat. Etwa zehn Minuten später wird offiziell mit dem Abendessen begonnen. – Am Rande einer Tagung psychologischer Berater, zu der ein Vater seinen ca. fünfjährigen Sohn mitgenommen hat, innerhalb eines festlichen Abendessens: »Ich glaube, du hast dir zu viel Nudeln auf den Teller geladen. Die brauchst du nicht alle zu essen. Wir können den Rest weggeben.« Das Kind selbst hat sich zur Menge des Essens nicht geäußert, es ist auch nur noch ein kleiner Rest. Anschließend geht der Vater mit dem Filius zur Nachspeisen-Anrichte und fragt, was er denn davon haben will. – Eine Mutter beim Beobachten der Hausaufgaben ihres Neunjährigen: »Ich sehe, dass dir das Abschreiben des Lesebuchtextes sehr schwerfällt. Du brauchst dich nicht weiter so anzustrengen; ich schreibe deiner Lehrerin ins Heft, dass es dich überfordert.« Freudig werden die Schulsachen zusammengepackt und raus geht es zum Bolzplatz um die Ecke. – Ein Vater beim Einkauf im Supermarkt kurz vor der Kasse zur kleinen Tochter: »Du möchtest doch sicher ein Überraschungs-Ei. Bevor du wieder herumquengelst, geh und hol dir eins.« – »Weshalb soll unser Enkelkind denn Früchtetee oder Apfelschorle trinken, wo es doch ein Lieblingsgetränk gibt.« Der Großvater zum Kellner: »Bringen Sie unserem Kleinen eine große Cola!«

In allen Fällen haben die Kinder keine offensichtlichen Anhaltspunkte für ein solches Agieren von sich gegeben. Selbst wenn mir als Beobachter entsprechende Anzeichen verborgen geblieben wären, keinesfalls würden solche Verhaltensweisen zu rechtfertigen sein. Es handelt sich hier um typische Beispiele, wie Erwachsene durch ein Hineininterpretieren von Vorstellungen oder Wünschen unangemessene Handlungsszenarien entwickeln. Allen ist gemeinsam, dass sie in der Situation von den Kindern mit großer Wahrscheinlichkeit als angenehm und entlastend erlebt wurden. Denn wer wird schon bei solchen Vorlagen Naschereien oder Bequemlichkeiten zurückweisen. Aber Weichheit und Nachlässigkeit sind keine tragfähige Mitgift fürs tägliche

Überleben, weder bei Naturvölkern noch in Konsumgesellschaften.

Unangemessenes Reagieren

Hanna fällt beim Herumtollen mit einigen Freundinnen auf der Wiese hin. »Da hast du dir aber sicher sehr wehgetan, komm, ich nehme dich auf den Arm!« Das Hinfallen sah unproblematisch aus. Kaum aber ist Hanna auf dem Arm der Großmutter, setzt schon ein ganz bitterlich wirkendes Weinen ein. – Die gut zweijährige Julia stapelt mehrere Schokoladentafeln im Einkaufswagen aufeinander und zeigt stolz ihr Werk. Daraufhin die Mutter: »Du kannst ruhig eine aufmachen und schon mal was naschen!« – Die elfjährige Marion kommt missmutig wirkend vom Reitunterricht nach Hause. Auf die Nachfrage der Mutter, ob irgendetwas passiert sei, antwortet sie: »Ich glaube, die anderen Kinder mögen mich nicht; die lachen so oft, wenn ich aufs Pferd steige.« Daraufhin die Mutter: »Das Reiten soll dir ja schließlich Spaß machen. Wenn es dir nicht mehr gefällt, melden wir dich halt woanders an.« – Der etwas schwächlich wirkende Werner kommt mit einem blutenden Knie nach Hause. Die alleinerziehende Mutter fragt aufgeregt, was denn passiert sei. »Manni, Dirk und Jürgen haben mir beim Hockey einfach so einen Stock vor die Rollerblades geworfen. Beim Sturz habe ich mir dann das Bein aufgeschrammt.« Darauf die Mutter: »Ich werde jetzt sofort zu den Eltern gehen und sagen, dass dies zu weit geht. Schließlich ist deine Jeans auch hin.« Eine Kurz-Recherche, ob es nicht doch einen Streit auslösenden Vorspann gegeben haben könnte oder ob die Situation überhaupt wie berichtet passiert ist, findet nicht statt. Schließlich gilt es, den einzigen Sohn zu schützen.

Alle hier aufgegriffenen Episoden, aus Distanz beobachtet, miterlebt oder unmittelbar per Bericht zur Kenntnis bekommen, verdeutlichen, dass wiederum durch Vermeidung oder ein Hineininterpretieren eigener Betroffenheit, Bedürfnisse oder Vorstellungen keine angemessene Reaktion auf das Verhalten des jeweiligen Kindes folgte. Damit wurden gleichzeitig grundlegende Erfahrungen im eigenständigen Umgang mit selbst inszenierten oder sonst wie zustande gekommenen Problemen verhindert.

Alexander S. Neill, einer der Protagonisten der antiautoritären Erziehung, berichtet innerhalb seiner theoretischen und praktischen Auseinandersetzung mit dem Beispiel Summerhill: »Einmal brachte eine Frau ihr siebenjähriges Mädchen zu mir. ›Mr. Neill‹, sagte sie, ›ich habe jede Zeile gelesen, die Sie geschrieben haben. Und noch bevor Daphne zur Welt kam, hatte ich schon beschlossen, sie genau nach Ihren Prinzipien zu erziehen.‹ Ich warf einen Blick auf Daphne, die mit ihren schweren Schuhen auf meinem Konzertflügel stand. Sie machte einen Satz auf das Sofa und stieß beinahe die Sprungfedern durch. ›Sehen Sie, wie natürlich sie ist‹, sagte die Mutter. ›Das Neill'sche Kind!‹ Ich fürchte, ich bin rot vor Wut geworden. Diesen Unterschied zwischen Freiheit und Zügellosigkeit können viele Eltern nicht begreifen.« Er fährt fort: »Wenn immer nur Disziplin herrscht, haben Kinder keine Rechte. Wenn sie jedoch verwöhnt werden, haben sie alle Rechte. In einem guten Bezug haben Kinder und Eltern jedoch gleiche Rechte.«[22]

DIE VERWÖHNUNGS-FORMEL IM VOLLZUG

Zu viele Menschen streben in ihrem alltäglichen Handeln nach dem einfachen Weg, der leicht gemachten Annehmlichkeit. Eine ganz simple Folge ist: Wenn wir etwas nicht – möglichst früh – lernen, können wir dies auch nicht. Anstelle eines Förderns von Eigenverantwortung wird durch Fremd-Übernahme oder Ignorieren von anstehenden Aufgaben die

Entwicklung und Stabilisierung von Eigenverantwortung erfolgreich verhindert. Die Verwöhn-Regel 3 = 3 bringt diesen Zusammenhang auf den Punkt:

> *Falsches Helfen*: Eltern oder andere Erziehungskräfte übernehmen die vom Kind selbst zu erlernenden Funktionen.

> *Fehlende Begrenzung*: Eltern oder andere Erziehungskräfte kapitulieren vor den Aktionen der kleinen oder größeren Kinder.

> *Ausbleibende Herausforderung*: Eltern oder andere Erziehungskräfte verhindern eine mutmachende Entwicklung.

Dies hat die Folgen: Nichtkönnen – Abhängigkeit – Anspruchshaltung.

Gehen wir die Punkte einzeln durch: Falsches Helfen setzt immer dann ein, wenn wir für jemanden handeln, obwohl eine Mitwirkung oder Eigentätigkeit möglich bzw. notwendig wäre. So nachvollziehbar es ist, dass ein Säugling sich nicht selbst ankleiden oder versorgen kann, so selbstverständlich sollte Kindern von früh auf eine Mitwirkung ermöglicht werden. Demnach kann ein Baby beim Anziehen des Stramplers seine Füßchen durchdrücken, beim Essen bald den Löffel oder Becher selbst zum Mund führen und später auch den Anorak (fast) alleine anziehen. Da Kinder ›lernhungrige Welt-Erkunder‹ sind, wehren sie sich häufig auch gegen falsche oder störende Fremdeinwirkung mit dem programmatischen Satz: »Kann allein!« Ob es ums Brote-Schmieren, Zimmer-Aufräumen oder Hausaufgaben-Erledigen geht, immer sind die nötigen Umfeldbedingungen zu schaffen, um in die Eigenständigkeit zu gelangen.

Bei der fehlenden Begrenzung geht es darum, nicht auf eine Scheinwelt, sondern auf das reale Leben vorzubereiten, in welchem Rücksicht, Akzeptanz und das Achten anderer Werte selbstverständlich sind. Mit dem Buch *Kinder brauchen*

Grenzen hat Jan-Uwe Rogge schon vor Jahren auf diese Notwendigkeit hingewiesen. Indirekt verdeutlicht der Titel aber das tiefer liegende Problem. Denn nicht nur Kinder, alle Menschen und auch Völker brauchen Grenzen, um in diesen möglichst sicher zu leben. Würden diese aktiv berücksichtigt und vorgelebt, wären Rogges Ausführungen entbehrlich. Übrigens liegt die elterliche und gesellschaftliche Aufgabe nicht in erster Linie darin, Kindern ständig Grenzen zu setzen, sondern – wie schon ausgeführt wurde – die bestehenden Grenzen und Regeln eines angemessenen Zusammenlebens zu verdeutlichen.

Das Ausbleiben von Herausforderungen zeigt sich immer dann, wenn man Kindern und Jugendlichen zu wenig zutraut. Wird hier dem Kleinkind der per Robben zu erreichen gesuchte Ball vor die Hände gelegt, erhält ein Dreijähriger nicht die Chance, per eigenständiger Bewegung ein Spielgerät zu erkunden. »Pass auf, dass du nicht fällst, dir nicht wehtust« usw. sind dann die Rufe. Weshalb ermutigen wir unsere Kinder nicht, unter Berücksichtigung diverser Schutzaspekte, ihr Können sich und anderen unter Beweis zu stellen? Und ein Kind ständig – oder ›nur bei Regen‹ – zur Schule zu fahren, verhindert dessen notwendige Bewegung, Bodenhaftung, räumliche Orientierung und Eigenständigkeit.[23]

Immer wenn also auf wichtige Lebensbereiche nicht entsprechend vorbereitet wird, können wir uns in diesen nicht zurechtfinden. Immer wenn wir etwas nicht können, das Ergebnis aber doch wollen, sind wir auf könnende und bereite Menschen angewiesen, von ihnen abhängig. Solange diese aus naiver bzw. falscher Nettigkeit für die Verwirklichung Sorge tragen, leidet der Verwöhnte keinen Mangel. Im Gegenteil, er/sie kommt anstrengungslos zum Ziel. Signalisiert aber irgendwann das Umfeld, dass der Nachwuchs nun doch selbst die Zuständigkeit zu übernehmen hätte, wird dieser sofort versuchen, das zu erreichen Gesuchte per Anspruch durchzusetzen.«»Mama (bzw. Papa), ich kann es doch nicht, und du weißt das ganz genau. Du wirst mich doch nicht hängen lassen?« Welch groteske Züge das wohlige Einnisten im ›Hotel Eltern‹ annehmen kann, zeigte eine Zeitungsmeldung aus Italien. Hier hatten Politiker in die Diskussion eingebracht, Eltern per ›Entsorgungs-Prämie‹ einen finanziellen Anreiz zu verschaffen, um die nicht erwachsen werden wollenden 30-Jährigen aus dem Haus zu weisen.

VON GEFÄHRLICHEN FALLEN UND TYPISCHEN VERSUCHUNGEN

Neben den bisher beschriebenen Aspekten zur Verwöhnung gibt es Gegebenheiten, die in besonderem Maße zur Verwöhnung führen können bzw. diese geradezu provozieren. Mal sind es zeitbedingte oder grundlegende Besonderheiten aufseiten des Kindes, mal verstärken bestimmte Situationen eine Reduzierung der erzieherischen Verantwortung. Allen Beispielen ist gemeinsam, dass den Erziehenden entweder die Klarheit im Blick oder die Kraft für die Umsetzung dessen fehlt, was für das weitere Leben der Kinder wirklich wichtig ist. Paaren sich fehlender Durchblick und ausgeprägte Schwäche, wird die Verwöhnung umso stärker das Handeln bestimmen.

Prädisponierende Fakten

»Du bist mein Ein und Alles.« – »Unserem Sorgenkind kann ich nichts abschlagen.« – »Welch ein Sonnenschein für unser Leben!« – »Seht doch nur, wie süß sie ist!« – »Wegen der Behinderung unserer Kleinen muss ich ihr halt viele Aufgaben abnehmen.« Solche Redewendungen sind Indizien dafür, dass bestimmte Kinder durch ihre individuelle Geprägtheit bzw. durch ihre Position in der Familie eine große Verwöhnbereitschaft bei Erwachsenen auslösen. Dies ist besonders dann der Fall, wenn »das Kind als Krönung der eigenen Biografie, als Sinnstifter und emotionales Statussymbol« gilt. »Und weil es oft das einzige bleibt, vertreibt auch kein Geschwister das verwöhnte Königskind aus dem Schlaraffenland.«[24]

Hier die häufigsten ›Fälle‹ verwöhnter Kinder:

> Einzelkinder
> Kinder mit besonders positiver Ausstrahlung
> Spätentwickler und Kinder mit Fehlentwicklungen
> kranke und behinderte Kinder
> Adoptivkinder oder Langzeit-Pflegekinder
> Nesthäkchen
> der lang ersehnte ›Stammhalter‹

So verständlich vordergründig ein überproportionales Hilfsangebot für schwächliche oder kränkelnde Kinder ist: Jegliches Reduzieren von Hürden verstärkt den vorhandenen Mangel. Sicher ist es schwer, auf Signale von Kindern im Sinne von ›Ich schaffe es nicht‹, ›Helft mir doch‹ nicht wie erwünscht zu reagieren. Wer hat nicht schon in der Situation gestanden, einer lieben Kleinen, die engelsgleich und mit süßem Augenaufschlag Grenzverletzungen einleitet, schweren Herzens ein notwendiges Stopp präsentieren zu müssen. Auch die Freude über einen vielleicht schon seit Langem erhofften Stammhalter oder das allein heranwachsende Kind trüben den Blick für das Aufgreifen notwendig werdender Konsequenzen. Und dass es viele Gründe gibt, der vor einem Jahr aus einem bosnischen Heim adoptierten dreijährigen Svenja dieses oder jenes Fehlverhalten nachzusehen, können wohl nur hartherzige Menschen nicht verstehen. Aber aus erzieherischer Weitsicht und Verantwortung bedürfen gerade solche Kinder aufgrund ihrer Sonderstellung adäquate Rückmeldungen und Herausforderungen. Weder das Einlegen eines Schongangs noch das Bewahren vor Frustration nützt einem Kind. Nicht Verwöhnung, sondern auf die Realitäten des Lebens hinzuführen ist Aufgabe von Eltern und anderen Bezugspersonen, auch wenn dies manchmal schwerfallen mag.

Ein Beispiel zum erfolgreichen Umgang mit einer kleinen körperlichen Behinderung, beobachtet vor vielen Jahren in meinem unmittelbaren Lebensumfeld: Auf Initiative der Mutter des vierjährigen Lukas sollten seine Augen einer gründlichen Untersuchung unterzogen werden. Obwohl alle bisherigen Vorsorgeuntersuchungen befundlos waren, stellte der Arzt eine rechtsseitige Sehmuskelschwäche mit 80-prozentiger Funktionsbeeinträchtigung fest. Der Mutter wurde gesagt, dass in jungen Jahren eine große Chance des Ausgleichens existieren würde. Bedingung: Das gesunde Auge muss über viele Monate sechs Tage pro Woche mit einem Pflaster abgedeckt und so außer Funktion gesetzt werden. Das funktionsgestörte Auge wird damit gezwungen, sich zu entwickeln. Am siebten Tage sollte das Pflaster fehlen, damit das gesunde Auge nicht seine Sehfähigkeit verliert.

Fast zwei Jahre dauerte diese Therapie, von vielen Tränen begleitet, aber mit Konsequenz durchgeführt. Der Erfolg konnte sich sehen lassen: Das kranke Auge hatte in der Zwischenzeit per Dauertraining eine so große Sehfähigkeit entwickelt, dass die verbliebene Beeinträchtigung noch Jahre später unterhalb des Grenzwertes für einen Eintrag im Führerschein blieb. Wären diesem Kind aus falsch verstandener Liebe die damit verbundenen Beeinträchtigungen und Strapazen erspart worden, besonders im Sommer, wo Schwitzen zu starkem Juckreiz führt, hätte das kranke Auge von Jahr zu Jahr seine Sehfähigkeit mehr eingebüßt. Das abschließende Fazit des behandelnden Arztes: »Eine Mutter, die mit solcher Konsequenz durchhielt, ist mir noch nicht begegnet. Das optimale Therapieergebnis spiegelt die Großartigkeit dieser Leistung wider.«

Prädisponierende Situationen zur Verwöhnung

Auch wenn Verwöhnung immer durch Menschen eingeleitet wird, bestimmte Situationen können die Bereitschaft dazu fördern. Da hat sich zum Beispiel die liebe Verwandtschaft angesagt. Einerseits freuen sich die Eltern der 14 Monate alten Leonore auf diesen Besuch, andererseits erzeugt er auch Druck. Sie möchten nämlich nicht wieder irgendwelche erzieherische Ratschläge erhalten. Mal geht es um die Art des Essens, dann werden die Schlafenszeiten kritisiert, ein andermal sollte doch anders mit Kinderkrankheiten umgegangen werden.

Genau an diesem Nachmittag – während der Kaffeerunde – fängt die Kleine an, mit verschiedensten Spielutensilien durch das Zimmer zu werfen. Alle ermahnenden Hinweise von Vater und Mutter haben keinen Erfolg. Normalerweise käme Leonore in solchen Situationen in ihr Kinderzimmer bei gleichzeitigem Einkassieren der Wurfgegenstände. Aber eine solche Reaktion würde wieder Diskussionen auslösen. Da kommt der Mutter blitzschnell eine Ablenk-Idee: »Sicher hat Leonore eben zu wenig gegessen.« Sie nimmt sie flugs auf den Schoß und gibt ihr etwas von ihrem Sahnekuchen. Die Begründung scheint plausibel, jedenfalls bleiben die befürchteten Anfragen aus. Ähnliche Verwöhnstrategien werden bei lautstarken oder anders zum Ausdruck gebrachten Protestaktionen im übervollen Wartezimmer eines Arztes, beim festlichen Ostergottesdienst oder innerhalb einer Trauerfeier entwickelt und eingesetzt.

Eine besondere Herausforderung für Eltern oder andere Bezugspersonen ergibt sich in der Folge von Krankheiten. Manches, was sonst nicht üblich ist, wird dann ermöglicht. Schlafen im Zimmer der Eltern, Speisen nach Wunsch, so oft wie möglich Geschichten aus dem Lieblingsbuch, zwischendurch ein neues Kuscheltier, alles soll die Genesung erleichtern. Aber dann, wenn die Windpocken überwunden sind, taucht mit der Beendigung der Sonderbehandlung ein neues Problem auf. Der Szenenwechsel wird nicht akzeptiert, die bisherigen Annehmlichkeiten oder Vergünstigungen werden nachhaltig eingefordert.

Auch Zwietracht in der Familie oder konfliktträchtige Wochenend-Beziehungen zwischen Kindern und einem getrennt lebenden Elternteil bieten einen starken Nährboden für Verwöhnaktionen, da auf diese Weise die Erwachsenen ihre selbst erlebten Spannungen mit sich und dem/der Ex durch scheinbar großzügige Gesten gegenüber Kindern zu reduzieren suchen.

Eine kleine Auswahl typischer Situationen, in denen verwöhnt wird:

> im Kontakt mit den Großeltern (Großtanten usw.)
> nach akuten Krankheiten
> bei starken Konflikten in der Familie und im sozialen Umfeld
> wenn z. B. in einem Gotteshaus oder bei einer Beerdigung Ruhe erwartet wird
> bei Zeitdruck
> wenn sich die Handelnden kritisch beobachtet fühlen

Immer dann, wenn eine Situation als druckvoll erlebt wird, neigen insbesondere wenig belastbare Menschen dazu, sich umgehend dieser Anforderung zu entziehen. Fast jedes Mittel kann dann zum Einsatz kommen. Die Hauptsache ist, dass momentan Entlastung möglich wird. Die Auswirkungen für die Kinder werden dabei ausgeblendet. Aber schon am nächsten Tag, wenn wieder Entscheidungen anstehen, erfordern die Altlasten des Vortages einen über die normale Kraft hinausgehenden Aufwand.

Wie sagt der Volksmund: »Aufgeschoben ist nicht aufgehoben!«

In allen geschilderten Fällen werden die Personen, welche sich in den beschriebenen Geschehnissen wiederfinden, vielleicht vehement beteuern, doch nur ›das Beste‹ gewollt zu haben. Es bliebe nur offen, für wen. Denn allen Reaktionen ist gemeinsam, dass eine solche ›Mit-Gift‹ nicht zur Lebenstauglichkeit der nachwachsenden Generation führt.

VERWÖHNUNG ALS RESISTENTES ALL-UNHEIL- MITTEL IN ERZIEHUNG UND GESELLSCHAFT

Verwöhnung hat nicht nur viele Gesichter, sondern auch unterschiedlichste Schauplätze. Am häufigsten ist sie zwischen Eltern und Kindern zu beobachten. Ebenfalls wirken Großeltern, andere Familienmitglieder, Kindergärten und Schulen kräftig mit. Verwöhnung ist aber auch im Umgang zwischen Erwachsenen oder Institutionen, gesellschaftlichen Kräften und dazu in Beziehung stehenden Menschen festzustellen.

- Väter und Mütter verwöhnen Töchter und Söhne.
- Großeltern verwöhnen Enkel.
- Tanten und Onkel verwöhnen Nichten und Neffen.
- Kindergärten verwöhnen Kinder.
- Schulen verwöhnen Schüler.
- Frauen verwöhnen Männer, manchmal auch umgekehrt.
- Betriebe verwöhnen Mitarbeiterinnen und Mitarbeiter.
- Ärzte und Krankenkassen verwöhnen Patienten.
- Funk, Fernsehen, Film, Internet und Printmedien verwöhnen Rezipienten.
- Industrie, Handel, Banken und Dienstleister verwöhnen Konsumenten.
- Einrichtungen des Sozialstaates – von der Arbeitsvermittlung bis zum Sozialamt – verwöhnen Bürger.

Diese Personen bzw. Institutionen wenden sich jedoch nicht nur verwöhnend an andere, sondern im Kontakt mit ihnen werden auch die entsprechenden Verwöhn-Vorschäden deutlich. So kumulieren und ergänzen sich Verwöhnen und Verwöhnt-werden-wollen zu einem wirkungsvollen Gesamtgeschehen. Viele tragen so zur ›unerträglichen Leichtigkeit des Seins‹ in Gestalt der Verwöhnung bei, immer mit der Folge einer Reduzierung von Fähigkeiten und Verantwortungsübernahme für das eigene Leben. Dass sich dies in der Gesellschaft auch unter den Gesichtspunkten ›Wirtschaftsstandort Deutschland‹ und ›Sozialstaat‹ äußerst negativ auswirkt, ist selbstredend. Diese gesamtgesellschaftlichen Zusammenhänge werden ansatzweise von immer mehr Menschen erkannt. Eine Kurskorrektur scheitert jedoch häufig am fehlenden Mut von selbst durch Verwöhnung gezeichneten Zeitgenossen in erzieherischer oder politischer Verantwortung.[25] Denn wer gefallen und im Mittelpunkt stehen möchte, um eine Position nicht zu verlieren oder wiedergewählt zu werden, verwöhnt lieber, als die nötigen Konsequenzen zu verdeutlichen und für ihre Einleitung Sorge zu tragen. Jene Erzieher, Institutionsleiter oder Politiker jedoch, die sich der übernommenen Verantwortung stellen, befinden sich häufig ohne unterstützende Partner und können von daher wenig ausrichten.

Der Kindergarten-Beitrag zur Verwöhnung

Unter der Aufsicht des Staates und gefördert durch öffentliche Gelder bringen Kindergärten kräftig ihren Part ins breit besetzte Konzert der Verwöhnung ein. Hier ist es Bequemlichkeit, dort Gedankenlosigkeit oder Angst vor möglichen Konflikten, wo deutlich Position zu beziehen wäre. Vermeidung von Klarheit im Umgang mit Eltern und Kindern wäre die entsprechende Verwöhnkategorie. Dazu bietet der Alltag viele Situationen. Kindergärten, die Geburtstage regelmäßig mit Kuchen und anderen Süßigkeiten am Vormittag herausheben, verwöhnen, indem sie eine gesunde Entwicklung behindern und gleichzeitig vermitteln, dass ›Feiern und der Verzehr von süßen Speisen‹ eine Einheit bilden. Übervolle Spielecken, die Kreativität tötende Gesamtausstattung, fehlende Deutlichkeit beim Heranführen zur Mitverantwortung für Ordnung und Sauberkeit oder bei Streitereien vorschnell Konfliktlösungen einbringen, verwöhnen ebenso wie das Herstellen eines Muttertag-Geschenks, bei welchem die schwierigsten Handgriffe von Erzieherinnen gemacht werden, nur damit ein ansehnliches Etwas daraus wird. Wenn nicht regelmäßig klargemacht wird, dass die Mitbeteiligung der Eltern an den Kindergartenkosten in Bezug zu den Gesamtkosten minimal ist, wird einer Anspruchshaltung Vorschub geleistet, welche sich dann auch als fehlende Mitwirkungsbereitschaft bei kleineren Aktionen äußern wird.

Auch im Umweltbereich findet Verwöhnung statt. Ein übermäßiger Gebrauch von Trinkwasser bei Waschvorgängen bereitet nicht auf die weltweite Verknappung dieses Lebensmittels vor. Das Fehlen von gelben Wertstofftonnen, verbunden mit nicht durchgeführter Mülltrennung, drückt aus, dass wir für den Notfall doch noch eine Reservewelt in petto haben. Ausbleibende Absprachen mit den Eltern zur Art und Verpackung von Speisen und Getränken zum Kindergartenfrühstück fördern eine ungesunde Ernährung und produzieren Wohlstandsmüll. Inkonsequenz im pädagogischen Alltag ist ein weiteres Indiz für eine lebendige Verwöhnpraxis.

Können sich Eltern längerfristig, ob durch Unverbindlichkeit oder erklärten Zeitmangel, einem täglichen Minimalkontakt mit dem Kindergartenpersonal folgenlos entziehen, findet Elternverwöhnung statt. Werden wichtige Erziehungsthemen wie beispielsweise das der Verwöhnung nicht bei Elternabenden aufgegriffen, bleiben grundlegende Aspekte des Auftrages von Kindertagesstätten auf der Strecke. Gleichzeitig führt ein Ausbleiben von deutlichen Rückmeldungen zu störendem Verhalten der Kinder zu einer Behinderung ihrer Entwicklung. Denn: Alles, was nicht der Förderung von Sozialverhalten, Selbstbewusstsein und Handlungskompetenz dient, verhindert Zukunft durch Verwöhnung.

Verwöhnung als Lehrfach in der Schule

Ein Kongress in Düsseldorf brachte innerhalb eines Podiums-Statements zum Thema »Verwöhnte Schüler treffen auf verwöhnende Schule« das Problem auf den Punkt: »Verwöhnung in der Schule beginnt, wo auf das Verwöhntsein der Schüler nicht reagiert wird bzw. die Schule selbst Verwöhnstrukturen zulässt und/oder schafft.« Daher sind einerseits die Schülerinnen und Schüler und andererseits das ganze System Schule – von den gesetzlichen Rahmenbedingungen bis zum Verhalten der einzelnen Lehrkraft – kritisch unter die Lupe zu nehmen.

Wer ernsthaft einen solchen Blick wagt, stellt fest: Die Mehrzahl heutiger Schüler weist deutliche Symptome von Verwöhnung auf. Hier werden Hausaufgaben einfach als zu umfangreich betrachtet, dann ist es unzumutbar, in den Osterferien für anstehende Prüfungen zu lernen. Bei kleinstem Unwohlsein würde eine Teilnahme am Sportunterricht ›das Leben gefährden‹ und das Nachreichen von nicht erbrachten Hausaufgaben ist einfach nicht hinnehmbar, schließlich hatte Mutter doch in der Entschuldigung ausdrücklich auf den Besuch der Oma hingewiesen. Ein Buch durcharbeiten zu sollen, zeugt nur von den Machtallüren vieler Pauker, und während des Unterrichts weder Getränke noch Joghurt, Chips oder Milchschnitten konsumieren zu dürfen, grenzt an reine Schikane. Selbst das – keinen störende – Verfassen von SMS während des Unterrichts ist unerwünscht. Leistungsanforderungen werden als Ausdruck des Ewiggestrigen abgetan und stattdessen wird vergnüglicher Unterricht gefordert.»Weshalb nehmen die Lehrkräfte nicht meine ›Null-Bock-auf-alles-Mentalität‹ als Bedürfnis wahr?«, so das stille Stöhnen vieler arg geplagter Schülerinnen und Schüler.

Aber alle diese Kinder und Jugendlichen wurden nicht heimtückisch von einem bösen Zauber befallen, sondern offenbaren nur die Folgen stetiger erzieherischer Fehlhandlungen durch Eltern und andere wichtige Bezugspersonen. Mangelnder Mut, Trägheit und Interesselosigkeit sind das Resultat.

> *Die Schule bietet somit den Raum zum größtmöglichen ›Betroffenentreff‹ von Verwöhnten.*

Auf diesem Hintergrund hätte die Schule reichlich Anlass, diesem Prozess entgegenzuwirken. Stattdessen wird eine ganze Palette von Möglichkeiten geboten, verwöhnungsbedingtes Unvermögen ungeniert ausleben zu können. In der Kombination von ›Gewährenlassen‹ und ›Mitmachen‹ wirkt Schule somit als Hightech-Problemverstärker. Denn ausbleibende Konsequenzen bzw. Sanktionen bei Fehlverhalten verwöhnen ebenso wie eine ständige Unterforderung im Unterricht. »Statt Kindern die Lust am Lernen zu lehren und sie auf das Leben vorzubereiten, pflegen deutsche Lehrer ihren Frust. Gut bezahlt und auf sicheren Arbeitsplätzen spulen sie ein Miniprogramm ab, ohne Angst vor Sanktionen haben zu müssen«, so ein Beitrag in der *Wirtschaftswoche*. Eine Konsequenz ist, dass Eltern allein in Deutschland jährlich über eine Milliarde Euro für Nachhilfe ausgeben. Doch das staatliche Zwangssystem Schule bleibt weiter ganz gelassen. Wie sagte noch der Alte Fritz: »Ruhe ist die erste Bürgerpflicht.«

Einige Beispiele aus der Reihe ›Unter deutschen Dächern‹ belegen, wie die Schule aktiv in die Rolle des Verwöhners schlüpft: Existierende Schulordnungen haben bei Regelverstößen keine Relevanz, meistens fehlen auch entsprechende Sanktionsvereinbarungen. Der knapp 17-jährige Dennis aus

Hamburg berichtet in einer Fernsehsendung, wie er bis zu seinem 14. Lebensjahr addiert insgesamt knapp vier Jahre die Schule fast folgenlos schwänzen konnte. Obwohl Kinder in den Pausen frische Luft brauchen, können sie in ihren Klassenzimmern herumhängen. Trotz eines übersteigerten Zuckerkonsums bei einer großen Zahl von Schülerinnen und Schülern strotzt häufig das Warenangebot am Schulkiosk vor Süßigkeiten und überzuckerten Getränken. Ramponiertes Schulmobiliar, obszöne Kritzeleien auf den Toiletten, Dreck und Unrat allerorten sind die traurigen Belegstücke eines Vandalismus made in Schule. Auch die Gewalt gegenüber Mitschülern nimmt immer mehr zu, ob Mobbing, Erpressung oder gefährliche Körperverletzung. Allzu häufig geschieht dies recht folgenlos. Angemessene Reaktionen von Lehrkräften auf krasse Fehlhandlungen von Schülern führen eher zur Ermahnung des Lehrers durch Schulleitungen – wenn Eltern sich entsprechend beschweren – als zu Maßnahmen gegenüber den Störern. Häufig ausfallende Schulstunden signalisieren den Schülern, dass der Staat die sich aus der Schulpflicht ergebende Lehrpflicht nicht so ernst nimmt. Neben Defiziten im Lernstoff ist eine weitere Folge, dass Schüler auch immer häufiger Ausfallanlässe finden und den Schulbetrieb meiden.

›Durch Kopfnoten werden nur die alten Sekundärtugenden unterstrichen, das wollen wir nicht. Und Fehlzeiten auf dem Schulabgangszeugnis würden nur die Startchancen vieler Jugendlicher verschlechtern.‹ So die Kernaussagen der Gegner der Initiative, Kopfnoten wieder einzuführen und Fehlzeiten zu dokumentieren, welche sich immer noch nicht von den Ideologien der 68er-Generation emanzipieren können. Dass Ordnung, Pünktlichkeit, Fleiß und Zuverlässigkeit jedoch – speziell im Berufsleben – hohe Priorität haben, bleibt ausgeblendet.

Schule verwöhnt nicht nur, sondern wird selbst verwöhnt. Seit Jahren beklagen Schulverwaltungen z. B., dass die Sachkosten in die Höhe schnellen. Besonders die Posten für Strom und Heizung springen ins Auge. Zu häufig sind Fenster im Winter offen, ist zu Tageszeiten Licht an. Nach dem Unterricht bleibt das Licht angeschaltet und Heizungsventile sind weiter auf volle Leistung eingestellt. Nichts ändert sich.

Dann werden auf einmal im Rahmen der sogenannten neuen Steuerungsmodelle in den öffentlichen Verwaltungen Budgets eingeführt. Jetzt wird Selbstverantwortung konkret. Der Hausmeister erhält für Reparaturaufträge, die er nicht mehr an Firmen vergibt und stattdessen selbst ausführt, eine prozentuale Zulage. Lehrkräfte und Hausmeister entwickeln ein System zur Energieeinsparung und setzen es mit allen Schülern möglichst optimal um. Und was für eine ausgeprägte Verwaltungsdenke nicht fassbar ist: Alle profitieren. Der Schulträger gibt beispielsweise 15 Prozent weniger für Energie und Reparaturen aus, die Schule selbst hat einen größeren Finanzspielraum als früher. Gleichzeitig entfallen alle krampfhaften Aktionen zum Jahresende, schnell noch durch Ad-hoc-Käufe alle Etatpositionen leer fegen zu müssen. Neben den Vorteilen einer besseren Sachausstattung gewinnen die *Schüler* insofern, als sie jetzt in der Schule erfahren, dass Heizung und Licht Geld kosten und ein schonungsvoller Umgang für alle sinnvoll ist. Schulverwaltungen haben durch diesen Schritt aus dem ›stillen Verwöhn-Lehrplan‹ ein Segment herausgenommen.

Schule verwöhnt durch Rahmenbedingungen, welche im wirklichen Leben zum Konflikt führen. Wo Unterricht zum Paukszenario verkommt, findet zu Interesse und Mitwirkung führende Herausforderung keinen Raum. Wer über Jahre folgenlos zu spät zur Schule kommen konnte – selbst wenn es nur einige Minuten waren –, erlernt die Bedeutungslosigkeit von Zeitvereinbarungen. Wo unangemessene, erschwindelte oder gar gefälschte Entschuldigungen Akzeptanz finden, erleben sich ordentliche Schülerinnen und Schüler als die

Dummen. Wenn Leistungsverweigerung den Lehrplan bestimmt, werden Lernwillige als zwanghafte Streber abgestempelt. Erhalten Eltern eine Chance, echt erwirkte und gerecht zustande gekommene schlechte Noten durch Druck auf einzelne Lehrkräfte zu verbessern, ist die Kapitulation der Schule im Vollzug. Findet Nichtstun einen Nährboden, wird jegliche Restbereitschaft zu lernendem Tun erstickt. Können sich Lehrkräfte nicht durchsetzen, haben sie jegliche fachliche und persönliche Autorität verspielt.

Mehr oder weniger verwöhnte Schüler werden keinesfalls durch eine verwöhnende Schule auf das Leben in Beruf, Familie und Gesellschaft vorbereitet. Stattdessen ist Umorientierung angesagt, um nicht beim Schulabschluss eine ›einfache, mittlere oder gehobene Lebens-Unreife‹ attestieren zu müssen.

Frauen und Männer im Konglomerat der Verwöhnung

»Ich verwöhne meinen Mann gerne, sein Berufsalltag ist schon hart genug. Übrigens lasse ich mich auch gerne verwöhnen. Weshalb greifen Sie das mit Ihren Thesen so an?« Wenn eine solche Aussage engagiert vorgetragen wird, werde ich auf den Einzelfall bezogen kaum verlauten lassen, dass hier eine grundlegende Kurskorrektur vorzunehmen sei. Zu schillernd und unklar sind solche Kurzmitteilungen. Trotzdem warne ich davor, alles beim Alten belassen zu wollen. Von außen betrachtet ist es natürlich schwer festzustellen, ob es sich hier wirklich um Zuwendung im Sinne gegenseitiger Ergänzung handelt oder ob da nicht doch still ein eigennütziges Kalkül mitschwingt. Solche Absichten sind jedoch nicht per se problematisch. Schwierig wird es, wenn egoistische Motive im Tarnanzug liebevoller Hingabe zum Tragen kommen. Dann entsteht einerseits ein Handlungsdruck im Sinne von Dankbarkeit, andererseits wäre eine solche Reaktion keinesfalls den wahren Beweggründen des Handelns angemessen.

Einmal jährlich wird in aller Öffentlichkeit zur allseits bekannten und weitverbreiteten ›Frauen-Verwöhn-Orgie‹ aufgerufen. Handel und Dienstleister verdienen sich dabei eine goldene Nase; den Nutznießern bringt es ein richtig gutes Gefühl. »Muttertag« nennt sich das Ereignis. Kinder und Männer handeln meist Hand in Hand, um die liebe Mutti nach Herzenslust zu verwöhnen. Ein Blumenstrauß als Morgengruß, das Frühstück am Bett, ein Gläschen Prickelndes für zwischendurch, vielleicht noch was Nettes für die Blößen des Bodys, etwas Glänzendes oder Wohlriechendes für das Selbstwertgefühl, mittags das Lieblingsmenü im Restaurant um die Ecke und der abendliche Abwasch regelt sich von selbst. Das Ganze geschieht nach der Devise, wer gerne und zuvorkommend investiert, kann auch mit einer großen Rendite rechnen. Schließlich wird ja erwartet, dass die Mutter und Hausfrau für die übrigen 364 Tage wieder optimiert bügelt, putzt, wäscht und für ein allseits gutes emotionales Wohlbefinden sorgt. Und wenn es nötig ist, wird auch hier und da zusätzlich ein spezieller Seelentrost zu erheischen sein. Sicher wird nicht allen Frauen so exzessiv Anerkennung per Knopfdruck zugemutet. Aber wenn Männer – und zum Teil auch Kinder – auf diese Weise ihr schlechtes Gewissen zur Lastenverteilung im Haushalt zu reduzieren suchen, sind Wachsamkeit und Umdenken angesagt.

Schauen wir auf die übrigen Tage des Jahres, dann können wir feststellen, dass auch Frauen ihr Geschäft im Umgang mit Männern (und Kindern) verstehen. Aufopferungsvoll wirkend beherrschen sie virtuos die Partitur der Verwöhnung, hier piano, dort eher forte. Ein exquisites Abendessen plus Lieblingsnachspeise für ihn soll die Zusage zu einem Pferd erleichtern, die fertig gepackte Reisetasche und das vorbildlich gebügelte Hemd für die Konferenz könnten die Buchungszusage für den Badeurlaub auf Malta begünstigen, obwohl er doch lieber nach Südtirol in die Berge fährt. Und die

Bereitschaft, dem Gatten manch kleine Eigenheit großzügig zu verzeihen, wird doch sicher den erneuten Ärger wegen überproportionaler Geldausgaben für Nippes und Glitzer minimieren oder gar verrauchen lassen. Die schnelle Einwilligung zur Taschengeldaufstockung reduziert Auseinandersetzungszeiten mit Sohn oder Tochter, schließlich will Mutter ja noch ins Beauty-Studio. Wer verwöhnt, hofft auf Willfährigkeit.

Sag mir, wo du arbeitest, und ich sag dir, wie verwöhnt du bist

Vor einiger Zeit wurde in der Presse von einem Fall aus Süddeutschland berichtet, wo ein leitender Mitarbeiter so zum Leidtragenden wurde, dass er fast gar nicht mehr zum Dienst erscheinen konnte. Kam er mal tageweise, stapelte er die anstehende Arbeit in irgendwelche Schränke und verschwand wieder. Bei einem solch kritischen Gesamtzustand war das eine nicht zu unterschätzende Leistung. Das Heimtückische an seiner Krankheit war, dass sie von Amtsärzten nicht gefunden werden konnte. Modernste Diagnosegeräte kamen zum Einsatz und erbrachten allesamt keinen Befund. Nur ein spezieller Hausarzt war in der Lage, immer neue Indizien für die weitere Existenz dieser kaum lokalisierbaren, aber an die Substanz gehenden Beschwerden zu erkennen. Das brachte alle Kollegen in eine multiple Existenzkrise. Mal glaubten sie dem Kollegen und seinen Attesten, mal ihrer laienhaften Deutung, welche identisch zu den Untersuchungsergebnissen der vielen Fachärzte war: ›Einbildung ist zwar gefährlich, aber keine Krankheit.‹ Inzwischen hat ein Gericht entschieden, dass sein Gehalt zurückgestuft werden darf, weil er seit Jahren seinen dienstlichen Verpflichtungen nicht ordnungsgemäß nachkomme. Die schwierige Quizfrage lautet: Bei welchem Arbeitgeber muss dieser Mann beschäftigt sein? Sie werden es sicher nicht erraten ..., es ist eine öffentliche Verwaltung. – Die Fürsorgepflicht des Staates gegenüber seinen Arbeitnehmern kann so weit gehen, dass für Hypochonder eher die Richtlinien geändert werden, als sie die Begrenztheit ihrer Posse spüren zu lassen.

Solche Phänomene sind jedoch noch steigerungsfähig und die Verantwortlichen von EU-Dienststellen können über solch kleinbürgerliche deutsch-bürokratische Verwöhnung nur milde lächeln: Viele Abteilungen im Dienste eines großen Europas scheinen nur darin ihre Überlebenschance zu sehen, dass sich viele so unauffällig wie möglich gegenseitig beschäftigen oder ruhig stellen. Die Idealrezeptur dazu ist die Verwöhnung. Alle freuen sich über so viele Zugeständnisse, von immensen Steuervorteilen, horrenden Zulagen, pauschalen Spesenabrechnungen und unkontrollierbaren Arbeitsprozessen ganz zu schweigen, dass solche Mitarbeiter wirklich nicht auf die Idee kommen wollen, hier nach Abhilfe zu suchen.

Aber nicht nur öffentliche Arbeitgeber sind hier im Visier. Viele Großbetriebe und manche Unternehmen des Mittelstandes sind vergleichbar infiziert. Folgenloses Zuspätkommen, Friseurtermine während der Dienstzeit, private Dauertelefonate mit ihren zeitlichen und finanziellen Folgen, ein bis zwei Tage Fernbleiben von der Arbeit – häufig vor oder nach Feiertagen – ohne Verdienstausfall und die Versorgung mit diversen Materialien aus dem reichlich sortierten Fundus des Betriebes fürs Zuhause gleichen die zu geringe Dotierung aus. Berechtigte Anfragen von Personalabteilungen zur Effizienz und Effektivität der Arbeit fehlen oder werden zurückgewiesen. Raucher, die ihrem Laster nur abseits vom Arbeitsplatz in Sonderräumen frönen können, kommen bei nur sechs bis acht Zigaretten während der Arbeitszeit schnell auf eine Stunde bezahlter Zusatzpause, wenn sie dazu nicht ausstempeln müssen. Wenn mit gleicher Selbstverständlichkeit zwölf Prozent bei den finanziellen Bezügen abgezogen würden, wäre der Teufel los. Eine langjährige Betriebszugehörigkeit wird als Besitzstand definiert, unabhängig davon, wie viel vom Einzelnen zum Wohle des Unternehmens beigetragen wurde.

Das eigentliche Problem ist jedoch nicht, dass verwöhnte Mitarbeiterinnen und Mitarbeiter das Prinzip ›Das Optimum für mich, ein Minimum für die Arbeitsstelle‹ von sich aus leben wollen, sondern dass sie dazu geradezu aufgefordert werden. Dies multipliziert Verwöhnung, reduziert Wettbewerbsfähigkeit und vernichtet Arbeitsplätze. Japaner, so berichtete mir ein international tätiger Manager, denken und handeln anders. Sie investieren möglichst viel in die Leistungsfähigkeit ihres Betriebes, getreu dem Grundsatz ›Wenn es dem Arbeitgeber gut geht, hat auch mein Job Zukunft‹.

Patientenverwöhnung per Rezept

»Wenn Ärzte und Krankenkassen in einer konzertierten Aktion ihre Patienten wenigstens einmal jährlich zu einer Heilfastenkur verpflichten würden, hätte dies nicht nur einen großen Schub in der Volksgesundung zur Folge, sondern würde gleichzeitig lawinenartig Krankheitskosten reduzieren«, so der Referent eines Wochenend-Seminars zum ›süßen Gift der Verwöhnung‹. Das Beispiel verfehlte seine Wirkung nicht. Nachdenklichkeit machte sich breit.

Da wird seit Jahren über die ständig steigenden Kosten für Medikamente, Ärzte und Krankenhäuser diskutiert, aber kein Lösungsvorschlag hat das Ziel, Krankheit zu eliminieren. Vielmehr sollen Facharztbesuche kontrolliert, Behandlungshonorare minimiert, Medikamente kontingentiert oder Krankenhausbetten reduziert werden. Führen solche Maßnahmen – wenn überhaupt – zu einer finanziellen Entlastung, scheinen für viele politisch Verantwortliche die geringeren Kosten gleichzeitig Ausdruck einer größeren Volksgesundheit zu sein. Ein solcher Denkansatz ist ähnlich plausibel, wie die Verringerung der Kriminalitätsrate durch einen Abbau an Gefängnisplätzen erreichen zu wollen. Geht es einem Gesundheitsministerium jedoch nur um Kostenreduzierung, hätte dieses Ressort den Namen nicht verdient. Bloße Begrenzungen für das Ausgabeverhalten könnten genauso gut – oder vielleicht sogar besser – vom Finanzminister festgesetzt werden.

Von Minute zu Minute potenziert sich das Ausmaß von Krankheit in unserer Gesellschaft. Zu reichliche, fette und übersüßte Ernährung, ein schädigendes Trinkverhalten, kombiniert mit einem übergroßen Bewegungsmangel, führen dazu, dass die Leistungsfähigkeit vieler Menschen rapide abnimmt. »Immer mehr der in Deutschland lebenden Kinder sind zu dick«, so das Forschungszentrum für Psychologie der Universität Trier. »Nur wenige der übergewichtigen Kinder erreichen im Erwachsenenalter ein Normalgewicht, deshalb wird Fettsucht zu einem wachsenden gesellschaftlichen Problem. Heute wiegt bereits jedes fünfte Kind zu viel. Wir nähern uns amerikanischen Verhältnissen.«[26]

Zwischen einem im Kopf vorhanden zu sein scheinenden Gesundheitsbewusstsein und einer gesunden Lebensführung klafft eine große Lücke. »Jeder sechste Mann und jede zehnte Frau trinkt zu viel Alkohol.« Das geht aus dem ersten *Gesundheitsbericht für Deutschland* hervor, der im November 1998 vom Statistischen Bundesamt vorgestellt wurde. Dem Bericht zufolge ist Rauchen neben übermäßigem Alkoholkonsum das zweite große Suchtproblem. Dieser Trend entwickelte sich seither rasant weiter.

Die Frage, weshalb nicht durch klare Vorgaben die Volksgesundung zum Ziel gemacht wird, liegt immer noch auf dem Tisch. Fehlt der Mut oder mangelt es an Einsicht? Der Druck ist wohl noch nicht groß genug. Aber je träger die Masse, desto länger muss die Vorlaufzeit sein, damit eine eingeleitete Kurskorrektur Wirkung zeigt.

Ein reduziert handlungsfähiger Kapitän hat mit der »Titanic« vor der Weltöffentlichkeit ein tragisch ausgegangenes Feldexperiment durchgeführt: Zu spätes Reagieren schließt eben aus, noch blitzschnell eine tödliche Gefahr umschiffen zu können. Aber wie bei dieser Schiffskatastrophe wird die Zeche verfehlter Kurskorrekturen von der breiten Bevölkerung zu zahlen sein. Die sogenannten Oberverantwortlichen haben meist den gesichertsten Zugriff auf ein Rettungsboot. Und Ärzteschaft und Versicherungen scheinen gut von den Krankheiten ihrer Patienten zu leben. Weshalb sollten sie ein Interesse an einer Änderung haben? Auch die meisten Patienten lassen sich lieber ein paar Pillen gegen Kreislaufprobleme als eine Veränderung ihres Lebensrhythmus verordnen.

Nicht verwöhnend ist, wenn Raucher, Fettleibige, Alkoholiker, Pistenrambos, Menschen, welche sich zu wenig bewegen bzw. einer dauernden Überzuckerung frönen oder auf andere Weise fahrlässig ihre Gesundheit schädigen, auch für die damit verbundenen Folgekosten einstehen. Im Bereich der zahnmedizinischen Vorsorgeuntersuchung wurde dieser Denkansatz in einem ersten Schritt umgesetzt. Fehlende Arztkonsultationen – und damit erhöhte Risiken – gehen wenigstens teilweise zulasten der Ignoranten und sind nicht mehr unfreiwilligerweise von der Gemeinschaft der Versicherten zu berappen.

Rezipientenverwöhnung per Medienprogramm

›Früher musste man wenigstens etwas Fantasie aufbringen, um träumen zu können; heute brauche ich nur den Fernseher einzuschalten und ich befinde mich in den schillerndsten Welten.‹ Per Internet mal blitzschnell in die aktuellsten Ereignisse schauen, Filme führen und verführen in fiktive Szenarien, per Funk überfluten uns Nachrichten aus aller Welt, Zeitschriften und Bücher schütten mit Worten zu, Illustrierte gaukeln scheinbare Realitäten vor, Video-Szenarien und Fernseh-Programme suchen täglich neu Zuschauer emotional erregend an sich zu binden. Was den TV-Konsum betrifft, karikierte ein Kritiker: »Alle Bundesdeutschen versammeln sich allabendlich um ihre SAT-Schüssel, beziehen ihre Nahrung daraus, betätigen dauernd die Menütaste, verderben sich an ihr den Magen, hoffen auf den nächsten Wechsel, starren gebannt auf sich ständig millionenfach neu formierende Punkte, werden immer stärker von der Schüssel aufgesogen, leben mit ihr in Symbiose. Die Republik teilt sich auf in Programm-Eingeber und Programm-Hinnehmer. Die Schüssel ist Ausgangspunkt und Ziel des Lebens, verbannt die Realität ins Absurde.«

In kleinsten Zwischenschritten, selbst für aufmerksame Menschen kaum bemerkbar, werden wir in den Bann von Untätigkeit, ›Jetzt und Sofort‹, Mühelosigkeit und Irrealität gezogen. Soziale Kontakte sind nicht vorgesehen, eigene Leistung beschränkt sich auf die Suche nach dem besten Kick, Überfütterung ist erwünscht. ›Weshalb in die Ferne schweifen, liegt das Leichte doch so nah.‹ Rauf auf Zugspitze oder Matterhorn im Naturfilm, per Talkshow rein in die sich entblößende Intimsphäre von Herrn und Frau Jedermann, dann die seichte Muße des Vorabendprogramms, etwas Sex und Crime als Absacker, ein Blick in manch abgrundtiefe Perversität am späten Abend und zum Ausgleich wird in den TV-Gottesdienst am Sonntagmorgen reingeschnuppert.

Damit nicht nur die Sehmuskulatur arbeitet, schieben wir häufig unsere Hände mit Essbarem Richtung Mund. Somit bekommt der Zahnarzt auch was zu tun. Der Magen rebelliert nicht nur wegen der azyklisch eingebrachten Naschereien, sondern auch als Replik auf das unaufhaltsam sich ergießende Schüssel-Sammelsurium. Hier knusperfrische süßsalzige Chips, dort bluttriefende Clips. Wie im Schlaraffenland ist alles möglich. Wollen, klicken, fertig. Nur die Fernbedienung darf auf keinen Fall defekt werden, denn einen Programmwechsel am Apparat selbst vornehmen zu müssen, wäre Schwerstarbeit. So wird Eigenaktivität ausgegrenzt, wird der Müßiggang zum Muss.

Das Fernsehen entwöhnt durch Filmhandlung und Sehdauer alle Menschen vom realen Leben, auch wenn die Folgen für Kinder schwerwiegender sind. Dazu kommen die gesundheitlichen Schädigungen, vom Bewegungsmangel bis hin zur Beeinträchtigung der Sehfähigkeit. Ein intensiver Fernsehkonsum reduziert jedoch auch die sozialen Kontakte. In den USA spricht ein ›normales Paar‹ durchschnittlich ca. vier Minuten pro Tag miteinander, abgesehen vom wichtigen Regelungsbedarf in Bezug auf Essen und Fernsehkonsum. Daneben orientiert sich das Alltagsleben immer intensiver an den Maßstäben der TV-Welt, verstärkt durch die Werbesequenzen. Diese bieten gleichzeitig reichlich Nährboden für neue Verwöhnvorgänge, ob von Erwachsenen eingebracht oder vom Nachwuchs gefordert. Medien oder andere Anbieter von Verbrauchsgütern handeln nach demselben Kalkül.

»TV-Nutzung von Kindern explodiert«, so eine Nachricht vom 8. Oktober 2009. Sahen 1998 Kinder zwischen drei und 13 Jahren durchschnittlich pro Tag noch 99 Minuten fern (knapp zwölf Stunden pro Woche), so ist die TV-Nutzung innerhalb der vergangenen Jahre auf neue Rekordwerte geklettert. Wie ein aktueller Bericht des US-Marktforschungsunternehmens Nielsen aus dem Jahre 2010 zeigt, verbringen Kinder im Alter zwischen zwei und fünf Jahren heute im Durchschnitt mehr als 32 Stunden pro Woche vor dem Fernsehschirm. Bei der Altersgruppe der Sechs- bis Elfjährigen liegt der entsprechende Wert bei über 28 Stunden. Der Durchschnittswert bei Erwachsenen liegt laut einer epd-Meldung vom 4. Januar 2011 bei ›nur‹ 20 Stunden pro Woche. Werden zu diesen Zahlen die Zeiten für die Lektüre von Büchern und Zeitungen, für Rundfunksendungen, PC-, Video- und Internetnutzung hinzugerechnet, kommen leicht täglich fünf bis zehn Stunden zusammen, in denen sich Durchschnittsbürger dem Einfluss dieser Medien aussetzen. Tendenz steigend.

> *Die Wirkung von TV-Geräten in Kinderzimmern: ›Die Sehzeit geht um eine Stunde rauf und die schulische Leistung rutscht um eine Note runter.‹*

Immer stärker wird jedoch die TV-Welt durchs Internet überlagert. So haben fast 30 Prozent der 12- bis 13-Jährigen nach einer Untersuchung aus dem Jahre 2012 einen eigenen – das heißt in der Regel auch nicht kontrollierbaren – Internetzugang in ihrem Zimmer. Ergänzt wird diese leichte Zugangsmöglichkeit durch Smartphones. Immer mehr Heranwachsende vernachlässigen durch das Internet wichtige soziale Kontakte und körperliche Aktivitäten. »Im Schnitt verbringen Kinder wöchentlich 17 Stunden mit ihren Eltern, 30 Stunden in der Schule und 45 Stunden mit Mediennutzung wie Notebook, Smartphone und Spielkonsolen«, teilt die Hamburgische Landesstelle für Suchtfragen mit.[27] Kindern und Jugendlichen droht die digitale Vereinsamung.

Hier einige O-Töne von Jugendlichen zum Umgang mit Medien: »Nach drei bis vier Spielfilmen am Samstagabend habe ich morgens einen so dicken Kopf, als wenn ich kräftig gesoffen hätte. Aber außer Cola war da nichts.« – »Ich wollte es ja erst nicht glauben, aber nach vier Wochen Internetsurfen war ich wirklich abhängig. Einmal hing ich über 14 Stunden vor der Kiste, ohne mal was zu essen.« – »Wenn ich mir übers Wochenende nicht so meine fünf bis acht Videos oder Spiele reinziehen könnte, wüsste ich wirklich nicht, wie ich die Zeit herumkriegen sollte.«

Kaputte Kinderseelen, verstärkt montagmorgens, zerstörtes Familienleben, Vereinzelung, Schlafstörungen, unterschiedlichste Partnerschaftsprobleme, eingeschränkte Denkleistungen und Aufnahmekapazitäten, astronomische Rechnungsbeträge in der Folge grenzenloser Mediennutzung: Fernsehen, Film, Internet, Funk und Printmedien haben in unterschiedlicher Intensität viele ihrer Nutzer fest im Griff. So bewegt sich z. B. ein beträchtlicher Anteil von 12- bis 14-Jährigen aus der »Generation Porno« in einer Mischung aus Neugier bzw. Sucht per Mausklick im Internet zwischen »Klitoris, Koitus und Kondomen«, weil sie ›es‹ unbedingt selbst erfahren wollen, auch wenn ihnen dies nicht guttun, so eine Selbstäußerung.[28]

Christian Pfeiffer von der Universität Hannover resümiert nach seinen breit angelegten Forschungen zu den Auswirkungen des Medienkonsums auf die Schulleistungen und Persönlichkeitsentwicklung von Kindern und Jugendlichen, dass ein TV-Gerät im Kinderzimmer die Einschaltzeit durchschnittlich ›um eine Stunde rauf- und die schulischen Leistungen um eine Note runtersetzt‹. So wird nachvollziehbar, warum das Zulassen eines eigenen Fernsehers oder Internet-PC im Kinderzimmer als fahrlässige bzw. grob fahrlässige Kindesmisshandlung bezeichnet werden kann.

Alle Medien leben von der Vereinnahmung, vordergründig der von Geld, letztlich der von Menschen. Je subtiler die Klaviatur der Verwöhnung gespielt wird, desto umfangreicher werden Sie in ihren Bann geraten. Hier wird Abhängigkeit auf offener Bühne provoziert, ›Dealer und Fixer‹ brauchen das Rampenlicht nicht zu scheuen.

Industrie, Handel, Banken und Dienstleister verwöhnen ihre Konsumenten

›Jetzt kaufen, später zahlen‹, so wird der potenzielle Konsument veranlasst, nicht vorhandenes Geld auszugeben. Für wirkliche Notsituationen ist dies ja eine akzeptable Möglichkeit. Aber auf Kredit in Urlaub fahren, aufschiebbare Anschaffungen realisieren, Konsumgüter auf Pump erstehen? Die durch vielfältige Werbeträger ins Land posaunten Losungen, was Mann und Frau, Kind und Kegel so alles zu haben haben, um wirklich glücklich und zufrieden leben zu können, wollen über die Verwöhnung Abhängigkeiten schaffen. ›Tu dir was Gutes, gönn dir was‹, heißt die offizielle Botschaft. Real betrachtet lautet sie: ›Tu mir Konsumindustrie was Gutes und gib mir dein Geld, am besten schon zu einer Zeit, wo es dir noch gar nicht gehört. Dann ist es mir auch zukünftig sicher.‹ Verwöhnung heißt hier: Bequemlichkeit, Lustgewinn, Statussteigerung.

Aber nicht nur schillernde Produkte, häufig finanziert durch großzügig eingeräumte Kredite, bringen Menschen in missliche Situationen. Auch die mit vorhandenem Geld geschaffenen Annehmlichkeiten des Alltags setzen uns gehörig zu. Vieles fällt im Vollzug gar nicht mehr auf, so sehr haben wir uns an sie gewöhnt. Klimaanlagen und Zentralheizungen schaffen angenehme Wohnbedingungen zum Preis eines sprunghaften Anstieges an Erkältungskrankheiten. Mikrowellengeräte verringern die Erwärmungszeiten für Speisen und torpedieren eine gemeinsame Esskultur. Ein Nachtlicht nimmt dem Kleinkind zwar manche Angst, macht gleichzeitig aber auch kurzsichtig.[29]

Gläschenkost für kleine Kinder ist zwar schnell hergerichtet, gleichzeitig werden Geschmacksbildung verhindert, Kauverhalten verzögert und Essverhalten nachhaltig gestört. Nikotin und Alkohol können wohldosiert ein Genussmittel sein, führen aber allzu viele in die Abhängigkeit. Erdbeeren im Januar sind ein Farbtupfer im tristen Winter und reduzieren die Freude auf die ersten Früchte im Frühjahr. Eine Welt des ›Nichts-ist-unmöglich‹ bietet viele Chancen, zerstört aber auch das Leben in Ehe und Familie. Reichliches Essen schmeckt auch bei fehlender körperlicher Anstrengung, erhöhte Cholesterinwerte und sich ständig vermehrende Fettzellen sind die Kehrseite. Computersysteme vereinfachen Rechenvorgänge und lassen gleichzeitig das Denken verkümmern. Aufzüge erleichtern den Warentransport und lassen die Beinmuskulatur verkümmern. Eine warme Dusche im Winter ist sehr wohltuend, auf ihren Dauereinsatz folgt aber fehlende Abhärtung. Mit der Erfindung des Automobils wurde zwar die Fortbewegung über weite Distanzen ermöglicht, sein Einsatz für Kurzstrecken ramponiert aber kräftig unseren Bewegungsapparat. Obwohl wir Bewegung und Anstrengung unbedingt brauchen, der menschliche Knochen- und Muskelaufbau ist konstitutionell für ca. 60 bis 80 Kilometer Fußmarsch pro Tag angelegt, entscheiden sich viele heute für ein Verharren in der Erstarrung.

Aufgeschwemmt, blass und übersät mit Krankheitszeichen lechzen sie nach der nächsten Annehmlichkeit. Alle Hoffnung setzen diese ›Konsumritter von der traurigen Gestalt‹ darauf, bald noch mehr Kraft einsparen zu können. Anforderungen werden als Kriegserklärung erlebt, aber die Trägheit verhindert sogar einen Zurückweisungsversuch. Diesem Sumpf aus Lethargie und Apathie kann kaum aus eigener Kraft entronnen werden. Jede neue Verwöhnung zieht weiter nach unten. Wann übernimmt endlich ein Gerät meine Atemfunktion, damit ich von dieser elenden Mühe befreit werde?

Nachdem sich Industrie, Handel, Banken und Dienstleister reichlich Mühe gemacht haben, all diese Lebensverhinderer an Mann und Frau zu bringen, verdienen sie nun nicht schlecht an den deutlich werdenden Folgen. Hier werden unterforderte bzw. verspannte Muskeln massiert, dort wird die einzig wirklich mühelos wirkende Diät angeboten. Als Ersatz für ›Face-to-face-Kontakte‹ im Bereich Liebe und Partnerschaft gibt es einen ausufernden Markt an elektronisch ermöglichten Erotikdiensten. Haltungsschäden sind eine Aufgabe für Bewegungstherapeuten, für die verschiedensten Abhängigkeiten gibt es Suchttherapeuten, bei seelischen Deformationen helfen Psychotherapeuten und in ganz ausweglosen Fällen übernehmen die Kirchen einen letzten Trost. Für die verteerte Lunge und zersetzte Leber werden Entzugskuren bereitgestellt. Infarktgeschädigte gehen für Wochen in noble Rehakliniken. Fitnessstudios bieten in der Freizeit die Bewegung an, die während der Arbeit dank aller technischen Errungenschaften verhindert wurde. Gegen die aus fehlender Herausforderung resultierende Schwermut stehen reichlich Antidepressiva zur Verfügung. Geld rollt per Onlinebanking zu den Zapfstellen des Konsum-Molochs. Bei ruinösen Finanzproblemen werden Schuldnerberatungen aktiv. Der abhandengekommene Verstand wird per Gedächtnistraining zu retten gesucht und Vitaminpillen sollen gegen Konzentrationsmangel helfen. Bildtelefone verdecken manch körperliche Fülle, reduzieren erheblich den Kraftaufwand zu sozialen Kontakten und erleichtern Neurotikern den Umgang mit den Artgenossen. Das Internet kann selbst der eingeschlafenen Potenz durch spezielle Pillen zu einem Hoch ›für gewisse Stunden‹ verhelfen, online zu bestellen, lieferbar frei Haus. – Die Strategie ist offenkundig: Bis zur Abhängigkeit verwöhnen und dann kräftig abzocken.

Es wird einige Leserinnen und Leser geben, welche diese Schilderung für übertrieben halten. Aber die Zukunft hat schon begonnen. Würde z. B. ein skeptischer Mensch glauben, dass sich Autofahrer so auf ihr bordeigenes Navigationsgerät verlassen, dass sie den optisch und akustisch kredenzten Fahrhinweisen quasi blind folgen? Nein, werden die meisten sagen: »Solch einem Dummenteil werde ich mich nie ausliefern«, so eine engagierte Spontanreaktion. Wir brauchen nicht weiter zu spekulieren, regelmäßig belegen Zeitungsnotizen das kaum Vorstellbare: Weil sich ein PKW-Fahrer in Berlin restlos auf seinen elektronischen ›Pfadfinder‹ verließ – wofür hat man schließlich ein via Satellit geleitetes Fahrzeug –, plumpste er samt Nobelkarosse in die Spree. Der

Grund für den unfreiwilligen Wasserkontakt lag darin, dass die Koordinaten des Navigators an der betreffenden Stelle eine Brücke gespeichert hatten. Real handelte es sich aber um eine Autofähre, die sich gerade auf Überfahrt befand. Der Fahrer hatte übrigens Glück im Pech, da er samt Luxusschlitten gerettet werden konnte.

Als Fazit ergibt sich für alle Verwöhn-Variationen: Kaufen und Konsumieren ist Ausdruck der tiefen Sehnsucht der Menschen nach Anerkennung und Glück. Wenn ich schon so wenig Beachtung und Zuwendung erfahre, will ich mir wenigstens ›selbst was Gutes tun‹. Aber, falls überhaupt: Die Wirkung hält nur Sekunden an. Daher konzentriert sich alles auf die nächste Gelegenheit. Irgendwann muss doch diese Hoffnung erfüllt werden. Der Alltag verdeutlicht jedoch ungeschminkt: Konsumannehmlichkeiten fördern die Trägheit, lassen Kontrollinstanzen verkümmern und behindern den Willen zu sinnvollen oder notwendigen Änderungen.

Der Sozialstaat wird asozial und verwöhnt seine Bürger

Während eines Hochschulseminars zur Frage »Was ist sozial?« äußerte sich ein Student: »Wenn ich z.B. einem total Hungrigen gegenüberstehe, gebe ich ihm als Erstes das, was ihm fehlt: etwas zu essen. Das wird doch wohl für jeden Menschen selbstverständlich sein!« Daraufhin ein anderer Student: »Wenn das für dich so selbstverständlich ist, das Fehlende zu geben, gibst du denn auch einem total kaputten Junkie als Erstes Heroin?« Die Frage, was denn in den Beispielen überhaupt das Fehlende sei, was sozial ist, gärte weiter.

Nicht-Gefordertsein macht träge, minimiert Leistungsbereitschaft, führt zum Verlust sozialer Anerkennung, macht Menschen letztlich kaputt. »Manchmal genügen einige Monate«, merkte der Mitarbeiter eines Arbeitsamtes an, »dass Menschen so aus der Bahn geraten, dass sie fast nicht mehr vermittelbar sind.« Aber mittlerweile scheinen sich die entsprechenden Dienststellen verstärkend in dieses System einzureihen, indem mögliche Chancen zu einer Stellenvermittlung schon im Voraus vereitelt werden. So erhielt ein Arbeitsplatzanbieter von einem Stellenvermittler den Hinweis: »Wenn ich Ihnen jemanden schicke und er die Stelle nicht nimmt, gibt es in der Regel für vier Wochen eine Sperre der Unterstützung. Besser ist, Sie schreiben die Stelle offiziell aus, damit es keinen Ärger für die Bewerber gibt.« Auch in Sozialhilfe-Einrichtungen herrscht häufig eine gewisse Zaghaftigkeit, wenn unmissverständlich Eigenverantwortung zu fordern wäre. So kann immer wieder festgestellt werden, wie sich Hartz-IV-Empfänger erfolgreich gegen Programme zur Wiedereingliederung in das Erwerbsleben oder Initiativen wie ›Arbeit statt Sozialhilfe‹ verweigern können. Manche Familien leben schon seit zwei oder drei Generationen vom warmen Geldsegen der Allgemeinheit und haben sich – aufgestockt durch ein paar inoffizielle Einkünfte – mit diesem Status arrangiert.

Um nicht vorschnell falsche Schlussfolgerungen zu ziehen: Hier geht es nicht um das Anprangern von Sozialhilfebetrug oder Missbrauch des Arbeitslosengeldes. Es geht um ein Aufzeigen, welche Strukturen eines Sozialhilfesystems die Eigenverantwortlichkeit fördern oder verhindern.

Spätestens seit dem vom Deutschen Bundestag verabschiedeten Hartz-IV-Gesetz und den nachfolgenden Reformen hat ein starkes Umdenken eingesetzt. Aber immer noch ist zu fordern, dass die »gesetzlichen Möglichkeiten zur Kürzung sozialer Leistungen stärker genutzt werden müssen, wenn vertretbare Ausbildungs- oder Arbeitsangebote ausgeschlagen werden«[30]. Das soziale Netz hat nicht die Funktion, Menschen zur Hängepartie zu animieren.

Dies wird der späteste Zeitpunkt sein, wo Sozialromantiker die Abwehrkeule herauszuholen versucht sein könnten:

Grundsätze dieser Art wurden immer schon als probates Mittel zur Eliminierung sozial schwacher Menschen propagiert. Wer solche Gedanken lanciert, betreibt puren Sozialdarwinismus, dessen Überlebensmaxime lautet:»Wem die Kraft zur Durchsetzung fehlt, der muss halt krepieren.« Harter Tobak, wenn solche Vorwürfe in den Raum gestellt werden. Meine Analyse der Zusammenhänge führt in deutlicher Abgrenzung von solch möglichen Angriffen zu folgender These: *Geldzuwendungen sind auf Dauer kein Mittel zur Überwindung von Notsituationen!* Auf diese Weise werden Kräfte zur Veränderung gelähmt, entsteht Abhängigkeit, wird Menschenwürde torpediert, Verelendung provoziert. *Stattdessen steht an, in Not geratene Menschen wieder zur eigenständigen Lebensführung zu befähigen.* Als ›Erste-Hilfe-Maßnahme‹ können dies auch Finanzmittel sein, so wie ein Arzt bei einem eitrigen Backenzahn gegen die akuten Qualen auch als Erstes per Spritze eine Notlinderung erreichen will. Aber nur Dilettanten würden bei einer Schmerzbehandlung stehen bleiben; Mediziner werden die Ursachen erforschen. Ist die Diagnose klar, wird die Therapie geplant: Wann kann begonnen werden, welcher Weg ist der erfolgreichste, was ist speziell hier zu berücksichtigen, wie kann dauerhaft geholfen werden?

Und genau so wäre auch bei Hartz-IV-Empfängern vorzugehen. Für den Crash-Moment eine materielle Spritze, anschließend werden konkrete Veränderungsschritte geplant: Welche Defizite sind aufzuarbeiten, was ist unter dem Gesichtspunkt des Erfolgs zu beachten, wie kann dauerhaft geholfen, wann kann mit der Wiedereingliederung begonnen werden? Das wäre wirksame und zukunftsorientierte Sozialhilfe und würde sowohl für die eingangs zitierten Fälle des ›Hungrigen‹ bzw. ›Drogenabhängigen‹ als auch für einen soeben vom Arbeitgeber Gekündigten gelten. Denn beim Hungrigen ist nicht Hunger das Problem, sondern Hunger ist Folge von etwas noch zu Klärendem, genauso wie Arbeitslosigkeit oder Drogenkonsum nur etwas noch zu Eruierendes widerspiegelt. Wer aber Symptome zu kurieren sucht, sollte dies nicht Sozialhilfe nennen.

Es geht, wie so oft betont, um die Hilfe für sozial Schwache. Aber weshalb werden diese Schwachen nicht durch eine Stärkung der Eigenverantwortlichkeit ermutigt, ihr Leben wieder selbst in die Hand zu nehmen? Stefan Baron, ehemaliger Chefredakteur der *Wirtschaftswoche*, bringt es auf den Punkt: »Soziale Gerechtigkeit ist nicht Gleichheit am Ziel, sondern am Start.«[31] Dazu ist auch Geld erforderlich, aber nicht, um es direkt in die Hand des Hilfsbedürftigen zu geben. Stark machen ist hier gefordert, eine Marktwertanalyse für die Chancen im Berufsleben wäre zu erstellen, um so dezidiert soziale und fachliche Qualifizierungsmaßnahmen einzuleiten. Werden diese Aufgaben nicht angepackt, wird weiterhin durch Verunselbstständigung das Gegenteil von sozialer Hilfe erreicht. Aber Menschen asozial zu machen, ist nicht Auftrag der Sozialhilfe.

Will das soziale Auffangnetz wirklich nicht müde, schwache und aus der Bahn geratene Menschen zur Hängepartie animieren, müssen die rechtlichen und personellen Rahmenbedingungen entweder verändert oder mit mehr Konsequenz umgesetzt werden, um so die verwöhnenden Strukturen abzuschaffen. Nach den Buchstaben des Sozialhilfegesetzes könnte die Praxis anders aussehen, denn im Sozialgesetzbuch (SGB) 1, § 9, steht: »Wer nicht in der Lage ist, aus eigenen Kräften seinen Lebensunterhalt zu bestreiten oder in besonderen Lebenslagen sich selbst zu helfen und auch von anderer Seite keine ausreichende Hilfe erhält, hat ein Recht auf persönliche und wirtschaftliche Hilfe, die seinem besonderen Bedarf entspricht und ihn zur Selbsthilfe befähigt, die Teilnahme am Leben in der Gemeinschaft ermöglicht und die Führung eines menschenwürdigen Lebens sichert.« Erst wenn diese Kriterien eine konsequentere Berücksichtigung in den Einzelfallentscheidungen finden, werden Sozial-, Jugend-, Arbeitsämter und ähnliche Einrichtungen von Wohlfahrtsverbänden oder Kirchen in die Lage versetzt, wirksame ›Hilfe zur Selbsthilfe‹ zu leisten.

Oft sind auch Wahlgeschenke bzw. von Parteien betriebene Wohltaten für bestimmte Bevölkerungsgruppen eine ganz besondere Variante eines verwöhnenden Staates. Ein besonders eklatantes Bespiel ist die weitgehend finanziell abgesicherte Bereitstellung von Betreuungsplätzen für Babys und Kleinstkinder. Hier gibt die öffentliche Hand pro Kind und Monat durchschnittlich 1 200 Euro aus. Das Ganze wird dann als ›Bildungs-Offensive für die Kleinsten‹ bzw. als ›Beitrag zur Vereinbarkeit von Beruf und Familie‹ verkauft. Sicher ist es die Aufgabe eines modernen Staates, die infrastrukturellen Voraussetzungen für ein gutes Zusammenleben zu schaffen, egal, ob es dabei um ausreichende Parkhäuser in Ballungszentren, die Energieversorgung, gut erreichbare Lebensmittelmärkte oder außerhäusige Betreuungsangebote geht. Kein verantwortlich handelnder Politiker käme jedoch auf die Idee, erst recht nicht bei einer riesigen Staatsverschuldung, Parken, Strom oder Einkaufsartikel zu 80 Prozent zu subventionieren, wie dies im Betreuungsgesetz geregelt ist. Aber von sich modern gebenden Verwöhn-Volksvertretern wird eine Krippenpolitik betrieben, als wenn es um Deich-Aufstockungs-Maßnahmen gegen den durch Klimawandel bedingten Anstieg der Weltmeere zur Abwehr eines Untergangs des Abendlandes ginge. So wird nicht nur den Bedürftigen, sondern auch den Nicht-Bedürftigen oder Super-Reichen kräftig aus dem Füllhorn ›auf Pump‹ kredenzt. Ans Haben-Wollen gewöhnte Zeitgenossen finden das klasse. Sie brauchen nur zu sagen: ›Hätte auch gerne einen Betreuungsplatz‹, und schon wird das Ganze als Bedarfsermittlung – mit Rechtsanspruch – eingestuft. Würde der Staat sich nur für die Infrastruktur in der U-3-Betreuung zuständig sehen und gleichzeitig Familien finanziell besser fördern, würden auch Polemisierungen mit Kampfbegriffen wie ›Herd-Prämie‹ oder ›Verdummungs-Anreiz‹ gegen das Betreuungsgeld entfallen. Denn politisch verantwortlich Handelnde verteilen keine Wohltaten aus leeren Taschen an eine spezielle Bevölkerungsgruppe, sondern schaffen eine gute Infrastruktur. Die Kosten für die U-3-Betreuung sind dann von jenen zu zahlen, welche davon profitieren: die jeweiligen Arbeitgeber und Arbeitnehmer.[32]

Weshalb machen bei so vielen Nachteilen fast alle kräftig mit? Die Tragik liegt darin, dass die *Einsicht* viel stärker vorhanden ist als die persönliche und politische *Kraft* zum tatsächlichen Kurswechsel. Wiedergewählt werden wollende Parteien, unkontrollierbar gewordene Konsummogule und ihre Verwöhnung nicht aufgeben wollende Nutznießer gehen eine Symbiose mit dem Ziel ein, alles beim Alten zu belassen. Aber wie sagte unlängst ein Kampfmittelräum-Spezialist im Angesicht einer Zeitbombe: »Bis zu einem gewissen Punkt lässt sich so ein Ding entschärfen, danach können alle nur noch schnell in Deckung gehen.«

EIN PLÄDOYER FÜR MEHR SELBSTVERANTWORTUNGSWACHSTUM

Umfangreich und ernüchternd ist die Bilanz zur Verwöhnung unter den verschiedensten Vorzeichen. Menschen, welche sich nicht von ihrer rosaroten Brille trennen wollen, werden diese Vorgänge mit ihren ökonomischen, sozialen, biologischen oder psychischen Folgen sicher nicht wahrnehmen. Aber mit Ignoranz wird keinesfalls eine Änderung eingeleitet. Verwöhnung richtet sich immer gegen die Leistungsfähigkeit und Tragkraft einer Gesellschaft. Je mehr Menschen ohne einen eigenen Beitrag bloße Nutznießer sein wollen, desto gefährdeter ist eine Gemeinschaft. Damit werden auch die grundlegenden Werte der christlichen Soziallehre, wie Solidarität, Subsidiarität und Personalität, zerstört. Keine Gemeinschaft ist lebensfähig, wenn nicht alle ihren Teil zum Gelingen beitragen. Selbst wenn viele Menschen zum Ausdruck bringen, den komfortablen Versorgungsstaat zu wollen, dürfen und können die politisch Verantwortlichen einem solchen nach Verwöhnung lechzenden Verlangen nicht nachgeben. Der Preis ist zu hoch! Stattdessen sind die Bürger aus ihrer Bevormundung zu befreien, um selbst wieder das Risiko für die Gestaltung des eigenen Lebens in die Hand zu nehmen. Nur so kann das schlummernde Potenzial an Wissen, Kreativität und Engagement neu geweckt werden. Dann werden die Menschen wieder Leistungsbereitschaft zeigen, freudig an die Arbeit herangehen und mit Mut den Erfolg anstreben.

Der Wirtschaftsstandort Deutschland ist schon in Gefahr, weil die Leistungsfähigkeit anderer Staaten größer ist. Trotzdem geben passionierte Schmarotzer ihr Verhalten nicht auf. Aber all die hier aufgeführten Beispiele verdeutlichen auch, dass sich viele Institutionen bzw. Kräfte unserer Gesellschaft bereitwillig als ›Wirte für solche Parasiten‹ zur Verfügung stellen.

Bevor in den nächsten Kapiteln verdeutlicht wird, weshalb Verwöhnung eingesetzt wird und welche vielfältigen negativen Folgen damit verbunden sind, können Sie jetzt noch einmal einen Blick auf die zu Beginn vorgenommenen Aufzeichnungen zum eigenen Verständnis von Verwöhnung werfen. Falls Sie kein ›Übermensch‹ sein sollten, werden Sie sich auch mehr oder weniger häufig ertappt gefühlt haben. Wenn Sie dabei wütend auf die Aussagen des Buches reagierten, sollten Sie aus ›therapeutischen Gründen‹ unbedingt weiterlesen. War dies nicht der Fall und ist Ihre Fähigkeit zur Selbstkritik noch in einem gesunden Maße vorhanden, werden Sie von sich aus motiviert und interessiert weiterlesen. In jedem Falle werden wertvolle Hinweise zum eigenen Selbst und daraus ableitbare Veränderungschancen gegeben. Dazu hat der Volksmund einen guten Spruch parat: »Selbsterkenntnis ist der erste Schritt zur Besserung.«

ZUR PATHOLOGIE DER VERWÖHNUNG

Zu viel wollen oder zu wenig wollen macht
ohnmächtig und krank.
Ruth Cohn im Dezember 1994 in Köln

Mit dem Roman *Oblomow* hat der Schriftsteller Iwan Alexandrowitsch Gontscharow nicht nur das dekadente zaristische Russland des 19. Jahrhunderts trefflich karikiert, sondern auch die Entstehung und Wirkung von Verwöhnung differenziert charakterisiert. Dieses zum Bestseller gewordene Werk der russischen Erzählkunst ist gleichermaßen als Schmunzellektüre oder Sachbuch lesbar. Die Lebensbeschreibung des Antihelden Oblomow hat so viel Widerhall in der russischen Volksseele gefunden, dass er als Synonym für Verwöhnung sogar Eingang in russische Wörterbücher fand: »›Oblomowerei‹, das ist die russische Schlaffheit, Faulheit, Trägheit und Gleichgültigkeit; das ist die Gewohnheit, alles von anderen und nichts von sich zu erwarten, gemäß dem russischen Sprichwort: ›Auf die anderen vertraue wie auf Gott, auf dich selbst wie auf den Teufel‹.«[33]

Die literarische Figur des untätigen, gutmütigen und trägen Oblomow war dem in Zürich tätigen Psychologen Josef Rattner Anlass genug, innerhalb eines Forschungsaufenthaltes an der Freien Universität Berlin der Frage nachzugehen, unter welch erzieherischen Bedingungen ein solchermaßen verwöhnter Mensch heranwächst. Die Ergebnisse seiner Untersuchung wurden in Verbindung mit der Psychologischen

Lehr- und Beratungsstelle Zürich unter dem Titel *Verwöhnung und Neurose. Seelisches Kranksein als Erziehungsfolge* im Jahre 1968 veröffentlicht. Dieses Buch bringt Licht in das Dunkel von verwöhnenden Verhaltensmustern, indem die Kindheit gezielt nach begünstigenden Faktoren für eine spätere Ausbildung von Neurosen durchleuchtet wird. So wird deutlich, welche Fehlentwicklungen des Trieblebens oder welche unverarbeiteten seelischen Konflikte mit der Umwelt zu einem krankhaften Zustand ohne organische Ursachen führen.

Anschaulich wird dem Leser vor Augen geführt, wie ein verweichlichter Mensch heranwächst: »Oblomow war das einzige Kind eines reichen Gutsbesitzers. Er wurde von seiner Mutter über alle Maßen verwöhnt. Kein Hauch der harten und bösen Welt durfte an den Knaben herankommen. Er wuchs in einem Glashaus auf, in der tropischen Temperatur einer Verhätschelung, in die sich immer die Angst einmengte, es könne ihm etwas passieren. Durch das Verhalten seiner Umgebung nahm der Knabe Oblomow eine umfassende Ängstlichkeit in sich auf, die noch dem Erwachsenen sein Weltverhältnis bestimmte.« Spielen im Gelände war zu gefährlich, schien die Sonne, war es zu heiß, wehte ein leichter Wind, bestand Erkältungsgefahr, wollte er mit anderen Kindern spielen, sollten auf keinen Fall Streit und Rauferei entstehen, geriet er für wenige Minuten aus dem Blick der Kinderfrau, drohte für beide Schelte. Der Elan des Kindes wurde durch ständige Ängste, Ermahnungen und Tabus gefesselt.[34]

Für den erwachsenen Oblomow wird das Bett zum Ort des Lebens. Nicht weil er erschöpft ist, schwach oder krank. Nein, er ist das Urbild der Passivität und Bequemlichkeit. »In seinem Schlafrock dahindösend, nimmt er den Ablauf der Zeit mit einer Gleichgültigkeit hin, als ob er nie und nimmer etwas zu tun hätte. Er selber fühlt sich weder befähigt noch dazu angespornt, ins Leben einzugreifen: von Wille und Willenskraft findet man bei ihm keine Spur«[35]. Die Sorge um das Essen wird »die erste und vornehmlichste Lebensfrage«.[36] Und: »Oblomow ist zu gutmütig, um sich in einen Kampf mit der Welt einzulassen. Dies brächte ihn in Gefahr, seine Sorglosigkeit und Bequemlichkeit einzubüßen.«[37] Verlassen wir das Russland des 19. Jahrhunderts und wenden wir uns dem heutigen Leben zu. Auch wenn dies gedanklich eine neue Plattform schaffen mag, die Mechanismen der Verwöhnung sind dieselben geblieben. Sie lässt Selbstständigkeit und Eigenaktivität nicht aufkommen und »macht aus dem Kind ein Spielzeug oder eine Puppe, mit der man nach Belieben agieren kann. So dient der Verzärtelte den emotionalen Bedürfnissen seiner Betreuer, die so gerne einem ›Objekt‹ ihre Gefühle schrankenlos zukommen lassen möchten, wobei ihr eigenes Selbstwertgefühl (das immer prekär ist) durch die Beschützer- und Betreuerrolle gestärkt wird.

Aus persönlicher Schwäche und Unausgeglichenheit heraus kann der verzärtelnde Erzieher nicht die Interessen des Zöglings im Auge behalten: so wie er selber ›ichhaft‹ (das heißt ängstlich) im Leben steht, erzieht er auch ich-bezogen, nicht sach- oder du-bezogen. Nichts entmutigt so sehr wie die Verwöhnung, die einen völlig irrigen Lebensentwurf zeitigt, mit dem später nichts an Schwierigkeiten und notwendigen Auseinandersetzungen bewältigt werden kann! Ein Übermaß an Zärtlichkeit führt unweigerlich zu späteren Frustrationen durch das Leben, was mit bitterer Enttäuschung registriert wird.

> *Jeder Neurotiker fühlt sich vom Leben missverstanden und misshandelt: Er misst an seiner Kindheitserfahrung, wo ihm alles – Liebe, Zärtlichkeit usw. – ohne Anstrengung entgegengebracht wurde.*

Die ganze Dimension des Handelns in der Gegenwart und das entschlossene Vorgreifen in eine zu planende Zukunft wird in einer solchen Erziehung ausgespart.«[38] So wird persönlichen Neigungen und Anlagen ein Dauerschlaf verordnet, können sich Interesse und Eigenständigkeit keinesfalls entwickeln, werden Menschen zu inaktiven Zeitgenossen abgerichtet.

EIN FINALER DEUTUNGSSCHLUSS
Der individualpsychologische Ansatz nach Alfred Adler

Mit seiner Analyse des verwöhnten Oblomow hat Josef Rattner schon einige Grundgedanken der Individualpsychologie (IP) umrissen. Diese auf Alfred Adler zurückgehende tiefenpsychologische Schule hat wie kaum eine andere gleichzeitig die pädagogische Praxis beeinflusst. Adlers Werk *Über den nervösen Charakter. Grundzüge einer vergleichenden Individualpsychologie und Psychotherapie* aus dem Jahr 1912 schuf die Grundlage für seine weitere theoretische und praktische Arbeit. Die Kernaussage seines Erklärungsansatzes für menschliches Verhalten lautet: Das ›Gemeinschaftsgefühl‹ ist der wichtigste Teil in der Struktur der Persönlichkeit.

Mit dem aus heutiger Zeit stammenden flapsigen Spruch ›Dabei sein ist alles‹ kommen wir diesem Adler'schen Begriff näher. Präziser formuliert geht es um die ›Dazugehörigkeit‹, das Streben nach einem anerkannten und sicheren Platz in der Gemeinschaft. Damit stellt sich für jeden die Leitfrage, was in den unterschiedlichsten Situationen des Alltags förderlich bzw. hinderlich für ein Zusammenleben ist. Welche biologischen oder psychischen Mängel existieren bei mir und bei anderen – bzw. werden als solche empfunden – und wie sind sie auszugleichen?[39] Was kann/sollte ich dazu beitragen, um eine angemessene Funktion oder Position in meinem Lebensumfeld zu erhalten?

In der Sprache der IP geht es bei diesen Überlegungen zu Sein und Sollen um die Auseinandersetzung mit ›Minderwertigkeit‹ und den erkennbaren Möglichkeiten zu deren ›Kompensation‹: Der Einzelne steht somit vor der Aufgabe, sich seiner persönlichen Anlagen und Begabungen bewusst zu werden, um sie dann optimal in eine Gemeinschaft einzubringen. Nur so kann der Angst vor fehlender Dazugehörigkeit, die sich in Einsamkeit, Nichtgenügen, Verlassenwerden und Anerkennungsverlust äußert, begegnet werden. Denn keinen Platz in der Gemeinschaft zu finden ist gleichbedeutend mit seelischem Sterben.

Nicht selten schießen Menschen beim Ausgleich von Mängeln weit über das Ziel hinaus. Dies mag zwar verständlich sein, schadet aber der eigentlichen Absicht, da das persönliche Umfeld auf ›Überkompensation‹ allergisch bis ablehnend reagiert. Je stärker objektive – oder subjektiv erlebte – Defizite im Person-Sein erkannt werden, desto umfangreicher sind Korrekturen notwendig. Dabei erhält das *Ermutigen* eine zentrale Bedeutung, weil es eine Reduzierung des Angstbereichs ermöglicht. Die damit einhergehende Entlastung wiederum erweitert bisherige persönliche Grenzen und eröffnet neue Verhaltensweisen. Der individuelle Umgang mit Unsicherheiten oder Widerständen und die damit verbundenen Erfolge oder Misserfolge werden von Geburt an als Erfahrung gespeichert. Diese Datenbasis dient bei jeder neuen Situation als Orientierungs- und Entscheidungsgrundlage. So entwickelt sich von Lebensjahr zu Lebensjahr immer deutlicher werdend eine ganz persönliche Leitlinie, die Adler »Lebensstil« nennt. Durch ihn wird ausgedrückt, ob Tatkraft oder Laschheit, Offenheit oder Verschlossenheit im Umgang mit Menschen oder Dingen bestimmend sind: Werden Konflikte oder schwierige Aufgaben als Herausforderungen aufgegriffen oder steht Wegtauchen an? Wird dem Einzelnen dieser Lebensstil durch eine Analyse erkennbar, vermittelt er wertvolle Anhaltspunkte für zukünftiges Handeln.

Diese IP-Erkenntnis steht in direkter Korrespondenz zur Alltagsbeobachtung, dass Menschen sich in neuen Situationen meist so verhalten, wie sie es immer schon taten: scheu oder mutig, interessiert oder desinteressiert, hoffend oder resigniert, beitragend oder verweigernd. Diese Ausführungen stützen den IP-Grundsatz, dass Menschen ganz gezielt das anstreben und aufgreifen, was ihnen mit größter Sicherheit gelingen wird. Dies kann der Erfolg, aber auch der Misserfolg sein. Dieser Denkansatz wird von Adler mit dem Leitsatz »Wenn du wissen willst, was du wirklich willst, dann schau, was du tust« trefflich auf den Punkt gebracht.

Alfred Adler fasst alle diese teleologischen Bestrebungen des Menschen im Begriff der »Finalität« zusammen. Nicht kausales Betrachten, die Ergründung des ›Warum?‹, sondern finales Denken, die Frage des ›Wozu?‹, steht im Zentrum individualpsychologischer Erörterungen. Damit grenzte sich Adler stark von Freud ab, der innerhalb seiner Triebtheorien den Menschen als ein von unpersönlichen Mächten schicksalhaft getriebenes Wesen beschrieb. Adlers anderes Menschenbild drückte sich auch in dem von Nietzsche übernommenen Freiheitsbegriff »Nur im Schaffen gibt es Freiheit« aus.

Auf die hier erörterte Fragestellung bezogen heißt das: Immer dann, wenn Kinder oder Erwachsene nicht entsprechend gefördert werden, einen angemessenen Platz in der Gemeinschaft einnehmen zu können, findet Verwöhnung statt. Nach Adler sind Verwöhnung und Vernachlässigung die größten »Bürden in der Kindheit«. Denn ein fehlendes Herausfordern der Fähigkeiten des Einzelnen führt dazu, dass Menschen einen Platz in der Gemeinschaft zulasten anderer einzunehmen suchen.

Wird der Einzelne durch Umstände oder andere Menschen dazu aufgefordert, stärker die Verantwortung für das eigene Leben tragen zu sollen, wird in der Regel das von Adler als »Ja-Aber« bezeichnete Grundmuster neurotischen Reagierens deutlich. Scheinbar wird eine Aufgabe akzeptiert und aufgegriffen, gleichzeitig aber für unlösbar erklärt. Eine typische Redewendung hierfür: »Grundsätzlich betrachte ich dies ja als möglich, aber bei diesen Rahmenbedingungen kann es nicht gelingen.« Ein klares ›Ja‹ ist am unmissverständlichsten daran zu erkennen, dass es nicht als Wort, sondern als Tat deutlich wird.

Verwöhnte Menschen sind Meister der Inszenierung von Hilflosigkeit, bis hin zur Panikmache, um so Zuwendung durch Unterstützung zu erlangen. Gleichzeitig sind sie Opfer ihrer vielfältigen Schwächen. Diese äußern sich als Unsicherheiten und Fluchttendenzen, bis hin zu hypochondrischen Ängsten. Alles, was den Menschen jedoch ängstigt, »macht ihn nicht besser, sondern böser!«[40] Unberechenbarkeit und ein gemeinschaftsschädigendes Verhalten sind die Folgen. Andere Ausdrucksformen eines neurotischen Lebensstils sind überzogene – und damit nie erreichbare – Ziele sowie eine deutliche Bevorzugung von Schwarz-weiß- bzw. Gutschlecht-Polarisierungen. Damit werden äußerst ›geeignete‹ Begründungen für eine grundlegende Verweigerung dem Leben gegenüber geschaffen. Alles, was zu einem eigenen Beitrag, zum Mittun herausfordern könnte, wird wegen zu großer Mühe oder offensichtlicher Unerreichbarkeit abgelehnt.

Dies zeigt einen gewissen Infantilismus; die menschliche Reife lässt stark zu wünschen übrig. »Im ›Freud'schen‹ Sinne ist er [der Verwöhnte] in seiner Entwicklung beim ›Lustprinzip‹ stehengeblieben und hat das ›Realitätsprinzip‹ nur teilweise adoptiert.« Seine Handlungsfähigkeit ist deutlich eingeschränkt, das Gemeinschaftsgefühl stark reduziert. »Sein

Verbundenheitsgrad mit den Mitmenschen reicht nicht hin, um in Arbeit, Liebe und Gemeinschaft (die drei Lebensaufgaben) einen nützlichen und produktiven Beitrag zu leisten. Aus Angst vor dem Versagen erfolgt ein Ausweichen in die Phantasie, in eine ›fiktive Lebensführung‹, die Sicherheitsbedürfnissen und illusionären Geltungstendenzen dienen soll.«[41] Eine fatale Situation ergibt sich für den Verwöhnten bei seinem dauernden Kreisen um sein minderwertiges, schwaches Selbst. Denn »je weniger man ›in sich selbst‹ ist, umso mehr möchte man es sein und gelten; man giert immer nach dem Schein, wenn das Sein nicht zu tragen vermag«.[42] Das ›Minderwertigkeitsgefühl‹ ist nach Adler das »Kernstück jeder pathologischen Entwicklung des Seelenlebens«. Daher messen sich Neurotiker ständig am anderen, so wie Heidegger dies mit dem Begriff des »Man-selbst« in *Sein und Zeit* beschreibt, ständig besessen von der unruhigen Frage, ob andere einem voraus seien. Nicht wie ›ich‹ bin oder sein möchte, sondern wie ›man‹ ist oder sein sollte, wird zum Bewertungsmaßstab.[43]

Vom Grundsatz sehen verwöhnte Menschen schon die Möglichkeit, sich aktiver in das soziale Umfeld einzubringen; aber die Welt müsste dazu doch etwas positiver sein. Da sie sich aber nicht nach den Wünschen verzogener Kinder richtet, wird Mitspielen und Mitwirken abgewertet. Wozu sollte man sich vital durch Arbeit oder Liebe in die Welt einbringen, in welcher doch so viele Missstände vorherrschen? Solche Ansichten sind typisch für verwöhnte Menschen, bei denen jeglicher eigene Antrieb gehemmt wurde und die durch eine dauernd »angezogene Bremse« zur Bewegungsunfähigkeit verurteilt wurden. Dies führt zu der Lebensmaxime: Größtmögliche eigene ›Bequemlichkeit‹ bei gleichzeitiger ›Riesenerwartung‹ an andere.[44]

Die Dissertation von Barbara Oehler *Der Einfluß der verwöhnenden und verzärtelnden Erziehung auf die gesunde und kranke Entwicklung der menschlichen Persönlichkeit* aus dem Jahr 1977 belegt eindrucksvoll die Ursachen und negativen Auswirkungen einer solchen Grundhaltung. Jede fehlende Herausforderung, jede ausbleibende Ermutigung für das Handeln eines Kindes führt über die Perspektivlosigkeit zur Ausweglosigkeit.»Dann verdichten sich sein Pessimismus und seine Ängstlichkeit zum ›Minderwertigkeitskomplex‹«[45], was nach Rattner zu einem krankhaften Stillstand in der seelischen Bewegung führt.

> *Da der verwöhnte Mensch in der Kindheit die falsche Information bekommen hat, dass sich alles im Leben um ihn dreht, hat er diese Meinung auch noch als Erwachsener.*

So träumen solche Zeitgenossen von einem ›Zauberland, wo es nichts Böses, keine Sorgen und Verdrießlichkeit gibt, wo man gut zu essen bekommt und umsonst gekleidet wird‹.[46] In der Realität sind Unfreundlichkeit, Missmut, Kontaktarmut und Launenhaftigkeit Signum solcher Menschen. Sie nehmen im Leben eine Zuschauerhaltung ein und versuchen etwas von den Aktivitäten anderer zu erheischen. Nach Adler gibt es »nur einen einzigen Grund, warum ein Mensch auf die unnützliche Seite abbiegt: Die Furcht vor einer Niederlage auf der nützlichen Seite«[47].

Je kleiner die Zahl sinnvoller oder gar notwendiger Reaktionen in einer Situation, umso größer ist das Unsicherheitsgefühl mit der Konsequenz, sich in den Schutz neurotischer Abwehrmechanismen begeben zu wollen. So werden Minderwertigkeitsgefühle gefördert; und jede neue Erfahrung des ›Nicht‹ wirkt als Verstärkung. Sie führen zur Resignation mit der Folge von Hilfsansprüchen oder äußern sich im Einfordern von Macht. Wer nicht mit einem positiven Beitrag Beachtung findet, zeigt sich entweder unterstützungsbedürftig, brav und angepasst oder trotzig-verweigernd, um so wenigstens Aufmerksamkeit und Zuwendung zu erzeugen.

Ein besonderes Augenmerk innerhalb der Analyse des Phänomens Verwöhnung ist auf die ›selbstlosen, überfürsorglichen und aufopferungsvollen Erzieher‹ zu werfen. Sie geben vor, jeden eigenen Wunsch hintanzustellen. Schirrmeister äußert sich dazu im Rückgriff auf Adler in seinem Buch *Das verwöhnte Kind* im Jahre 1926: »Solche Erzieher rühmen sich, dass sie gar keinen persönlichen Egoismus mehr besäßen, sondern nur noch für das Kind da seien. Untersucht man diesen Charakterzug genauer, erkennt man, dass der Egoismus nur eine Schicht tiefer zu finden ist, nämlich in der Eitelkeit des Erziehers«[48], welche sich in grenzenloser Besorgnis äußert. Das heißt, Verwöhnvorgänge sind Belege finalen Handelns. Eltern oder andere Personen im Umfeld von Kindern wollen sich durch die Verwöhnung selbst etwas Angenehmes angedeihen lassen.

Verweist Schirrmeister auf die Pflege der Eitelkeit und nehmen viele Beispiele von Oehler Mitleid oder Vermeidungsverhalten in den Blick, so stellt Rattner durch die Beschreibung des Umgangs mit dem jungen Oblomow die Angstreduzierung als Ziel heraus. Allen Verdeutlichungen ist gemeinsam: Es geht eben nicht um die Belange des Kindes, sondern um konkrete Erwartungen der erziehenden Personen. Verwöhnung gilt dabei für Adler »als wichtigste Wurzel psychischer Entwicklungshemmungen«.[49]

FAHRSTUHL ZUR BEQUEMLICHKEIT
Der verhaltensbiologische Ansatz des Felix von Cube

Die tragische Figur des Oblomow aus dem zu Ende gehenden Zarenreich bietet nicht nur die Möglichkeit, sein durch Verwöhnung geprägtes Leben unter psychologischen Aspekten zu betrachten, sondern stellt auch Ansatzpunkte für eine verhaltensbiologische Analyse bereit. Denn im Grunde ist das Leben dieses fiktiven Russen ein Paradebeispiel für die durch Felix von Cube eingebrachte These, dass Verwöhnung Ausdruck von »Lusterleben ohne Anstrengung« sei. Mit seinem in vielen Auflagen erschienenen Werk *Fordern statt verwöhnen. Die Erkenntnisse der Verhaltensbiologie in Erziehung und Führung* löste der als Professor für Erziehungswissenschaft an der Universität Heidelberg Tätige eine teilweise leidenschaftlich geführte Diskussion aus.

Die verhaltensbiologische Forschung stellt heraus, dass man in der Alltagssprache unter einem verwöhnten Menschen jemanden versteht, »der es gewohnt ist, dass seine Bedürfnisse sofort und lustvoll befriedigt werden. Kommt nur geringer Durst auf, verlangt er sofort zu trinken, und zwar nicht Wasser, sondern Bier, Wein, gesüßten Fruchtsaft oder dergleichen. Kommt auch nur geringer Hunger auf, verlangt er lecker und lustvoll zu speisen, kommen sexuelle Bedürfnisse auf, verlangt er nach rascher Befriedigung ohne lange Investition. Verwöhnt wird aber auch derjenige genannt, der jede Anstrengung scheut, der sich ›hinten und vorne‹ bedienen lässt, der seine Aktivitäten am Fernseher erlebt, der auch kurze Strecken mit dem Auto fährt usw.«[50] Zwangsläufig nimmt so der Einsatz von Kraft, Zeit und Strebsamkeit zur Erreichung von Zielsetzungen ab; gleichzeitig steigen die Ansprüche bis ins Unermessliche. Werden sie nicht entsprechend erfüllt, wächst aggressives Verhalten. Das Kurzfazit lautet: Rasche und leichte Triebbefriedigung verwöhnt!

»Wir strengen uns nur dann an, wenn die Triebbefriedigung es verlangt. Wird uns das Essen serviert, sexuelles Handeln leicht gemacht, der Sieg geschenkt, so haben wir kein Motiv, keinen ›Beweggrund‹ mehr, unser Aktions- und Kampfpotenzial einzusetzen.«[51] Zur besseren Nachvollziehbarkeit dieser Zusammenhänge hier eine kurze Skizzierung der verhaltensbiologischen Forschungsergebnisse von Cubes:

Nach dem Gesetz der doppelten Quantifizierung kommen eine Triebhandlung und das damit verbundene Lusterlebnis nur dann zustande, wenn entweder die Triebstärke oder die Reizintensität – oder beides – genügend hoch ist. Ein niedriges Reizniveau erfordert eine hohe Triebstärke, schwach ausgeprägte Triebe benötigen starke Reize, um eine Reaktion auszulösen. Da Verwöhnung auf eine schnelle Reduzierung von Reizen baut, sich diese jedoch mit der Zeit abschleifen, müssen sie ständig verstärkt werden. Damit ein Reiz noch reizen kann, führt dies zu einer permanenten Erhöhung der Ansprüche. Werden dabei die Triebpotenziale nicht aktiviert, was für die Verwöhnung typisch ist, verstärkt sich gleichzeitig das Aggressionspotenzial. Der so entstehende Druck führt schnell zu unkontrollierten, gegen sich oder die Umgebung gerichteten Entladungen. In Abgrenzung zum zerstörerischen Aggressionsabbau können ungenutzte Aktionspotenziale aber auch über geforderte oder selbst gesetzte Ziele zur Quelle menschlicher Kultur werden. Ein Herunterfahren immer größer – und damit unerfüllbarer – werdender Ansprüche wird nur dann gelingen, wenn die Nutzung der Aktionspotenziale, der Einsatz von Kraft und Leistung, wieder als sinnvoll oder als Lustquelle erfahren wird.

Die Zugehörigkeit zu einer Sozietät ist ein starkes Motiv, Aktivitätspotenziale in ein gemeinsames Handeln einzubringen. Das Triebgeschehen als Gesamtprozess läuft in der Regel in drei Stufen ab: »Appetenzverhalten, Triebhandlung, Endhandlung mit Triebbefriedigung. Beim Nahrungstrieb besteht das Appetenzverhalten etwa aus Laufen, die Triebhandlung aus Kauen, die Endhandlung im Aufnehmen und Herunterschlucken der Nahrung, beim Sexualtrieb entsprechend aus Werben, Begatten, Orgasmus«, beim Aggressionstrieb im Aufsuchen eines Gegners, die Triebhandlung aus Kämpfen – dies können auch Drohgebärden sein – und die Endhandlung im Sieg über den Gegner.[52] Mit anderen Worten: Es geht um die Annäherung an einen Zielzustand, um die Aktionsphase und den dadurch möglichen Erfolg. Dieser zielt innerhalb von Triebhandlungen auch immer auf einen Gewinn an Sicherheit, biologisch, psychisch und sozial.

In diesem Zusammenhang hat die Verwöhnung also »deutlich zwei Komponenten: Sofortige Triebbefriedigung und Vermeidung von Anstrengung«. In der jeweiligen Situation wird das Prinzip vom ›schnellen und leichten Genuss‹ als angenehm erlebt; häufig hält dieser Zustand jedoch nicht lange an. Es entsteht nach Konrad Lorenz das Problem einer »Tatenlosigkeit der Überfütterung« mit folgender Auswirkung: »Die Reize müssen der Abstumpfung wegen ständig erhöht werden«[53], gleichzeitig staut sich jedoch das Triebpotenzial. Jede Bewegung, jegliches explorative Verhalten wird so verhindert. Der totale Mangel an Anstrengung in der Folge der Verwöhnung führt über den verhinderten Einsatz der Werkzeuginstinkte zu aggressiver Langeweile. Sie wächst weiter an, »wenn der Gelangweilte, statt das überhöhte Aktionspotential einzusetzen, lediglich neue Reize auswählt: Setzt man sich aus Langeweile vor den Fernseher oder fährt aus Langeweile Auto, so verspürt man zwar für kurze Zeit neue Erregung, bald aber führt der Mangel an Aktivität zu einem weiteren Anstieg der ungenutzten Potenziale. Die doppelte Verwöhnung hat also zwei Konsequenzen: Zum einen führt rasche Triebbefriedigung durch hohe Reizqualitäten (...) zur Suche nach immer höheren Reizen, zur immer größer werdenden Anspruchshaltung. Können die immensen Ansprüche nicht

erfüllt werden, kommt es zu weiteren Frustrationen und damit verstärkter zu Aggressionen. (...) Zum zweiten führt der Mangel an Anstrengung, das Nichtabrufen (spontaner) Aktionspotenziale zu aggressiver Langeweile.«[54]
Die Funktionslust erhält dabei eine Schlüsselfunktion. Denn wenn eine Fertigkeit so weit perfektioniert ist, dass die daraus gewonnene Lust größer als die aufzubringende Anstrengung ist, hat das Prinzip der Lustsuche in der Anstrengungsvermeidung seinen Reiz verloren. Zur Funktionslust stößt jedoch nur derjenige vor, der als Kind entsprechend gefordert wurde und/oder aus Einsicht die positiven Folgen vorübergehender Unlust zu erkennen vermag.

Exploration ist die Triebhandlung des Neugiertriebes;[55] sie wird, wie bei jedem Trieb, mit Lust belohnt. Dasselbe gilt für Konkurrenz: Hier handelt es sich um das Streben nach Anerkennung und Sieg, um die Lust der aggressiven Triebbefriedigung, wobei sich die Leistung nicht an subjektiven Meinungen und Wertungen orientiert, sondern an überprüfbaren und damit vergleichbaren Kriterien. Kooperation in der Form des gemeinsamen Handelns schafft schließlich Bindung und Akzeptanz im Zusammenleben und wird deshalb in hohem Maße als lustvoll und gewinnbringend erlebt. Alles Bemühen im Erziehungsprozess läuft darauf hinaus, durch viele positive Erfahrungen die Motivation zu stabilisieren, vom Gefordertwerden zur eigenverantwortlichen Selbstforderung zu gelangen.

Verwöhnte Menschen geraten schnell in folgenden – sich selbst verstärkenden – Teufelskreis: Ein »mangelnder Einsatz von Bewegungspotenzial führt zu Muskelschwäche und Kreislaufstörungen, zur Abnahme der Leistungsfähigkeit, dies wiederum macht den Einsatz der Werkzeuginstinkte mühevoll, und man bewegt sich noch weniger. Sämtliche dem Bewegungsmangel entspringenden Zivilisationskrankheiten unterliegen dieser positiven Rückkopplung. So führt etwa mangelhaftes Kauen zu schlechten Zähnen, dies wiederum zu mangelhaftem Kauen.«[56] Reduzierte Bewegungsabläufe wirken sich jedoch nicht nur auf Muskeln und Knochenbau, sondern auf Dauer auch auf die sozialen Kontakte aus. Liegt der Grund für ein fehlendes Zugehen auf andere Menschen anfänglich in der zu großen Bequemlichkeit, wird dieser Trend im Laufe der Zeit durch ein gesunkenes Selbstwertgefühl verstärkt. Mit einem schwachen Ich wird man sich erst recht nicht aus den ›häuslichen vier Wänden‹ heraustrauen, was dem Prozess selbstbezogener Verharrung einen weiteren Schub gibt.

Verwöhnung pflanzt sich durch Verwöhnung fort. So werden immer neu nachwachsende Generationen zu Opfern, die zeitlebens mit den so vorprogrammierten Verhaltensstörungen leben müssen.»Hassenstein schreibt über Verwöhnung als Erziehungsfehler: ›Dem verwöhnten Kind werden alle Wünsche sogleich erfüllt, ohne dass es eigene Aktivität und Phantasie entfaltet, Mühe und Anstrengung aufbringt, und ohne dass es zu Triebaufschub und Triebverzicht fähig wird.‹« Die Verwöhnung von Kindern ist »deswegen besonders schlimm, weil sie von sich aus hochaktiv sind« und gar nicht – falls dies überhaupt möglich ist – an Verwöhnung denken würden.»Ein Kind nimmt die Anstrengungen, die zur Triebbefriedigung vorgesehen sind, als Selbstverständlichkeit auf sich – die Reflexionsfähigkeit ist noch nicht so weit entwickelt, dass es auf den Gedanken käme, in sein Triebsystem und in die natürliche Lust-Unlust-Ökonomie einzugreifen.«[57] Ein verwöhntes Kind kann keine ›Durststrecke‹ zwischen Wunsch und Ziel ertragen, weil es in der Regel eine unmittelbare Bedürfnisbefriedigung anstrebt.»Die schnelle Befriedigung der Wünsche und der Mangel an Selbstbeherrschung führt nach Hassenstein ›fast mit Notwendigkeit zu einer Anspruchshaltung des Kindes: weil es nicht verzichten kann, fordert es seine Wunscherfüllung‹. Damit wird der Weg zur Herrschsucht geöffnet und zu mannigfachen Konflikten mit der Umwelt.« Die verwöhnende Erziehung ist daher besonders verwerflich: »Das Kind wird zur Selbstverwöhnung verführt.«[58]

Zur Differenzierung ist die Unterscheidung zwischen ›Verwöhnt-Werden‹ und ›Sich-Verwöhnen‹ wichtig. Dies hervorzuheben ist deshalb klärend, weil häufig Verwöhnung nur im Zusammenhang mit Erziehung gesehen wird. Aber das Gesetz der doppelten Quantifizierung wirkt genauso zwischen Erwachsenen wie auch im Umgang mit sich selbst. Insoweit wird Verwöhnung nicht nur – häufig sogar gerne – erduldet, sondern auch gesucht.

Der Mensch wollte immer schon Lust ohne Anstrengung genießen. Nur gab es in früheren Kulturen viel weniger Umsetzungsmöglichkeiten, entweder weil es an Mitteln bzw. Gelegenheiten fehlte oder diese ritualisiert wurden. Heutige – durch Wohlstand geprägte – Gesellschaften erleichtern diese Bestrebungen durch das breite und jederzeit verfügbare Konsumangebot mannigfach. Das schadet nicht nur dem nach Verwöhnung Trachtenden und seinem sozialen Umfeld, sondern verursacht auch lebensbedrohliche ökologische Probleme. Denn »Anspruchsverwöhnung führt letztlich zur Zerstörung der Umwelt, Anstrengungsverwöhnung zu Aggression und Selbstzerstörung«.[59]

Es wurde belegt, dass Verwöhnung das Triebsystem lähmt und die nicht eingesetzten Aktionspotenziale Überfütterung, Unlust, Frustration und Aggression erzeugen. Durch die Verdeutlichung der verschiedenen Faktoren im Umfeld der Verwöhnung wurden differenziert Schritte aufgezeigt, wie diese ›Fahrt im Aufzug der Bequemlichkeit‹ verlangsamt und gestoppt werden kann. Das wirksamste Mittel – um im Bild der Lift-Beförderung zu bleiben – ist: Das ›Geistwesen‹ Mensch motiviert sich in Selbstbestimmtheit und freier Einsicht für das Treppenhaus. Diese jederzeit zu verwirklichende Problemlösung steht in direkter Parallele zum Appell *Fordern statt verwöhnen*, wie von Cube ihn formulierte. Zum Abschluss eine Kurz-Rezeptur für den Fall, dass Sie sich doch einmal zwischen ›lockender Verwöhnung‹ und ›nüchterner Einsicht‹ hin- und hergerissen fühlen sollten: ›Lust ohne Anstrengung‹ höhlt schnell die Lust aus, ›Anstrengung ohne Lust‹ ist bestenfalls als Buße tauglich. Also muss es im Rückgriff auf Konrad Lorenz um eine »ausgeglichene Lust-Unlust-Ökonomie«[60] gehen.

DER VERWÖHNER SUCHT IMMER SEINEN VORTEIL

Je instabiler das Selbstbewusstsein, desto größer die Versuchung, sich durch Verwöhnstrategien das eigene Leben auf Kosten anderer zu erleichtern. Da Kinder leicht zu formen oder zu beeinflussen sind, ist selten mit Gegenwehr zu rechnen. Außerdem wird das Verwöhntwerden in der jeweiligen Situation oft als angenehm und erleichternd erlebt. Der Drang zur Verwöhnung wird durch eine leichte Verfügbarkeit von Konsumgütern und eine Verknappung von Zeit verstärkt. Geschieht sie hier um der eigenen – vielleicht nächtlichen – Ruhe willen, wird sie dort deutlich, indem man großzügig wirken, gefallen und Dankbarkeit erzeugen möchte. Einmal geht es aufgrund eigener Ängste oder Bequemlichkeit um Konfliktvermeidung, das andere Mal darum, dem Partner oder der Partnerin eins auszuwischen. Die eigentlichen Bedürfnisse des Kindes werden ausgeblendet, sie werden zum Spielball der Interessen des Verwöhners. Durch eine Reduzierung der eigenen Verantwortung wird versucht, keine Position beziehen zu müssen, um so Entscheidungen zu vermeiden. Ziel ist, auf diese Weise die eigene Unsicherheit und Angst zu überspielen und gleichzeitig Sympathien zu gewinnen oder zu erhalten.

Das stille Kalkül des Verwöhners ist, durch die Gewährung scheinbarer ›Großzügigkeit und Freiheit‹ emotionale Abhängigkeit zu erzeugen. Besonders Frauen sind gefährdet, weil viele von ihnen sich selbst in unterschiedlichsten Abhängigkeiten sehen.

Besondere Dispositionen zum Verwöhner

»Wenn ich Ihre Ausführungen richtig verstanden habe, dann bin ich hochgradig gefährdet, meine drei Kinder zu verwöhnen«, so ein Resümee innerhalb eines Beratungs-Telefonates. Auf mein Nachhaken, wie dieser Mann zu der Einschätzung komme, sagte er: »Nun, ich bin leitender Ingenieur mit großem beruflichen Termindruck, daher selten zu Hause und im Umgang mit Sohn und Töchtern in der Situation, in die wenige Zeit möglichst viel Zuwendung reinpacken zu wollen.« Mein Kommentar: »Ja, das sehe ich genauso!«

Ist diese Perspektive erst einmal im Blick, kann auch mit Selbstkontrolle und Konsequenz eine Reduzierung dieser Disposition zur Verwöhnung eingeleitet werden. Dazu sind als Erstes die individuell unterschiedlichen Verursachungsfaktoren genau in den Blick zu nehmen, denn z. B. Zeitknappheit allein reicht als Grund nicht.

Hier eine Zusammenstellung der häufigsten Ursachen für verwöhnendes Verhalten:

> große Harmonisierungstendenz (z. B. zur Reduzierung eigener Spannungs- und Angstzustände)
> Selbstgefälligkeit, Sympathie erheischen wollen (›Bin ich nicht ein toller Kerl?‹)
> übermäßig ausgeprägte Hilfsbereitschaft (als Ausdruck der Lebenserfahrung ›Nur wer sich um andere kümmert, erhält Anerkennung‹)

> große Aufopferungsbereitschaft (z.B. als Folge emotionaler Defizite in der eigenen Kindheit)
> unerfüllter Lebensalltag in Beruf und/oder Partnerschaft
> ausgeprägtes Karrierestreben in Beruf oder Gesellschaft (z.b. als Ausgleich starker Minderwertigkeitsgefühle)
> persönliche Dauerkrisen
> Schuldgefühle gegenüber den Kindern (z.B. berufstätige Mütter)
> zu wenig Zuwendungszeit für die Kinder (z.B. berufstätige Väter)
> Schuldgefühle gegenüber leiblichen Kindern aus durch Trennung beendeten Ehen bzw. Partnerschaften
> starke Gefühlsschwankungen oder Spannungen im Umgang mit nicht leiblichen Kindern in neuen Beziehungen (Stiefmütter, Stiefväter, Lebensabschnittspartner)

Das Vorhandensein von einem oder mehreren der hier zusammengestellten Faktoren sagt noch nichts darüber aus, in welchem Umfang Verwöhnung eingesetzt wird. Ein Leben jenseits aller Verwöhnung scheint mir zwar auch bei großer Anstrengung nicht möglich, dies ist aber kein Freibrief für Trägheits-Profis, alles beim Alten belassen zu können.

> *Wie in vielen anderen Lebensbereichen ist eine hohe Qualität das Ergebnis einer möglichst geringen Fehlerquote. So kann es auch bei der Verwöhnung nur um eine Reduzierung ihrer Intensität gehen, selbst wenn ein völliges Ausmerzen zu wünschen wäre.*

Trotz aller möglichen Vorgeprägtheiten aus früher Kindheit gibt es hier keinen Handlungs-Automatismus. Auch wenn eine Kombination verschiedener Veranlagungen sich verstärkend auswirkt, der grundlegendste Gradmesser für eine Disposition zum Verwöhner ist der Umfang des *Fehlens von Lebensmut* und damit einhergehender *Verantwortungsvermeidung*. Denn je umfangreicher und/oder unbearbeiteter diese Defizite sind, desto gezielter werden Strategien zur Verwöhnung eingesetzt.

Menschen, welche sich eine Identität auf der Basis ›Ich helfe und opfere mich auf, also bin ich‹ aufzubauen suchen, ergreifen jede Verwöhnmöglichkeit, um so eine abgesicherte Existenzberechtigung zu finden. Häufig sind gerade besonders edel wirkende Gesten Ausdruck eines subtilen Verlangens, andere Menschen klein zu halten. Abhängigkeit ist der dabei fällige Tribut, mit der Folge entsprechend reduzierter Lebensperspektiven für die Betroffenen. Menschen mit Ich-Stärke und Lebensmut brauchen sich keine Abhängigen heranzuziehen, um durch sie am Abgrund der eigenen Angst einen Beistand zu haben. Im Gegenteil, sie tragen zur Entwicklung von Eigenverantwortlichkeit und Stärke der ihnen Anvertrauten bei.

DAS LECHZEN DER VERWÖHNTEN NACH ›WEITER‹ UND ›MEHR‹

Weshalb ist es so schwer, einem Alkoholabhängigen zu verdeutlichen, sein Leben ändern zu müssen, obwohl er oder sie doch dauernd feststellen könnte, dass es beruflich und persönlich so nicht weitergehen kann? Ohne einen konkreten Fall kennen zu müssen, wird die Antwort eines erfahrenen Beraters lauten: »Weil der Blick für die Realität erheblich getrübt ist und selbst bei klarer Situationseinschätzung die Kraft fehlen wird, sich zu ändern. Im Zustand des Berauschtseins ist die Welt für einen Süchtigen nicht nur wieder in Ordnung, sondern sogar äußerst rosig und angenehm.« Daher raten Suchttherapeuten häufig, solche Gespräche mit Betroffenen möglichst selten zu führen, weil die Chancen für einen Kurswechsel sonst eher minimiert werden. Die persönliche Stellungnahme eines ›trockenen‹ Alkoholikers innerhalb eines Gesprächs mit Jugendlichen bringt die ganze Problematik auf den Punkt:»Von mir und vielen anderen aus der Kreuzbund-Gruppe weiß ich, dass erst kurz vor dem Sarg der Kick zur Veränderung kam. Weder die Androhung meiner Frau, sich trennen zu wollen, was sie später auch tat, noch die schriftliche Abmahnung von der Arbeitsstelle haben mich von meinen Alkoholrationen fernhalten können. Schließlich glaubte ich ja bis zum Schluss, alles im Griff zu haben.«

Bei Menschen, die stark durch das süße Gift der Verwöhnung gezeichnet sind, sieht dies im Grunde nicht anders aus. Diese ›Sucht‹ lässt sich nur weniger auffällig leben. Es gibt keine ›Fahne‹ wie bei Trinkern und keine ›Einstiche‹ wie bei Junkies. Verwöhnte suchen – wie andere Abhängige – die Orte und Gelegenheiten, wo sie am ehesten zum Ziel kommen. So wie man in der Stammkneipe selbst bei Geldmangel nicht trocken bleiben muss, bieten sich Mütter trefflich als Servicestation für unterversorgte Verwöhnlinge an. Die Startsituation, besonders wenn im fortgeschrittenen Alter der Kontakt nicht mehr so nahe ist, pendelt diffus zwischen den Polen ›Bestellung‹ und ›Erwartung‹. Muss ich erst bitten, eine meiner vielfältigen ›Bestelltechniken‹ einsetzen oder kommen die Zuwendungsangebote von allein? Aber auch Väter sind in bestimmten Situationen ›nicht ohne‹, besonders wenn es um ihre Töchter geht.

Typische – und oft erprobte – Aufforderungstechniken zur Verwöhnung:

› Ungeschicklichkeit
› Schwäche
› Zeitmangel

> ein reuiger Augenaufschlag
> Fassungslosigkeit
> großer Appetit
> finanzielle Sorgen
> Liebes- oder Beziehungskummer
> Krankheit
> Dauerstress
> berufliche Probleme
> sich als Pechvogel darstellen

Typische, unaufgefordert eingebrachte Zuwendungsangebote:

> Lieblingsspeisen
> Kleider- und Wäschepflege
> Zimmer aufräumen
> Geldzuwendungen
> Anfragen nach dem Wohlergehen, oft per Telefon
> Autoüberlassung
> ›Ich-mach-das-schon-Angebote‹

Variationsreich und wohl platziert sind die Lockrufe von Groß und Klein nach Verwöhnung, immer daran orientiert, auf einfachste und kräftesparendste Weise durchs Leben zu kommen. Im Amtsdeutsch würden solche Machenschaften mit ›Vorteilserschleichung‹ betitelt, Verhaltensbiologen bezeichnen sie als »Lustgewinn ohne Anstrengung«, Individualpsychologen nennen sie »finales Streben nach Zuwendung ohne eigenen Beitrag«, im Alltag heißen sie oft ganz einfach »Abzockerei«. Auch wenn den Handelnden klar sein müsste, dass sich schnell eine spürbare Abhängigkeit von einem solchen Tag und Nacht offenen Supermarkt der Möglichkeiten ergibt, es ändert kaum etwas. Wo lassen sich denn sonst so viele Bedürfnisse auf eine solch einfache Art befriedigen? Wenn Eltern, Großeltern, Ehepartner bzw. andere nette Menschen oder Institutionen schon ein solches Warenangebot ohne Preisauszeichnung bereithalten, dann gibt's nur eines: zulangen! So wohnt beispielsweise der 32-Jährige sehr gern im ›Hotel Mama‹, mit ganz individuell zugeschnittenem Zimmerservice. Und die Bindung an diese Dauerunterkunft plus sozialem Ambiente ist so intensiv, dass die Freundin in Stunden stiller Zweisamkeit regelmäßig Sorge hat, dass gerade jetzt die besorgte Mutti per Handy das momentane Wohlergehen des Sohnes erkunden möchte. Ein dauerhaftes Zusammenleben wäre sowieso undenkbar, weil Kochen, Backen, Hemdenbügeln, Frühstückbereiten, Trösten und Problemelösen von niemandem so perfekt beherrscht wird wie von der ersten Frau im Leben eines Mannes, von Mama! So lässt sich trefflich bis ins hohe Alter leben, vorausgesetzt, die Vitalität der Eltern ist so groß, dass sie Sohn oder Tochter geistig und körperlich fit überleben. Konsequenterweise werden sie dann auch noch die letzten Dinge für den nie richtig erwachsen gewordenen Nachwuchs regeln.

Aber auch der beruflich so sehr eingespannte Ehemann, ständig im Stress, schon von Natur aus mit einer Ungeschicklichkeit im Umgang mit den alltäglichen Lebensaufgaben behaftet, wird sich bei einer verwöhnenden Ehefrau schnell des Restes von Selbsttätigkeit entledigen. Um diesem Grundsatz treu zu bleiben, werden wichtige Geschäftsreisen genau dann notwendig, wenn ein Besuch der Schwiegereltern ansteht, Kränkeln setzt ein, wenn in Wohnung oder Haus die Arbeit ruft, der Elternsprechtag in der Schule kollidiert leider mit einer Fortbildung und für gewisse Offerten für die Zeit zwischen Zubettgehen und Einschlafen ist Mann nur dann empfänglich, wenn auch wirklich alles bestens arrangiert und mühelos zu handeln ist.[61]

Beim Schreiben dieser Zeilen höre ich schon die kritischen Einwände von Müttern und anderen Aktiv-Verwöhnern:

»Hier wird maßlos übertrieben«. – »In der Welt gibt es schon Egoismus genug, ich bin halt noch für andere da!« Spätestens beim letzten Einwurf, wenn er denn so käme, wäre ein Verweis auf das vorige Kapitel »Verwöhnung als Massenphänomen« fällig. Und was den Vorwurf der Übertreibung betrifft: Die Hinweise zum »Preis der Verwöhnung« im nächsten Kapitel werden entsprechend Aufschluss geben.

Trotzdem wird unterstrichen, dass nicht automatisch die oben zusammengestellten Zuwendungsangebote von der Lieblingsspeise bis hin zu Gesten wie ›Ich mach das schon‹ Ausdruck von Verwöhnung sind. Oberstes Prüfkriterium ist die *Absicht*. Durch diese wird offenbar, ob es um das eigene Wohl unter Ausnutzung eines anderen geht oder eben nicht. Weiterhin ist ein besonderes Augenmerk auf die Dosierung und Ausgewogenheit im Geben und Nehmen – ob innerhalb von Erziehung und Familie, in Partnerschaften oder im Beruf – zu richten. Solange die Eigenverantwortlichkeit eines Gegenübers nicht behindert und er bzw. sie zur Aktivität herausgefordert wird, solange handelt es sich nicht um Verwöhnung. Wenn jedoch Zuwendung zu Passivität führt, müssen alle Alarmglocken ›stopp!‹ schrillen.

Kinder und Erwachsene, Männer und Frauen sind gleichermaßen gefährdet. Alle können sich jedoch auch gleichermaßen gegen eine Vereinnahmung durch Verwöhnung wehren. Eine Verabschiedung von den Suchtmechanismen der Verwöhnung wird nur dann möglich sein, wenn Verwöhntwerden-Wollende einer in den Schoß fallenden Bedürfniserfüllung überdrüssig werden, Schadensbegrenzung angesagt ist oder die Verwöhner sich aus ihrer ›Dealerrolle‹ befreien.

DIE SELBSTVERWÖHNUNG

»›Seit alters her‹, schreibt Konrad Lorenz, ›haben die Menschen herausgefunden, dass man die Wirkung lustbringender Situationen durch besonders schlaue Zusammenstellung der Reize steigern und durch deren ständigen Wechsel vor der Abstumpfung durch Gewöhnung bewahren kann, und diese Erfindung, die in jeder höheren Kultur gemacht wurde, führt zum Laster.‹«[62] Es geht also nicht mehr um Verwöhnt-Werden oder Verwöhnt-werden-Wollen durch andere, sondern um Selbstverwöhnung. Damit ist die größte Anwendungsmöglichkeit verbunden, weil wir jederzeit entsprechende Stimulationen einleiten und Handlungen umsetzen können. Die Selbstverwöhnung findet nach den gleichen Regeln wie die Verwöhnung anderer statt.

Ein Widerstreit unterschiedlicher Bestrebungen setzt ein, in Anlehnung an das Bild ›Zwei Seelen wohnen, ach! in meiner Brust‹. In Pro und Kontra werden die Positionen deutlich. Ein möglichst viel und einfach ›haben wollendes Ich‹ versucht sich gegen ein ›Bewertungs-Ich‹ durchzusetzen. Meistens erzielt die Stimme des inneren Verwöhners die größere Wirkung. Plausibel klingend wird die Wichtigkeit der angestrebten Reizszenarien begründet, um sie so zur Handlungsmaxime machen zu können. Das geheime Ziel des ›Verwöhn-Ich‹ jedoch heißt ›Unterwerfung und Ausschaltung vorhandener Kontrollinstanzen‹. Der verwöhnen wollende Ungeist setzt alles daran, dass kein starkes Selbst als Kapitän unseren Lebenskurs bestimmt.

Süß säuselt eine Stimme: »Gönn es dir und schau nicht auf die Pfunde, etwas füllig sein steht dir gut.« – »Frag nicht, ob du es brauchst, kauf es, wenn es dir Spaß macht, und lass dich nicht von deinen lustfeindlichen Gedanken kleinkriegen.« – »Bleibe ruhig im Bett liegen, die Arbeit läuft dir schon nicht weg.« – »Lass doch deine albernen Vorsätze, eine solche Gelegenheit bietet sich so schnell nicht noch mal.« – »Was heißt hier Treue – Liebe kann niemals Sünde sein.« – »Zum Feiern gehört das einfach dazu, ein Schnäpschen in Ehren kann niemand verwehren.« – »Tauche einfach mal bis tief in die Nacht ins Fernsehprogramm, der zu klärende Konflikt mit deiner Frau kann warten.« – »Für deine Prüfung kannst du immer noch lernen, denke jetzt doch mal an dich!« – »Nimm ruhig den Aufzug, ›einmal ist keinmal‹, Treppensteigen hat der Arzt sicherlich nicht mit ›Sie brauchen viel Bewegung‹ gemeint.« – »Und täglich ›ein kurzes Stündchen‹ zwischen Facebook und Twitter in der Internet-Welt surfen kann doch nicht verboten sein, wer da was dagegen hat, ist ein Technikfeind.«

Eher zaghaft und mit wenig Überzeugungskraft kommen als Gegenargumente: »Aber ich habe doch wirklich massives Übergewicht, jetzt muss Schluss sein.« – »Eigentlich brauche ich doch gar keine neue Bluse, und Kosmetik habe ich mehr als genug.« – »Was mache ich denn, wenn mein Arbeitgeber die vielen Fehlzeiten nicht mehr akzeptiert und mir kündigt? Ich kann mir wirklich kein Zuhausebleiben leisten.« – »Meine Frau würde sich in einer solchen Situation bestimmt nicht so verhalten und auf Distanz gehen; reiß dich zusammen.« – »Ich will doch nicht wegen etwas Alkohol bei dieser Feier den gefassten Abstinenzvorsatz aufgeben.« – »Eigentlich ist doch gar nichts im Fernsehen und die anstehende Konfliktklärung habe ich schon seit Tagen verschoben.« – »Zweimal bin ich schon durch die Prüfung gefallen, es ist doch die letzte Chance.« – »Meine Muskulatur braucht wirklich Bewegung, von meinem Kreislauf ganz zu schweigen, fang doch hier an.« – »Das Internet gefährdet mein Beziehungsleben, raubt mir oft den Nachtschlaf und macht mich völlig kaputt.«

Ein starkes ›Verwöhn-Ich‹ wird schon bald die Gegenwehr des ›Anti-Verwöhn-Ich‹ gebrochen haben. Der ›innere Schweinehund‹ schaut dann genüsslich auf sein Werk: »Ich hab das Geschehen fest im Griff«, triumphiert er, der

Erfolg kann sich sehen lassen: Kaufrausch, maßloses Essverhalten, Alkoholabhängigkeit, nicht bestandene Prüfungen, Seitensprünge, Gefährdung oder Verlust der Arbeitsstelle, unkontrollierter Medien-Gebrauch, Bewegungs- und Kreislaufprobleme, Fernsehsucht und Konfliktvermeidung sind die Ergebnisse einer solchen Selbstverwöhnung.

Auf Dauer muss der Einzelne immer mehr Kraft und Durchhaltevermögen aufbringen, um in der Situation der ›Versuchung‹ nicht zu kapitulieren. Selbstverwöhnung arbeitet mit einer automatischen Beschleunigung: Mit verführerischer Leichtigkeit provozieren die niederen Instinkte das unkontrollierte Wollen: Vollgas für die Triebe, die Steuerungsinstrumente werden tiefer gelegt, Bremsen sind nicht vorgesehen.

Eine besonders intime Form der Selbstverwöhnung gibt es in der Sexualität. Fernsehen, Telefon, Internet und Video haben technische Voraussetzungen geschaffen, mit etwas Imaginärem erotisch-sexuelle Kontakte einzugehen: im TV- und Video-Bereich sichtbar, aber ohne direkten Bezug, bei entsprechenden Telefonkontakten unsichtbar, dafür mit einem Quasi-Bezug. Im Internet geht beides. Von der illustren Einstimmung bis hin zur gezielten sexuellen Handlung – alles ist bei geringstem Aufwand möglich. Es gibt keine Kleidervorschrift, der nötige Reinigungsschub für Wohnung oder Bett kann aufgeschoben werden, Figurprobleme fallen nicht auf, knifflige Gesprächssituationen oder peinliche Fragen braucht niemand zu fürchten, möglicher Abschiedsschmerz bleibt ausgeklammert, selbst ein penetranter Mundgeruch stört nicht, weder morgens, mittags noch nachts. Die Fantasie kann auf Standby-Schaltung gehen, weil meist überreichlich entsprechende Reizsignale in irgendwelche vier Wände geliefert werden. Telefonsex, Pornofilme, Cybersex, Peepshows und Erotikshops, dies sind die Warenangebote für entsprechend ambitionierte Do-it-yourself-Fans. Wer auf solche Stimulanzmittel im Umgang mit Sexualität setzt, jeglichen Aufwand maximal minimiert, gerät real schnell in eine schale Einsamkeit. Bei den Versuchen, diese wenigstens phasenweise zu überwinden, werden die Intervalle auf der Suche nach sexueller Entspannung immer kürzer, bei gleichzeitigem Rückzug aus erotischen Kontakten mit einem realen Partner. Was in Sondersituationen entlastend sein kann, wird auf Dauer belastend. Denn wer ständig in sich bleibt, sollte sich nicht wundern, dass andere seine Existenz bezweifeln.

Sich selbst etwas Gutes zu tun kann die reife Leistung einer Persönlichkeit sein. Was aber in der Situation gut ist, lässt sich oft nicht so einfach klären. Der Gedanke ›Gönne es dir‹ kann nach einer erbrachten Anstrengung durchaus angemessen sein. Er kann aber auch als Ausdruck schneller Genusssuche eine aktive Selbstverwöhnung belegen. Dagegen sind die Denkweisen bzw. Redewendungen ›Lass es‹, ›Das muss nicht sein‹, ›Ich kann auch ohne ... leben‹, ›Sport ist Mord‹ im Zusammenhang sinnvoller oder notwendiger Aktivitäten typisch für eine passive Selbstverwöhnung. Für welchen Weg sich der Einzelne auch entscheidet, ob im Bereich von Sexualität, Ess-, Kauf- oder Trinksucht, zielstrebig betreibt er seine Selbstaufgabe mit den Folgen sozialer Isolation und leistungsbezogener Stagnation. Dazu kommen die negativen Auswirkungen für das unmittelbare Umfeld bzw. die Gesellschaft insgesamt. Angesichts der vielen Herausforderungen im täglichen Lebensalltag wären stattdessen Ressourcensuche und Lebenstraining angesagt. Und für das ersehnte Hoch in den Tiefen einer tristen Alltäglichkeit sind dann auch nicht mehr S-Bahn-Surfen, Autorasen, Bungee-Jumping oder andere Risiken notwendig, weil das Überwinden von Grenzen, Hürden oder Distanzen bei wichtigen Vorhaben genügend Thrills bietet und über Endorphinausstöße Glücksgefühle freisetzen würde.

VERWÖHNUNG ALS ›SÜNDENFALL‹ DER MODERNE

Wer einem Menschen Lob, Geld, soziale Anerkennung oder andere Zuwendungen ohne eigenen Beitrag – und sei er noch so klein – auf Dauer zukommen lässt, der verwöhnt. So wird Erfolg ohne Mühe antrainiert und eigene Leistungsbereitschaft reduziert. Selbst Gangster mit Stil achten darauf, sich bei ihren Coups nicht zu unterfordern, weil sonst das Erfolgsgefühl schrumpft. Demnach hat der gewagte ›Bruch‹, mit viel Anstrengung und Angst durchgestanden, einen viel höheren Wert als ein durch Betrug ergaunerter ›schneller Euro‹. Auch wenn so grob gegen Recht verstoßen wird – die Erkenntnisse der Verhaltensforschung werden beherzigt.

Moderne Gesellschaften haben so viele Gegebenheiten und Mittel der Lebenserleichterung geschaffen, dass deren Fülle und breite Verfügbarkeit auf viele Menschen als Erschwernis wirken. So entpuppt sich das, was als Fortschritt bezeichnet wird, vielfach als Rückschritt. Aus dem Blickwinkel der Verhaltensforschung stoßen wir somit als Erstes auf die Anstrengungsreduzierung. Ob zur Nahrungsbeschaffung, bei Arbeiten in Haus und Betrieb, im sozialen Kontakt, selbst bei der Partnersuche, in allen Fällen werden Techniken zur Reduzierung des Aufwands eingesetzt. Die Nahrung wird nicht mehr selbst angebaut oder erjagt, sondern mit dem Auto eingekauft. Abgesehen von wenigen Tätigkeiten oder Berufen verlangt auch die Arbeit kaum noch den Einsatz der Muskulatur. Soziale Kontakte werden häufig durch Kommunikationsmedien realisiert, Besuche vor Ort minimiert oder per Fahrzeug realisiert. Auch bei Partnersuche und -kontakt wird strikt auf einen gering zu haltenden Kräfteeinsatz geachtet. Der Körper wird nur noch in Teilbereichen benötigt.

Dazu kommt, dass unsere Entfremdung von der eigenen und der uns umgebenden Natur auch viele Instinkte und

Sinne verkümmern ließ, sodass wichtige Wahrnehmungs- und Alarmsysteme gestört sind. Die Suche nach Verwöhnung stößt unter diesen Voraussetzungen auf ein bestens bestelltes Feld der Möglichkeiten. Sogar die Haustiere sind Opfer der Zivilisation, erst recht, wenn ihnen das Futter in den Mund gelegt wird. Mensch und Tier werden unter verhaltensbiologischen Gesichtspunkten gleichermaßen von ihrer Art entfremdet.

Konsumgesellschaften führen auch zu einer starken Entfremdung von emotionalen Bedürfnissen. Face-to-face-Kontakte, das Finden von Akzeptanz und Anerkennung im sozialen Umfeld sowie Erfahrungen im Umgang mit Erfolg und Misserfolg sind notwendige Voraussetzung auf dem Weg zu einem eigenständigen personalen Sein. Viele sogenannte Kommunikationsmittel und die meisten Konsumartikel verhindern jedoch diesen Prozess. Zuwendung in Liebe, Nähe und Kontinuität sind aber nicht nur der Nährboden, um Vertrauen zu sich und anderen zu entwickeln, sondern auch die Basis für Lerneifer in einem die Neugier anregenden und herausfordernden Umfeld.

Diesen Bedürfnissen wird unter dem Vorzeichen des Fortschritts immer weniger entsprochen. Das fehlende Gegenüber von Mutter und Vater wird einer Tagesmutter oder Krippe, einer Unmenge von Kuscheltieren und dem Fernseher übertragen. Welterfahrung findet im übervollen Kinderzimmer bei ständig wechselnden Computerprogrammen statt. Anstelle eines gezielten Eruierens von Neuem ist jeder einer permanenten Ablenkung ausgesetzt, wird jegliches Erkundungs- und Aneignungsinteresse durch eine fertige Welt erstickt.

Ein weiterer Aspekt des Wohlstands ist, dass wir über immer mehr Zeit, technische Mittel und Geld verfügen. Auch wenn das nicht auf alle Menschen gleichermaßen zutrifft, ist dieser Trend unübersehbar. Ständig sind Entscheidungen zu ihrem Einsatz zu treffen. Sinnvolles und Schädliches geraten so in einen Widerstreit, dessen Resultat allzu oft die Verwöhnung ist. Ob Kinder-, Partner- oder Selbstverwöhnung, immer läuft es darauf hinaus, das eigentlich Anstehende nicht zu tun. Trotz, Schmollen oder Unfähigkeitsgebahren sind die Verweigerungsmechanismen, Überversorgung, Konfliktvermeidung und Anstelle-Handeln die Hauptäußerungsformen dieser Entwicklung.

Durch die Verwöhnung entsteht ein Stau an Kräften und/oder Bedürfnissen. Die Individualpsychologie hat verdeutlicht, dass Verwöhnung eine zielgerichtete Handlung zur momentanen Vorteilnahme zulasten anderer und/oder der eigenen Zukunft darstellt. Sie ist immer eine Ersatzhandlung und verhindert das eigentlich Erwünschte oder Sinnvolle. Auf Dauer wird so Eigenverantwortung immer mehr reduziert. Gleichzeitig verstärkt sich das Bedürfnis nach jedweder Art von Zuwendung. Der Verlust des eigenen ›Selbst-Seins‹ verstärkt sich von Vorgang zu Vorgang.

Wohlstand und Konsum provozieren Anstrengungsvermeidung und einen fehlgeleiteten Umgang mit emotionalen Bedürfnissen. Fast alles ist jederzeit auf einfachste Weise möglich. Verwöhnung wird auf dieser Basis zur Fehlkompensation wichtiger Bedürfnisse eingesetzt.

> *Immer ist mit der Verwöhnung verbunden, sich auf das eigentlich Anstehende nicht einzulassen, ob bei Kindern, Erwachsenen oder im Umgang mit sich selbst. Verwöhnung wird so zum ›Sündenfall‹ der Moderne, zur Ursache vielfältigen Fehlverhaltens.*

So ist die Verwöhnung eine »zentrale Ursache für die Übel der Wohlstandsgesellschaft«, da Anspruchsverwöhnung zur Umweltzerstörung und Anstrengungsverwöhnung zur Selbstzerstörung führt.[63] Sucht schließlich ist die Folge maximaler

Verwöhnung. – Dies gibt viel Arbeit für Psychologen und reichlich Leid für Umfeldbetroffene.

> *Alle Befürworter der Verwöhnung sind sich in einem einig: den Vorgang rechtfertigen, die Folgen des Tuns verdrängen und eine Untersuchung der Beweggründe verhindern zu wollen.*

Mütter – manchmal auch Väter – können ohne ihren Nachwuchs nicht auskommen, Kinder sind von ihren verwöhnenden Bezugspersonen abhängig. Partner leiden unter der Abhängigkeit der Verwöhnung und schaffen gleichzeitig Voraussetzungen für ihren Fortbestand. Die Konsumindustrie setzt alle Mittel ein, von der aggressiven Werbung und Preisverschleierung über kostenfreie Erstnutzung bis hin zu zinsfreiem Zahlungsaufschub, um durch verwöhnende Annehmlichkeiten und Luxusartikel Abhängigkeiten zu schaffen.

Aber innere Zufriedenheit kann nicht durch das Erreichen eines Zieles ohne eigene Anstrengung und Herausforderung erreicht werden.» Vor den Preis haben die Götter den Schweiß gesetzt«, sagt der Volksmund. Für Zweifler hier ein Selbsttest: In welcher Situation schmeckt das kühle Lieblingsgetränk besser: nach einer vierstündigen Wanderung oder nach einer kurzen Autofahrt zu einem schönen Berggasthof? Nicht die Verwöhnung, sondern der selbst geschaffene Erfolg erschließt Glück und soziale Anerkennung, am besten mit gleich gesinnten Personen.

Es gibt Menschen, welche aus der Hoffnung auf eine Wiedergeburt die Kraft zum Meistern des momentanen Lebens beziehen. Das Christentum verkündet den Gläubigen zum besseren Durchhalten und Bewältigen all der irdischen Unzulänglichkeiten und Beschwerden, dass im Jenseits die Zeit erlösten und sorglosen Seins anbricht. Diese Botschaft muss bei Karl Marx während seiner Klosterschulzeit in Trier zu dem Zweifel geführt haben, ob die Menschen einen solchen Hoffnungsaufschub überhaupt leben wollen. Er versprach ihnen daher den Himmel auf Erden. Wesentlich profaner und unpolitischer ist die Geschichte vom Schlaraffenland, wo selbst ein Zugreifen nicht nötig ist, weil z.B. die gebratenen Tauben den nach Speise Trachtenden in den Mund fliegen. Allen gemeinsam ist die Hoffnung, möglichst bald ein müheloses und sorgenfreies Leben ermöglicht zu bekommen. Verwöhnung als Lebensprinzip setzt das um, was viele kaum für möglich halten: ›Genuss bzw. Zuwendung ohne Anstrengung‹, ›ein Paradies auf Erden‹, wenn auch zum Preis eines neuen ›Sündenfalls‹ mit den Folgen von Abhängigkeit und psychischer Deformation.

DER PREIS DER VERWÖHNUNG

Die ersten Kindertränen sind Bitten. Sieht man sich nicht vor, so werden Befehle daraus.

Jean-Jacques Rousseau

Was hat die Erfindung des Kinderwagens mit Verwöhnung zu tun? Einiges, wie wir gleich sehen werden.

Immer schon hatte der kulturelle Fortschritt das Ziel, durch das Schaffen von Neuem bisherige Mühen reduzieren zu wollen. Aber bei solchen Errungenschaften liegen Förderliches und Hinderliches, wie so häufig, ganz nah beieinander. So führte auch die Billigung der Entwicklung eines technischen Gerätes zur rollenden Fortbewegung von Babys durch die englische Königin Victoria nicht nur zu einer schnellen Verbreitung dieser Neuheit, sondern schuf andererseits auch eine Basis zum unnatürlichen und verzärtelnden Umgang mit Kleinkindern.

Ganz sachlich betrachtet hat der Kinderwagen eine fahrbare Aufbewahrungsmöglichkeit geschaffen. Gleichzeitig wurde damit jedoch der körpernahe Kontakt zu Mutter, Vater oder anderen wichtigen Bezugspersonen reduziert, die natürliche Beziehung zum Kind beeinträchtigt. Eine Welt-Erfahrung, beispielsweise aus einem Tragetuch heraus, vermittelt mit der Aufnahme von neuen Sinneserfahrungen gleichzeitig auch Anhaltspunkte zu ihrer Verarbeitung. Ein ungewöhnliches Geräusch, eine fremdartige Situation geht einher mit einem ruhigen oder weniger ruhigen Herzschlag. So werden wichtige Hinweise zur Bewältigung bzw. Einordnung dieser Ereignisse vermittelt. Die Isolation im Kinderwagen dagegen raubt neuen Erdenbürgern diese Assimilationshilfe. So sind die Kinder allen auf sie eindringenden Sinnesreizen ganz allein ausgeliefert. Werden einige davon als beängstigend erlebt, was häufig mit Schreien zum Ausdruck gebracht wird, braucht das Kind eigentlich die Sicherheit gebende Nähe einer Primärperson. Stattdessen werden dann, auch dafür hat die technische Entwicklung Hilfsmittel geschaffen, Schnuller, süße Tees, Kuscheltiere, Spieluhren oder Ähnliches gereicht, damit so das fehlende Gleichgewicht wieder in die Balance kommen möge. So wird nicht auf Bedürfnisse, sondern auf Symptome reagiert. – Bevor sich jedoch zu starke nostalgische Gefühle breitmachen: Niemand kann das Rad der Zeit zurückdrehen, aber eine Vergegenwärtigung dieser Zusammenhänge ermöglicht eine angemessenere Beachtung.

Um die verschiedenen Konturen und Ausdrucksformen der Verwöhnung zu bündeln, hier eine zusammenfassende Definition:

> *Verwöhnung basiert auf einem schwachen Selbstwert, äußert sich als Angst und daraus resultierendem fehlenden Zutrauen, verhindert ein Aufgreifen von Herausforderungen, manifestiert eine substanzielle Entmutigung gegenüber eigenständigem Wachstum mit der Folge einer reduzierten Lebensqualität, führt auf Dauer zu einem gestörten Gemeinschaftsbezug und macht letztlich abhängig und einsam.*

VERWÖHNUNG IST VERWAHRLOSUNG IM GLITZERLOOK

»Wir haben genug, wovon wir leben können, aber zu wenig, wofür«, meinte der Wiener Psychotherapeut Viktor E. Frankl. Es gehört zum Prinzip von Konsumgesellschaften, ständig neue Märkte zu schaffen. So werden »immer mehr Menschen mit der Bereitstellung von Gütern und Diensten beschäftigt, für die eine Nachfrage erst mühsam geschaffen werden muss. Noch nie boomte die Werbebranche so wie heute, denn noch nie wussten die Konsumenten mit vielen der angebotenen Güter und Dienste so wenig anzufangen.« So der Wirtschaftsexperte Meinhard Miegel schon in einem Exposé im Sommer 1999 zur »Zukunft der Arbeitsgesellschaft«. Die für das Kaufverhalten notwendige Steigerung von Ansprüchen wirkt sich natürlich auch da aus, wo anstelle von Konsum eigenes Tun notwendig wäre. Selbst wenn Geld reichlich vorhanden sein sollte, können z.B. in der Schule – wenigstens offiziell – Noten nicht gekauft werden und auch Partnerschaften oder Freundschaftskontakte lassen sich durch Geld nicht einfacher gestalten.

Die Anonymität der Abläufe in einer gelderprobten Kaufgesellschaft spiegelt sich mittlerweile in den familiären Beziehungen wider. »Aus dieser gesellschaftlich geförderten Kälte erwächst die Gewalt als Abwehrmechanismus gegen destruktive Strukturen, als Verteidigung der Kindheit gegen die Gleichgültigkeit, als Hilfeschrei nach Zuwendung und Geborgenheit.«[64] Besonders zu den verschiedenen Hochfesten des Schenkens wird dies deutlich. Kleine persönliche Überraschungen oder einfühlsame Aufmerksamkeiten werden dem Verschieben von Banknoten oder Geschenk-Gutscheinen geopfert. Direkt und indirekt beschleunigen diese Marktmechanismen verwöhnendes Tun, weil sie die Bequemlichkeit fördern. Rasant verarmt jedoch so das zwischenmenschliche Miteinander. Da nach von Cube Verwöhnung zwangsläufig zu steigenden Ansprüchen mit der Folge einer wachsenden Aggression führt,[65] entsteht so ein sich gegenseitig beschleunigender Teufelskreis.

»›Wir laufen willig hinterher, die Bäuche voll, die Köpfe leer‹. Mit dieser Hymne auf den Lippen marschiert eine endlose Kolonne von Kindern in Susanna Tamaros Erzählung ›Der Zauberkreis‹ in Schlafanzügen durch die Stadt. Die Kinder haben viereckige Augen und blicken starr geradeaus, ›als hätte eine Schlange sie hypnotisiert‹.« Die Kinder sind das Ergebnis einer perfekten Anpassung an eine allgegenwärtige Mediengesellschaft, »in der eigenes Denken und eigener Lebensstil suspekt sind und verfolgt werden. Im ›Schloss der Träume‹ hängen für sie Dutzende von Bildschirmen. ›Keiner muss mehr verzichten, keiner muss sich mehr anstrengen, hier wird euch jeder Wunsch erfüllt, ehe man sich's versieht. (...) Es gibt keine Grenze für eure Wünsche, es gibt keinen Traum, der nicht wahr wird. (...) Ein Shampoo ohne Schaum‹ hat allen das Gehirn gewaschen.«[66] Hier wird exemplarisch vor Augen geführt, wie der schöne Schein einer Welt von Glitzer und Flitter Menschen in die Abhängigkeit bzw. Unfähigkeit führt.

Dass zu viele Menschen mit einer zu geringen Basis-Ausstattung ins Leben wachsen, wurde spätestens durch die sehr informative, salopp formulierte und mit einer kräftigen Portion Selbstironie ausgestatteten Buchveröffentlichung von Stefan Bonner und Anne Weiss unter dem Titel *Generation Doof* ins Blickfeld der Öffentlichkeit gerückt. Dass dem Buch einige Zeit ein Spitzenplatz in den Bestsellerlisten beschieden war, mag Autoren und Verlag erfreut haben. Die Frage, ob die breite Leserschaft dies auch zum Anlass nahm, für eine substanzielle Nachbesserung zu sorgen, ist aus meiner Sicht noch unbeantwortet. Fakt ist jedenfalls, dass immer mehr Kinder und Jugendliche, welche mit hoffnungsvollen Erwartungen ins Leben starteten, zu schnell in beträchtliche Turbulenzen geraten, ob in Ausbildung und Beruf oder Partnerschaft und Freizeit, weil ihnen Wesentliches in den Bereichen Antriebsstärke, Selbstdisziplin, Mitverantwortung und Adaptionsfähigkeit fehlt.»Da wir es gewohnt sind, uns jeden Wunsch zu erfüllen, und sei er noch so nichtig, haben wir das Warten verlernt. Vorfreude hat keinen Platz mehr im Denken der Generation Doof. Wir agieren selbst im fortgeschrittenen Alter wie Kinder an der Quengelkasse. Alles muss gleich und sofort passieren.«[67]

Zur Ruck-zuck-Befriedigung recht schillernder Bedürfnisse bietet die mediale Welt reichlich Umsetzungsmöglichkeiten und entwöhnt Jung und Älter immer mehr von wichtigen Erfordernissen. Soziale Kontakte von Angesicht zu Angesicht werden so auf den Altären der Konsum- und Medienwelt geopfert. Die reale Vereinsamung nimmt ständig zu. Das Alltagsleben wird immer stärker durch Telefon, TV und Internet getaktet.»Dauernd unter Strom und trotzdem ohne Energie« – diese Zwischenüberschrift in meinem Buch *Abschied von der Spaßpädagogik* bringt die Lebenswirklichkeit dieser Menschen gut auf den Punkt. ›Nur nichts verpassen wollen!‹ Bald wird ein ›ausgebranntes Selbst‹ auf der Intensivstation in verordneter Zwangs-Ruhe die Stress-Auslöser auf dem inneren Bildschirm betrachten können.

So makaber es auch klingen mag: Die Konsumgesellschaft kann ohne nach Verwöhnung süchtige Menschen nicht leben. Sie braucht die Abhängigen, damit ›der Rubel weiterrollt‹.

»Eine Schreckensvision: Hunderttausende Jugendliche versagen an den Schulen, bleiben ohne Chance auf dem Arbeitsmarkt, sind dauerhaft auf soziale Unterstützung angewiesen. Noch mehr junge Leute sind seelisch verkümmert, weil sie zu oft alleine waren, ohne intaktes soziales Umfeld aufwuchsen. Eine Vision?«[68]

Mehr Schein als Sein, gescheiterte Ehen, Einzelkinder,

fehlende Zeit für die Sprösslinge, Verwöhnung als Ersatz für altersgemäße Zuwendung. Eine Nation hängt am Tropf der sozialen Systeme. Materiell überversorgt und sozial-emotional unterversorgt, dies sind die Bedingungen der Wohlstandsverwahrlosung. Sobald die als unabdingbar empfundenen Lebensgüter nicht mehr in den Schoß des Nachwuchses fallen, müssen sie halt anders beschafft werden. Erpressung von Gleichaltrigen, Straßenraub und Einbruchdiebstahl stehen dann auf der Tagesordnung. Als Ausgleich für die empfundene Sinn-Leere wird diese kriminelle Energie mit etwas Randale und Gewalt garniert. Der Sozialwissenschaftler Klaus Hurrelmann wertet dieses Verhalten als »Notschrei« und beklagt gleichzeitig das Fehlen von Autorität.

DIE WIRKUNG AUF DIE PERSÖNLICHKEIT

Die subtile Botschaft des Verwöhners lautet: ›Ich traue es dir nicht zu‹; ›Ich halte dich für schwach‹; ›Schau auf meine Stärke!‹ Anstelle eigenen Probierens handeln andere. »Ich mach es schon für dich«, so die nett klingende Entmündigungsofferte. Aber weder Kinder noch andere Lernende können so zu einem Zugehen auf Neues geführt werden. »Rede nicht so lang herum, wer's nicht selber macht, bleibt dumm!« So einfach reimt ein Kinderlied diesen Zusammenhang ins Bewusstsein von Groß und Klein. Denn wer wachsen will, braucht Training zur Entwicklung von Mut und Kraft.

Hat ein Mensch wiederholt erfahren, dass Aufgabenstellungen oder lustvolle Geschehnisse für ihn arrangiert werden, wird dieser in vergleichbaren Situationen erneut auf den ›Tischlein-deck-dich-Effekt‹ setzen. Denn wer lernt, dass Erfolge ohne eigene Aktivitäten möglich sind, wird sich diesem Lebensmuster ausliefern, selbst wenn eigenes Agieren bzw.

Reagieren sinnvoll oder notwendig wäre. Demnach führt eine solch falsch verstandene Hilfeleistung, letztlich jedes Anstelle-Handeln, zu ›erlernter Hilflosigkeit‹. Diese äußert sich in der Spannung von ›unbedingtem Haben-Wollen‹ bzw. ›beharrlichem Fordern‹, bei gleichzeitig ›fehlender Eigenleistung‹ oder mit Martin Seligman als »proaktive Hemmung«[69]. Hier besteht eine direkte Parallele zu den intrapsychischen Vorgängen bei der Verwöhnung.

Was aber, wenn der ›tolle Helfer‹, die immer ›einsatzbereite Helferin‹ fehlt? Ob Schulaufgaben, Zimmerordnung oder Reifenwechsel, der Verwöhnte wird außer Sauersein, Vorwürfen oder aggressiven Hilferufen nichts eigenständig zuwege bringen. Renitente Kinder, welche widerborstig ihren Bequemlichkeitsstatus verteidigen, werden mit den Jahren zu ausgewachsenen Verwöhnlingen, die davon träumen, die lästige Mühe für die Koordination des Herzschlags auch noch einem externen ›Schrittmacher‹ aufs Auge zu drücken.

Fehlendes Können ist unmittelbarer Ausdruck fehlenden Selbstvertrauens. Damit fehlen auch Mut bzw. Motivation, irgendeine Aufgabe eigenständig anzugehen, weil schon von vornherein ein Misserfolg erwartet wird. Das Ausbleiben von Erfolgen bzw. positiven Rückmeldungen wiederum beschleunigt den Prozess der Entmutigung. Irgendwann geht dann das bei der Geburt quasi als Start-Ration mitgegebene Urvertrauen in sich und andere zur Neige. Dem Kindesalter entwachsen vegetieren diese Zeitgenossen entweder als menschliche Ruinen in Beruf und Partnerschaft dahin oder wollen dreist Vorteile zum Nulltarif erheischen. Jeglicher Aufforderung zum Einbringen eines vertretbaren Maßes an eigenverantwortlichem Handeln gegenüber werden sich solche Menschen resistent zeigen. Verwöhnung ist somit der sicherste Weg zu Unglück, Misserfolg und Frustration. Diese wiederum äußern sich in den Extrempositionen als

› nicht mehr wollen, als Entmutigung bzw. Unterwerfung – als *Depression*
› gewaltsam alles haben wollen, als Herrschsucht – als *Aggression*

Als Despoten oder ramponierte Gestalten lechzen sie nach Zuwendung, wo Hinwendung und Aufgabenbewältigung anstehen. Die so entstehende Leere und Langeweile werden häufig durch Risiko und andere besondere Reizsituationen zu vertreiben gesucht. Dazu bieten moderne Wohlstandsgesellschaften reichlich Gelegenheit. Alles soll möglich sein, es geht um die Verwirklichung des eigenen Glücks.»Der Kölner Werbeexperte Willi Schalk formulierte bei einem Vortrag über Konsumtrends der Zukunft: ›Nimm deine eigenen Bedürfnisse wichtiger als alles andere und erfülle deine Wünsche konsequent, egal, wer darunter zu leiden hat, Hauptsache, du entbehrst nichts.‹«[70] Dabei neigen Depressive zu Alkohol, Tabletten, Dauerkrankheiten oder Fresssucht, während Aggressive häufig – verstärkt durch Alkohol – offensiv ihre Forderungen an die Mitmenschen richten. So äußert sich ein Streben nach Beachtung und Zuwendung beim Verwöhnten einerseits eher leise und andererseits laut-störend, beide Male aber in fehlgeleiteter Kompensation.

Die Jagd nach Neuem findet nach Gerhard Schulze in der *Erlebnisgesellschaft* ihre Entsprechung. Höher, schneller, weiter, spektakulärer, gefährlicher muss es sein, hektisch wird das nächste Ereignis anvisiert. Die vermeintliche Sinnsuche wird zur Sucht. Diesen Trend griff *DER SPIEGEL* einmal mit der Überschrift »Der Tanz ums goldene Selbst« auf; Lust auf Kosten anderer. Der Verwöhnte konzentriert sein Leben immer intensiver auf den Genuss, für das Schaffen der Voraussetzungen sind andere zuständig. Schließlich hat das in der Kindheit ja auch immer geklappt. Die Forderung muss nur deutlich genug geäußert werden. Dann wird auch wieder irgendeine Glücks-Pipeline angezapft werden können.

Aber im realen Leben können selbst gut funktionierende Zapfstellen nur dann weiterhelfen, wenn auch für den nötigen Kraftstoffvorrat gesorgt wurde. Verwöhnte Menschen haben aber nur tanken gelernt. Um den Nachschub machen sie sich keine Gedanken. Das Ganze funktioniert nach dem Prinzip ›Schröpfen aus Töpfen, die andere gefüllt haben‹. Ein solch asoziales Verhalten reduziert den Wert eines Menschen kräftig. Denn ein anerkannter Platz innerhalb einer Gesellschaft ist das Ergebnis eines förderlichen Beitrags für das Zusammenleben. In Abgrenzung zu Vogelschwärmen, Wolfsrudeln oder Affenhorden, bei denen diese Überlebensregel genauso existiert, hat der Mensch jedoch noch die Möglichkeit, seine geistigen Energien zu aktivieren, um auch durch diese Fähigkeit Anerkennung in Familie, Freundeskreis oder Beruf zu erlangen. Bei verwöhnten Menschen fehlen jedoch

> *Ich-Stärke* (der Ausdruck von zufriedenstellendem Selbstvertrauen, realistischem Selbstbild und Selbstwert, welche auf positiven Rückmeldungen auf eigene Beiträge durch andere basieren),
> *soziale Kompetenz* (sie wird durch Toleranz, Rücksicht, Verantwortungsbewusstsein, Mitwirkung, Umsicht und die Fähigkeit, mit Problemen und Konflikten umgehen zu können, deutlich),
> *Kreativität* (diese wird durch Interesse und Neugier begründet und äußert sich als Flexibilität, Einfallsreichtum und Fantasie bei anstehenden Lösungsvorhaben) sowie
> *Leistungsbereitschaft und -fähigkeit* (als in Vollzug gebrachte Kraft, Ausdauer, Denk- und Planungsaktivität, Zielstrebigkeit und Anwendungsfertigkeit)

weitestgehend. Das ist der Preis einer kontinuierlichen Verwöhnung für die direkt und indirekt Betroffenen.

Wie aus dieser Auflistung ersichtlich, ist eine Auswirkung von Verwöhnung ein unrealistisches Selbstbild, häufig verbunden mit einem unangemessenen Auftreten. Greifen beispielsweise Jugendliche auf Stellensuche das Angebot auf, die Gründe für eine Ablehnung erfahren zu können, führt dies meist zu Ärger und Unverständnis, da sie sich selbst häufig stark überschätzen. Wie ein solch unangemessenes Selbstbild gestützt werden kann, wird durch den erregten Elternanruf bei einem Betrieb nach einer solchen Rückmeldung deutlich: »Wie kommen Sie dazu, sich nach einer so kurzen Zeit ein solch negatives Urteil zu bilden?« Auch wenn der Satz als Frage formuliert ist, wird er eindeutig als Vorwurf geäußert, und eine Antwort ist nicht erwünscht. Aber ein Bewerbungsgespräch hat nun mal eine begrenzte Dauer und was in dieser Zeit nicht als akzeptable Voraussetzungen für eine Berufstätigkeit eingebracht wird, kann eben auch nicht zählen. Oft ist aber nicht das Fehlende, sondern das *Eingebrachte* der Grund für eine Ablehnung. Ein Jugendlicher, der verspätet zum Vorstellungstermin kommt oder sich bei diesem ›recht selbstbewusst‹ eine Zigarette anzündet, sollte damit rechnen, dass diese kurze Kostprobe seiner Erziehung zum Nein reichen kann.

Die Beispiele ließen sich fortsetzen. Immer würde deutlich, dass durch fehlende Herausforderungen und Förderungen keinesfalls verantwortungsbewusste, kritikfähige und selbstständige Bürger einer Demokratie heranwachsen, die sich auch dann engagieren, wenn viele sich anders verhalten. »Es ist bequem, unmündig zu sein«, hat schon Kant festgestellt und daher mit aufklärerischem Pathos gefordert: »Habe den Mut, Dich Deines eigenen Verstandes zu bedienen«.[71]

ZUR KOLLEKTIVIERUNG DER FOLGEN VON VERWÖHNUNG

Werden Menschen durch verwöhnende Vorgänge gezielt in der Entwicklung von Ich-Stärke, sozialer Kompetenz, Kreativität, Leistungsbereitschaft und -fähigkeit behindert, hat dies entsprechende Auswirkungen auf andere. Die Bedingungen des Heranreifens sollten daher in einer besonderen Aufmerksamkeit der Gesellschaft stehen. Fatal ist, dass einerseits familiäre Erziehungs- und Umgangsformen eine starke Privatisierung und Tabuisierung erfahren,[72] andererseits aber die meisten Folgen aus ungutem oder schädigendem Handeln wiederum der Gesellschaft aufgebürdet werden. Vielfältige Konflikte sind vorprogrammiert. So wachsen kleine Ich-Monster durch eine konsequent eingebrachte Inkonsequenz in die Grenzenlosigkeit, tyrannisieren ihr Umfeld und bereiten sich gelassen auf ihre Rolle als Dauerstörfall im Erwachsenenalter vor. Später werden verwöhnte und daher in Konflikt und Kompromiss ungeübte Menschen zu Paaren. Tritt dann beispielsweise eine Trennung ein, gibt es – wenn Kinder da sind – einen Neuzugang im Bereich von Alleinerziehenden. Darauf hat die Allgemeinheit über Beratungsstellen, Jugendamt, Familiengericht, Kinderkrippe, Wohnungsamt und andere soziale Dienste sofort zu reagieren. Aber auch wenn es nicht um die Kinder geht, wird häufig auf das soziale Netz gesetzt, indem nach Grundsicherung gerufen oder der Crash über einen Psychotherapeuten per Krankenschein zu verarbeiten gesucht wird. Würden Freunde, Nachbarn oder Hilfsstellen des Sozialsystems vor der Kollision z.B. Hinweise zu notwendigen Verhaltensänderungen geben oder das Aufsuchen von Beratungsstellen empfehlen, wäre schroffe Abwehr meist noch die harmloseste Reaktion.

Dieser Zusammenhang trifft auf den Alkoholiker oder Raucher ›Supertoll‹, die dauernd krankfeiernde Frau ›Immerschlapp‹, den riskant Auto fahrenden Herrn ›Überschnell‹, den Skipistenrambo ›Gernegroß‹ und den gewichtigen Daueresser ›Fettwanst‹ gleichermaßen zu. Verwöhnung, ob selbst oder fremd initiiert, wird in den Folgen, ob es sich um die Kosten oder sonstige Belastungen handelt, anderen aufgehalst. So wird beim normalen Zahler von Steuern, Kranken-, Unfall-, Auto-, Renten- und Arbeitslosenversicherungen jeweils dafür abkassiert, was andere unter Missachtung notwendiger Veränderungsschritte oder in freier Laune an Kosten verursachten.

Zu viel Taschengeld oder sonstige materielle ›Zuwendungen‹ in Kindheit und Jugend provozieren geradezu die Grundhaltung, dass Geld und Lebensgüter nicht durch eigene Arbeit, sondern aufgrund bloßen Daseins zu erhalten sind. Kombiniert mit unterlassener Herausforderung entwickelt sich so die Anspruchshaltung des ›Habenwollens, ohne zu geben‹. Denn wer von Kindesbeinen an stetig den bequemsten Weg der Bedürfnisbefriedigung ohne eigenen Beitrag ging, wird diesen auch später nicht verlassen wollen. Weshalb arbeiten, wenn auch anders Geld und Sachmittel zu bekommen sind?

Zu viele Kinder und Jugendliche konnten jahrelang erproben, wie sie ›mit Köpfchen, aber ohne Anstrengung‹ durchs Leben kommen. ›Null Bock auf Arbeit‹ ist die Konsequenz dieser Erfahrung. Der Anteil der nicht berufsfähigen Jugendlichen, welche lieber von der Sozialhilfe leben möchten, steigt stetig. So wurde »hartzen« als ›Berufsbezeichnung‹ zum Jugendwort des Jahres 2009. Viele Arbeitgeber klagen, dass immer mehr Lehrlinge zu wenig von dem mitbringen, was in Beruf und Ausbildung gefordert wird. Damit sind keineswegs nur schulische Defizite gemeint. So liegt der Grund bei bis zu 65 Prozent der Lehrlinge eines Jahrgangs, die ihre Ausbildung abbrechen, nicht in fehlender Intelligenz oder fachlicher Einsetzbarkeit, sondern in zu geringer sozialer Belastbarkeit. Ein

Lehrlingsausbilder: »Wenn heute Jugendliche in kleinste Anforderungssituationen kommen, fühlen sie sich der Aufgabe nicht gewachsen und schmeißen ihre Sachen hin.«
Konkret kann das so aussehen: Ein schwer vermittelbarer Jugendlicher suchte nach entsprechenden Fördermaßnahmen ein ihn interessierendes Praktikum. Ein Berufsförderungszentrum fand nach einigem Suchen einen solchen Platz bei einem Dachdecker. Über vier Monate klappte alles recht gut. Dies veranlasste den Dachdeckermeister, dem Jugendlichen einen Lehrvertrag anzubieten. Die spontane Reaktion schien von Freude gekennzeichnet zu sein, der Vertrag wurde unterschrieben. Angetreten hat der junge Mann diese Stelle jedoch nie. »Ich weiß ja nicht, ob ich das auch schaffe«, war die Begründung.

Wie tief das Bewusstsein verdrängt wurde, für das eigene Leben die Hauptverantwortung zu haben, zeigt sich auch in den großen Anstrengungen von Städten, Ländern und Arbeitsämtern, durch Sonderprogramme die Motivation zur Berufstätigkeit erst wieder schaffen zu müssen. Spezialisten suchen die zwar Arbeitslosen – aber keine Arbeit Suchenden – zu Hause auf, sollen das Wollen motivieren, Bewerbung trainieren und Stellen vermitteln. Firmen erhalten Lohnkostenzuschüsse, alles wird unternommen, um eine erneute Integration ins Arbeitsleben zu ermöglichen. Wie sieht eigentlich das Selbstbild dieser arbeitsentwöhnten Menschen aus?[73]

In Betrieben scheitern Umqualifizierungen oder Versetzungen am Verweigerungsverhalten kaum zu bewegender Angestellter. Inaktivität führt dazu, dass Aufträge verspätet oder gar nicht abgewickelt werden. »Nieten in Nadelstreifen« bzw. neurotische Chefs können ihre Verwöhnmentalität gut auf Kosten anderer ausleben, verwöhnte Normal-Mitarbeiterinnen und -Mitarbeiter sind dafür bei jedem Wetter- oder Stimmungswechsel indisponiert und besuchen Ärzte nur während der Arbeitszeit. Konflikte werden verdrängt und wo der Wirtschaftsstandort Deutschland Innovation bräuchte, ist Resignation angesagt. Erst nach einem normalen Arbeitsalltag sind manche solcher Zeitgenossen so weit warmgelaufen, dass im begrenzten Rahmen Aktivitäten möglich sind: ein Kneipengang (nicht Kneippgang), etwas Schwarzarbeit und natürlich die allabendliche Seharbeit am Bildschirm. Gut, dass am nächsten Tag der Betrieb wieder trefflich zur Erholung genutzt werden kann. Die Folgen all dieser durch Trägheit und Vermeidung geprägter Verhaltensweisen haben immer die Aktiven und Leistungsbereiten zu tragen.

Ein kurzer Blick in den Bereich Gesundheitskosten-Explosion: Ungenügend für das Leben Gerüstete flüchten sich in Krankheiten. Ärzte stützen auf diesen Grundlagen ihre Existenz, Krankenkassen ziehen den Gesunden das Geld aus der Tasche, damit die ungesund Lebenden ihre Zuwendung erhalten. Ganz schwierige Fälle werden per Rezept zum Psychotherapeuten überwiesen. Ein Heranwachsen im erregerfreien Klima eines verwöhnenden Elternhauses hat auch hinsichtlich der Gesundheitskosten seinen Preis: Bei kleinstem Unwohlsein Beruhigungsmittel, für jede mögliche Infektionskrankheit eine Impfung, bei harmlosem Husten oder Schnupfen aus der Schule nehmen, Beanspruchung im Sport werden per ärztlichem Attest gestoppt,[74] schmerzlindernde Tabletten und Beruhigungsmittel werden zum täglichen Begleiter. So können keine körpereigenen Widerstandskräfte mobilisiert werden. Dicke Menschen nehmen in Deutschland von Jahr zu Jahr zu, sowohl in Bezug auf deren Anzahl als auch auf das Durchschnittsgewicht. Reihenuntersuchungen an Schulen belegen, dass die Anzahl falsch und überernährter Kinder mittlerweile fast 40 Prozent aller Jahrgänge in Grundschulen ausmacht. Ernährung wird zur Ersatzbefriedigung, nicht selten springt sie bei Erwachsenen für eine Triebbefriedigung der Sexualität ein. Oft stützen sich Nahrungs- und Sexualinteressen gegenseitig.

Die immer größer werdende Bequemlichkeit führt zu einem weiteren immensen Kostenfaktor. ›Alle streben zur Natur, aber niemand zu Fuß.‹ Moderne Fortbewegungsmittel und Arbeitserleichterungen haben gemeinsam, dass immer weniger Bewegung notwendig ist. »Die medizinischen Folgen der Bewegungsarmut betreffen in erster Linie das Herz- und Kreislaufsystem. Diese Schädigungen rufen zahlreiche weitere Krankheiten hervor, etwa Verdauungsstörungen, Rheumatismus, Gelenkerkrankungen etc.« Ebenso verkümmern fast alle Muskeln, vom Kaubereich bis hin zur Arm- und Beinnutzung.[75] Die damit einhergehenden Beeinträchtigungen wiederum beschleunigen diesen Prozess, weil sich zur anfänglichen Bequemlichkeit nun vielfältige Funktionsstörungen gesellen. So wird der sogenannte Fortschritt, besonders für Verwöhnte, zum gesundheitlichen Rückschritt mit hohen Folgekosten für alle.

Eltern und andere Erziehungsverantwortliche werden immer feiger, ihrer übernommenen Aufgabe und Verantwortung nachzukommen. Besonders häufig ist dieses Verhalten bei Alleinerziehenden feststellbar,[76] auch wenn dies wegen der Sondersituation dieser Gruppe nachvollziehbar sein mag. Andere sollen die Erziehung übernehmen, ich bin überfordert, ›Outsourcing‹ ist angesagt. Dies führt dazu, dass immer mehr unerzogene Kinder in die Gesellschaft hineinwachsen. Betriebe vermissen Mitwirkungsinteresse, Durchhaltevermögen, Eigenverantwortung, soziale Kompetenz und beklagen das Fehlen höflicher Umgangsformen. ›Vielen Kindern fehlt es an Erziehung, es gibt kaum moralische Barrikaden, die früher noch von Eltern, Pfarrern oder Lehrern errichtet worden sind. Es fehlt grundlegend an Orientierung‹, so Gräfin Dönhoff. Diesen Trend belegte der Bochumer Kriminologe Hans-Dieter Schwind mit Zahlen: Die polizeilich erfasste Kriminalität hat sich am Ende des 20. Jahrhunderts innerhalb von 25 Jahren fast verdoppelt, Raubdelikte vervierfachten sich. Besonders stark war der Anstieg an Jugendkriminalität. Er plädierte deshalb schon 1999: »Mehr für Soziales tun, sonst kriegen wir US-Zustände.«

Wie schon erwähnt, wird Erziehung bei uns als Privatsache angesehen, die Auswirkungen jedoch bekommen viele zu spüren. Mag das bei plärrenden Sprösslingen nur eine akustisch nervige Sache sein, bei Diebstahl und Gewalt sieht diese stringente Einbeziehung in die Folgen fremd verursachter Verwahrlosung schon anders aus. Verwöhnung schafft immer Teilhabe, wenn auch ungewollt!

Eine kleine Episode zur Konkretisierung: Nach einem Einkaufsbummel mit der vierjährigen Enkelin aus München musste noch eine Tankstelle angefahren werden. Auf dem Weg zur Kasse im großen Service-Center: »Oma, wann kriege ich denn endlich was gekauft?« – »Weshalb sollte ich dir was kaufen, du hast doch gar kein Fest.« – »Aber wenn ich mit Mama und Papa einkaufe, bekomme ich auch immer was geschenkt und die Diddl-Maus dahinten möchte ich unbedingt haben«, insistierte Nora. »Nein, ich mache das nicht so wie Mama und Papa, und das habe ich dir auch schon öfter gesagt. Außerdem hast du schon ganz viele Knuddeltiere. Nein, es gibt jetzt nichts«, sagte die Großmutter liebevoll, aber bestimmt.

Die Enkelin schien sich in ihr Schicksal hineinzufinden. Die Benzinrechnung war bezahlt, anschließend sollte es im Café auf dem Weg nach Neuss noch ein Eis geben. Beim Platznehmen staunte die Großmutter über ihre unförmig gewordene Enkelin. »Was hast du denn unter deiner Jacke?«, fragte sie und gleichzeitig kam schon das vorher erwünschte Plüschtier zum Vorschein. Verlegen meinte Nora: »Du hast sie mir ja nicht gekauft und ich wollte sie doch unbedingt.« Die Oma ist dann – nach tiefem Luftholen und mittlerem Schockiertsein – vom Café zur Tankstelle gefahren und hat dort mit der Enkelin die Diddl-Maus zurückgegeben.

Noras Mutter reagierte übrigens recht ungehalten, als sie von diesem Vorfall erfuhr. Keinesfalls jedoch wegen des Fehlverhaltens der Tochter. Nein, sie tadelte die eigene Mutter wegen ihrer Hartherzigkeit.

Diese Begebenheit führte zwar durch die Umsicht der Großmutter nicht zum Schaden Dritter, hätte aber sonst die Diebstahlsrate vergrößert. Die Kosten wären bei der Tankstelle hängen geblieben – auch eine Form der Umlage von Verwöhnungsschäden.

> *So beginnen kriminelle Karrieren: ›Was ich nicht bekomme, hole ich mir.‹*

Es wurde an mehreren gesellschaftlich relevanten Beispielen verdeutlicht, dass Verwöhnte durch ihr Verhalten nicht nur sich selbst, sondern auch anderen viele Probleme bereiten. So kommen auf die unterschiedlichsten Bezugspersonen, ob Familienangehörige, Freunde, Kollegen oder Nachbarn, je nach Nähe zum Akteur bzw. zur Akteurin, entsprechende Belastungen zu, sei es durch Einspringen- oder Ertragenmüssen. Sie erfahren damit eine meist nicht durch sie selbst verursachte Reduzierung ihrer Lebensqualität. Dazu kommt der finanzielle Kollektivierungseffekt von Verwöhnung. Entweder wird das Umfeld unmittelbar in die Übernahme der Folgekosten einbezogen oder mittelbar per Steuern bzw. Sozialabgaben. So wird kurz- oder langfristig immer die Solidargemeinschaft belastet und gerät in wirklichen Notfällen an ihre Grenzen.

Lernverweigerung und Schulversagen, Nichtantreten oder Abbruch von Lehrstellen, renitente Kinder, vagabundierende oder gewalttätige Jugendliche, alles hinschmeißende Mitarbeiter bei Problemen am Arbeitsplatz, konfliktunfähige Lebenspartner, der Abhängigkeit frönende Kollegen – immer geraten andere mit in den Strudel der Inszenierungen von solch sich verweigernden Zeitgenossen. »Anstrengung durfte ich nicht erlernen, welche Strafe!« So äußerte sich ein 23-Jähriger, der trotz vieler Versuche immer noch nicht dem Teufelskreis der verwöhnungsbedingten Mutlosigkeit entrinnen konnte. Das sind die Folgen einer falsch verstandenen Liberalität, welche Freiheit mit Grenzenlosigkeit verwechselt.

DER POSTMODERNE ASOZIALE ALS RESULTAT DER VERWÖHNUNG

Innerhalb einer spontanen Befragung unter Studenten der Sozialarbeit an der Katholischen Hochschule in Köln sollte eine Annäherung an einen schwierigen Begriff versucht werden. Die Frage lautete: »Was verbinden Sie mit ›asozial‹?« Hier einige der Antworten: »Prolls, Straffällige, heruntergekommene Gestalten, aus der Bahn Geratene, Bewohner von Obdachlosenunterkünften, Randale-Macher, Penner, Gewalttäter, herumvagabundierende Jugendliche, halt negativ auffallende Menschen.«

Aber sind Menschen, welche bei ihrem negativen Tun nicht auffällig werden, sondern ganz still und unbeobachtet ein Gemeinwesen schädigen, etwa sozialer als die oben Beschriebenen? Ist es für das Zusammenleben förderlich, wenn Menschen sich durch eigenen Schlendrian oder durch die Verweigerung von Eigenengagement in die Situation bringen, dass Unterstützungsprogramme helfen müssen? Weshalb sollte jemand, der aus mehr oder weniger situierten Lebensbedingungen unauffällig, aber kräftig ins Füllhorn von Hilfsprogrammen greift, die für echt in Not Geratene bereitstehen, ob Bafög, Hartz IV, Arbeitslosengeld, Wohngeld oder sonstige Fördermittel, nicht mit Randale-Machern oder anderen aus der Bahn Geratenen auf eine Stufe gestellt werden? Etwa, weil diese häufiger duschen oder besser gekleidet sind? Wenn z.B. Suchtkranke kuren, Autoraser einen Vollkaskoschaden verursachen, nichtige Streitigkeiten vor Gericht ausgetragen werden, kriminelle Jugendliche in sonderpädagogische Maßnahmen gehen: Ungefragt muss die Solidargemeinschaft für auch selbst zu Verantwortendes eintreten. So vollzieht sich still, aber stetig ein an den Nerv des sozialen Systems gehender Aderlass in der Bandbreite zwischen vermeidbarer Hilfeleistung bis zum Tatbestand des Betrugs.

Die letzte Aussage der Mini-Befragung zu ›asozial‹ lautete: »halt negativ auffallende Menschen«. Da jedoch nicht der Umfang des Auffallens, sondern nur die Intensität einer Schädigung das entscheidende Kriterium sein kann, müsste die umfassendere Formulierung lauten:

> *Asoziale sind Menschen, die nicht zur Stabilität, sondern zur Instabilität einer Gemeinschaft beitragen, bis hin zum Kollaps des Sozialsystems.*

Asoziale vom Typ ›Ohne mich‹ bringen nichts ein, Trittbrettfahrer sind Nutznießer des durch andere Erreichten, Skrupellose schröpfen gezielt die Notrücklage einer Sozietät. Solche Menschen erklären sich für schwach, meiden das Rampenlicht und richten sich in aller Bequemlichkeit eine Nische des Sozialsystems ein. Damit kein Missverständnis entsteht: Jeder soll nach seiner Fasson leben und selig werden. Aber der kategorische Imperativ dabei lautet: Alles kann möglich sein, nur darf es nicht zulasten anderer gehen!

Konkret äußert sich eine verwöhnt-unsoziale Grundhaltung, wenn folgende Aussagen oder Verhaltensweisen deutlich werden: ›Ich lasse mir von niemandem etwas sagen, es geht um meinen Vorteil und meine Rechte.‹ – ›Weshalb Konflikte austragen, wenn auch aussitzen möglich ist.‹ – ›Sich einer Verbesserung des Umgangs in Partnerschaft, Familie und Freundeskreis widersetzen.‹ – ›Trotz vorhandener Möglichkeit einen Arbeitsplatz ausschlagen.‹ – ›Deutlich werdendes Suchtverhalten – ob im Bereich von Essen, Alkohol, Nikotin, Mediennutzung usw.‹ Die Aufzählung ließe sich beträchtlich erweitern.

> *Andere ruhig schaffen und es sich selbst auf deren Kosten gut sein lassen, das ist die Quintessenz eines solchen Verständnisses. – Der postmoderne Asoziale steht vor uns!*

Damit werden die Grundfesten jeglichen menschlichen Zusammenlebens erschüttert. Aus Gründen des Selbstschutzes ist es notwendig, möglichst starke Immunkräfte gegenüber einer solchen Gefahr zu entwickeln. Das geeignetste Mittel ist, vom Tag der Geburt an lernend zu erfahren, dass Interesse, Kraft, Mut und Ausdauer die besten Voraussetzungen für ein eigenständiges und zufriedenstellendes Leben sind. Auf diesen Prozess jedoch wirkt Verwöhnung wie ein effizientes Breitband-Narkotikum. Lethargie in der Kombination mit einem beträchtlich entwickelten Anspruchsniveau ist die Folge. Sie betätigt sich als gefährlicher Nager an den lebenswichtigen Versorgungssträngen von Gemeinschaften. Wollen diese auf Dauer nicht kaputtgehen, ob Familie, Freundeskreis, kommunale Gemeinwesen oder der ganze Staat, werden vielfältige Änderungen notwendig sein. Ein Abbau von finanziellen Unterstützungen kann dazu beitragen, wenn damit beim Einzelnen die Kräfte zur Selbstverantwortung neu mobilisiert werden.

Besser ist es jedoch, erst gar nicht eine solche Schieflage

entstehen zu lassen. Der Erziehung in Familie und Schule kommt dabei zentrale Bedeutung zu. Aber auch die Mechanismen und Quasi-Gesetzmäßigkeiten einer Konsumgesellschaft müssen einer Revision unterzogen werden. Nicht alles, was als freie und soziale Marktwirtschaft deklariert wird, hat diesen Namen verdient. Im Zentrum muss die Frage stehen, was ein Mensch braucht, um in Freiheit und Selbstverantwortung leben zu können. Da nur Schwache, Ängstliche und seelisch Hungrige gefährlich für andere sind, muss hier die Änderung einsetzen. Denn ist erst eine Notsituation entstanden, mag es verständlich sein, sich an reichlich durch andere gedeckten Tischen zu bedienen.

Abschließend eine Zusammenfassung der Grundgedanken zur Verwöhnung in Thesen:

- Verwöhnung ist der Todfeind positiver Zuwendung und Liebe. Verwöhnung verhindert Eigenverantwortung, Zufriedenheit und soziale Kompetenz. Erlernte Hilflosigkeit und Entmutigung sind das Resultat von Verwöhnung.

- Verwöhnung schafft kurzfristigen Erfolg ohne eigenen Beitrag zum Preis späterer Unzufriedenheit und Abhängigkeit. Lebensmut kann auf Dauer nicht durch eine Zielerreichung ohne Leistung erlangt werden. Verwöhnung legt dem Wachstum Fesseln an, persönlich und wirtschaftlich.

- Die Eliminierung der Verwöhnung ist die einzige Chance, dauerhaft Lust erleben zu können, genussfähig und liebenswert zu bleiben.

- Verwöhnung reduziert im Moment bzw. in der konkreten Situation scheinbar Alltagsprobleme und provoziert damit gleichzeitig den zukünftigen Konflikt. Dies kann der Bruch mit dem Elternhaus oder ein Crash in einer Partnerschaft sein.

- Der Verwöhner sucht immer den Vorteil. Die Verwöhnung selbst schafft Nachteile für sich selbst und andere. Verwöhnung führt zu zwischenmenschlicher Verödung und macht einsam.

- Verwöhnung schafft Menschen, die alles wollen, aber nichts geben – kurz: Asoziale!

Für bissige Hunde gibt es Maulkörbe, genmanipulierte Produkte sollen per EU-Richtlinie als solche erkennbar sein, Totenschädel weisen auf gefährliche Substanzen hin, für Verwöhner und Verwöhnte steht eine Kennzeichnungspflicht noch aus. Dennoch sind wir solchen Existenzen nicht schutzlos ausgeliefert, da in diesem Buch reichlich Erkennungskriterien zusammengetragen wurden. Hat sich ein Kontakt zu ihnen ergeben, machen Sie einfach das, was von Brüssel nicht zu erwarten ist: Übernehmen Sie selbst die ›Kennzeichnung‹. Denken Sie Sich ein ›Verwöhn-V‹ auf die Stirn solcher Personen mit einer negativen Aura, als Summenzeichen für sozialschädliches Verhalten. So können Sie sich und Ihnen nahestehende Menschen vor manchem Verdruss schützen.

VON DER EINSICHT ZUR VERÄNDERUNG

Man hilft den Menschen nicht, wenn man etwas für sie tut, was sie selbst tun könnten.

Abraham Lincoln

»Nicht weil es schwer ist, wagen wir es nicht, sondern es ist schwer, weil wir es nicht wagen.« So der römische Philosoph Seneca vor fast 2 000 Jahren. Beppo Straßenkehrer in Michael Endes Erfolgsroman *Momo* scheint diesen Zusammenhang begriffen zu haben: ›Schritt für Schritt und immer konzentriert auf den nächsten Abschnitt‹, weil beim Blick auf das Gesamtvorhaben schnell die Motivation schwindet. Diese Lebensweisheit erscheint mir bei der Zielsetzung, der Verwöhnung ganz persönlich den Kampf anzusagen, weiterführend und ermutigend zugleich.

Zur Vergegenwärtigung: Inaktivität bei einem gleichzeitig stark ausgeprägten Verlangen, alles haben zu wollen, dies sind die Bilanzposten einer Investition in die Verwöhnung. Ein lebenslang fälliger hoher Zinsdienst belegt eine klare Fehlentscheidung! Und wie bei einem Konkurs im Wirtschaftsleben geht auch ein menschliches Desaster zulasten anderer. Dies wirkt sich, wie schon herausgearbeitet wurde, entsprechend negativ auf

› Schule, Ausbildung, Beruf,
› Freundschaft, Partnerschaft, Liebe und Ehe,

> Gesundheit,
> Freizeit und Konsum sowie
> das gesamte Leben in der Gesellschaft

aus. Deutlich wird dies immer dann, wenn auf anstehende Aufgabenstellungen mit Verweigerung reagiert wird, diesbezügliche Ansprüche aber klar aufrechterhalten werden. Diese Mischung aus Resignation und Forderung zieht sich wie ein roter Faden durch das weitere Leben. ›Das will ich aber, und zwar jetzt und sofort‹ ist Ausdruck eines solchen Verlangens nach Zuwendung. Das rücksichtslose Einfordern unterschiedlichster Dienste steigert sich bis hin zur Tyrannei, welche häufig durch eine selbstgefällig zur Schau gestellte Hilflosigkeit zu kaschieren gesucht wird. Und da in neuen Situationen diese Mechanismen nicht oder nicht sofort greifen, sind Crashs vorprogrammiert.

DER ENTSCHEIDENDE KLICK IM KOPF

Weder die Erziehung noch der Umgang zwischen Erwachsenen sollte zum Experimentierfeld eigener neurotischer Störungen verkommen. Wird hier an der Fortpflanzung eigener Ängste und Unsicherheiten gewerkelt, führt dort ein erneuter Selbstverwirklichungstrip zu Schwierigkeiten für andere. Da können ›Vollwert-Mütter‹ das Glucken nicht lassen, hier verteidigen Männer vehement ihre Rundum-Verwöhnung. Solche Störungen im zwischenmenschlichen Umgang lassen sich nicht einfach abschalten. Wie ein verkapselter Infektionsherd wehrt sich die Verwöhnung gegen jede Maßnahme, die ihren Einfluss auf die Entscheidungen eines Menschen reduzieren könnte. Um wieder ein funktionsfähiges Immunsystem schaffen und neu Potenziale zur Übernahme von

Selbstverantwortung erschließen zu können, sind entsprechende Fehlschaltungen im Kopf aufzuheben.
Dies ist jedoch keinesfalls ein einfaches Vorhaben. Es sind Sensoren vonnöten, die möglichst schnell negatives – sprich verwöhnendes – Verhalten als solches erkennen und melden. Umgehend sind dann aufgrund dieses Störsignals die entsprechenden Korrekturen vorzunehmen. Somit ist der ›Klick im Kopf‹ die wichtigste Voraussetzung, sich regelmäßig wieder auf den richtigen Kurs zu bringen. Aber »ein Mensch kann sich nur ändern, wenn in einer exemplarischen mitmenschlichen Beziehung alle jene Wesenskräfte in ihm wachgerufen werden, die in einer unglückseligen Kindheit verschüttet wurden«[77]. Damit wird zum Ausdruck gebracht, dass wichtige Personen aus dem Lebensumfeld wesentlich am Erfolg oder Nicht-Erfolg des ›Umschaltens‹ beteiligt sind.

Ein erster Schritt besteht darin, einige Denkfallen wegzuräumen. Die nachfolgenden Ausführungen sind eine Replik auf die mir gegenüber bei Vorträgen und in Briefen am häufigsten geäußerten Anfragen oder Unterstellungen. So ist *Erziehung keinesfalls Manipulation*, wie auch Erich Fromm unterstreicht. In Verantwortung er-ziehen heißt »etwas herausbringen, was potenziell bereits vorhanden ist«[78], Kindern und Jugendlichen helfen, ihre Möglichkeiten zu realisieren. Alfred Adler fokussiert: »Erziehen heißt ermutigen.« – Auch sind *Grenzen keine Verbote,* sondern Markierungen zur Orientierung, um zwischen Distanz und Nähe, Ruhe und Lärm, Gewalt und Liebe, Mein und Dein unterscheiden zu können. Zum angemessenen Umgang mit Grenzen wurden Regeln vereinbart. Grenzen können jedoch nur durch ein stabiles Selbst akzeptiert werden. Ängstliche Menschen dagegen versuchen permanent durch Übergriffe und Angriffe ihr schwaches Ich verteidigend zu schützen. Erziehung zur Grenzenlosigkeit drückt die fehlende Akzeptanz von Erwachsenen gegenüber Grenzen aus, die Kinder spiegeln diese Ignoranz nur wider.

Ein Verständnis, dass sich ein Bekämpfen der Verwöhnung *gegen die Liebe* richte, entlarvt sich schnell, wenn die Folgen in den Blick genommen werden. Denn Unselbstständigkeit und Abhängigkeit lassen sich keinesfalls mit liebender Zuwendung in Verbindung bringen. Wenn Liebe innerhalb der Verwöhnung eine Bedeutung hat, dann eine egoistisch auf sich selbst gerichtete. – Eine Variante lautet, dass die von mir eingebrachten Forderungen nach mehr Konsequenz durch *Liebesentzug* erreicht werden sollen. Es wird gefolgert, dass dies nie ein Mittel im Umgang mit Menschen sein darf. Dieser Folgerung ist uneingeschränkt zuzustimmen. Auf mein Nachfragen, wie dieser Vorwurf erklärt werde, entwickelten die Wortführer folgende Begründungskapriolen: Sie setzen das Tragen – oder Ertragen – von Konsequenzen mit Zuwendungsentzug gleich. Dies ist aber ein gedanklicher Kurz-Schluss. Es wird nachvollziehbar sein, dass Konsequenzen beim Betroffenen keinen Jubel auslösen und häufig als beeinträchtigend erlebt werden. Diese wichtigen Erfahrungen einem Menschen jedoch vorenthalten zu wollen, weil Bezugspersonen die damit einhergehenden Spannungen nicht aushalten können, ist unverantwortlich. Wer traurige Augen oder eventuell auch Tränen nicht ertragen kann, sollte dies baldmöglichst lernen. Denn verwöhnte Menschen werden reichlich die Gelegenheit nutzen, ihr Umfeld bis *über* den Rand zur Verzweiflung zu bringen.

Eine weitere Falle bezieht sich auf den Begriff *Leistung*, wenn er penetrant mit Ausbeutung gleichgesetzt wird. Aber wieso werden dauernd neue Autos mit immer größerer Leistung auf die Straße gebracht? Weshalb gibt es keine Kampagne mit dem Ziel, den Leistungssport abzuschaffen und Wettkämpfe zu verbieten? Leistung heißt etwas schaffen. Und wegen einer häufig diagnostizierbaren Trägheit brauchen wir dazu klare Anforderungen. Der Alltag macht's ganz deutlich: Wer nichts leistet, kann sich auch nichts leisten! Viele Menschen bringen zur Kaschierung des eigenen Unvermögens, wenn Aufgaben unumstößlich zur Umsetzung anstehen, sofort den Begriff *Druck* ein. Selbstredend ist dies gleichermaßen unpädagogisch wie unmenschlich. Aber: Druck schaffen oder nutzen ist ein restlos neutraler Vorgang. Reife Menschen wissen, dass sie latent Druck brauchen, ihn sich sogar selber machen, um Ziele nicht aufzugeben. Andere erstellen einen Zeitplan zum Vorgehen, um im weiteren Verlauf nicht unnötig unter Druck zu geraten. Aber Anti-Druck-Denk-Spezialisten sehen dies anders. Falls diese einmal im Bereich ihrer Triebe oder Grundbedürfnisse Druck und Drang verspüren sollten, kann dann nur tief durchatmen und entspannen weiterhelfen. Denn Druck machen oder Druck haben, scheint einfach unanständig.

Eine Steigerung solchen Denkens wird deutlich, wenn erzieherisch sinnvolle oder notwendige Forderungen als Ausdruck von *Zwang* gewertet werden. ›Mit solchen Mitteln zu operieren ist doch wohl das Hinterletzte!‹ Aber viele ausweglose Situationen sind das Ergebnis fehlender vorheriger Selbststeuerung. Aufgaben oder Entscheidungen dauernd vor sich herzuschieben führt in der Regel dazu, dass es irgendwann zu einer Handlung kommen *muss*. Das demjenigen anzulasten, der sie verdeutlicht, verstärkt nur den Druck auf das Anstehende.

Eine weitere Blockade im Kopf kann die Auffassung sein, *ohne Anstrengung* und förderlichen eigenen Beitrag Konflikte meistern zu können. Aber ohne das Aufgreifen von Herausforderungen und Zielen ist im Leben überhaupt nichts zu meistern. So kann auch kein stabiles Ich entstehen. Fehlt schließlich ein realistisches Selbst, kann auch keine Selbstverwirklichung betrieben werden! – Keinesfalls ist *Strenge* angebracht, wenn Verwöhnung abgebaut werden soll. Verwöhnte Zeitgenossen jedoch bringen diesen Begriff sofort dann ein, wenn es um die Akzeptanz von Grenzen oder das Tragen von Konsequenzen geht. Aber Klarheit und Eindeutigkeit verlangen schon mal An-Streng-ung.

Der mögliche Irrtum, mit einem Zurückdrängen der Verwöhnung würde gleichzeitig eine *Verabschiedung von Wohlstandsgütern* gefordert, lässt sich ebenfalls schnell auflösen. Nein, es geht um ihren Erhalt, ökologisch und persönlich. Denn wer die eigene Anstrengung vor den Genuss setzt, wird somit einerseits Konsumbevorzugungen reduzieren und gleichzeitig tiefen Genuss ermöglichen. Nur wer diese Zusammenhänge nicht ignoriert, orientiert sich am Leben.

Die Einsicht in diese Zusammenhänge verschärft den Blick, Verwöhnmuster schneller zu erkennen und den Mut zu entwickeln, sie abzumildern und aufzulösen. Motor und Kraftgeber dazu ist die Erfahrung, dass dem momentanen Vorteil – z.B. etwas Unangenehmes nicht zu machen – ein über die Situation hinausweisender Nachteil gegenübersteht. Die geeignetste Form der Bekämpfung von Verwöhnung ist die, ihr nicht mit moralischen Bedenken, sondern mit der ökonomischen Frage des Ertrags zu begegnen. Langfristig ist die Rendite ohne Verwöhnung immer höher. Menschen mit dem Gedanken ›Der Geist ist sehend (willig), doch das Fleisch ist schwach‹, die den leichten Genuss sofort wollen, sollten sich klarmachen, dass dieses frühkindliche Schema einen Erwachsenen nicht länger zum Behinderten machen sollte.

Auch wenn ein verantwortungsvolles Bewusstsein sagen sollte: »Ich will mich nicht durch eine solche Denke selbst blockieren«, reicht eine positive Grundeinstellung allein nicht. Dem Einzelnen muss erst das Maß der eigenen Trägheit und Konfliktvermeidung, der geheimen Kompensationswünsche und subtilen Sehnsüchte deutlich werden. Erst dann besteht die Chance, die jeden Elan lähmende eigene Angst zu überwinden, um mit Idee und Tatkraft die Herausforderungen des Lebens aufzugreifen, sich selbst neu auf den Weg zu machen. So wird Zukunft möglich, denn: ›Wer Hoffnung hat, hat auch Erfolg‹!

RAUS AUS DEM VERWÖHNSTRUDEL

Als Folge der durch die Zivilisation bedingten Veränderungen leben wir weder mit der uns umgebenden noch mit unserer eigenen Natur im Einklang. Daher bleibt zur Existenzsicherung keine andere Wahl: »Der Mensch kann nur sein Großhirn gebrauchen, um nicht zu fallen!«[79] Der Konsumgüter-Terror ist mittlerweile so weit fortgeschritten, dass für viele Bereiche umgehend eine Neuorientierung und Umkehr ansteht.[80] Jegliches Verwöhnverhalten verschärft dieses Ungleichgewicht zwischen Natur und Technik sowie im zwischenmenschlichen Bereich. Krisen – ob moralischer, ökonomischer oder ökologischer Art – fordern zur Überwindung heraus. Je differenzierter Schwierigkeiten analysiert und neue Erkenntnisse zugelassen werden, desto umfassender sind Kurskorrekturen möglich.

Konsequenzen für den Erzieher

»Oft gebe ich meinen Kindern nach, bis ich sie nicht mehr ertragen kann, und dann werde ich so autoritär, dass ich mich selbst nicht mehr ertragen kann.« Dieses Not-Geständnis einer Mutter verdeutlicht, welche psychischen Spannungen im Wechselspiel von Laufenlassen und rigiden Ad-hoc-Entscheidungen entstehen können. Unbemerkt – aber lebenslang – verursachen die tief wurzelnden Defizite unterschiedlichste Kompensationszwänge. Im Kern geht es dabei um die Langzeitwirkung von Mangelerfahrungen im Bedürfnis nach Liebe und Dazugehörigkeit. Frühe Entwertungen und Kränkungen führen in der Regel über eine Quasi-Verarbeitung dazu, das, was man selbst nicht erhalten hat, anderen Menschen, insbesondere Kindern, entweder übermäßig zuzuführen oder es ihnen ebenfalls – vielleicht noch unerbittlicher – vorzuenthalten. Eigene erlittene Beeinträchtigungen führen so in etwas variierter Form zur Schädigung nachfolgender Generationen.

Dreh- und Angelpunkt für jede personale Erstarkung ist eine angemessene Verarbeitung von selbst erlebter Minderwertigkeit, weil nur so Konfliktquellen beseitigt und neue Antriebsenergien freigesetzt werden können. Denn wenn Menschen sich innerhalb ihrer Sozialkontakte entweder inständig per Angriff oder Verteidigung, Star-Verhalten oder Selbstaufgabe inszenieren oder zwischen diesen Polen hin- und herpendeln, wird dies für alle Bezugspersonen unerträglich. Gleichzeitig behindert eine solche Persönlichkeitsstörung jegliche Lern- und Leistungsbereitschaft.

Im Kern sind Minderwertigkeitsgefühle Ausdruck der Erfahrung bzw. Selbsteinschätzung, keinen anerkannten Platz in einer Gemeinschaft zu haben. Diese Bilanz führt zu der – nicht selten panischen – Angst, dass diese Un-Position von anderen leicht erkannt werden könnte. Alle dann einsetzenden Attacken, ob Unterwürfigkeit, Vertuschung, Blenden oder Machtgebaren, stellen den Versuch dar, davon ablenken zu wollen. Jede verfügbare Sicherheitsvorkehrung wird eingesetzt, damit das eigene ›Mangel-Selbst‹ nicht entlarvt wird.

Um aus dieser prekären sozialen Isolation herauszukommen, sind viele kleine Schritte zu mehr Anerkennung und Beachtung notwendig. Erreicht werden kann dieses Ziel durch das Erbringen positiver Beiträge für die Gemeinschaft. Schon nach kurzer Zeit wird die ursprüngliche negative Position nicht mehr existent sein, denn alles, was gut für andere ist, wirkt sich zwangsläufig auch förderlich auf den Initiator der Verbesserung aus. So werden Fehlentwicklungen abgebaut, persönliche Mängel ausgeglichen und neue Zugänge für ein optimierteres Zusammenleben geschaffen. Damit wird auch eine Grundvoraussetzung zur Erlangung von erzieherischer Kompetenz erbracht. Die damit einhergehende Erweiterung innerer Grenzen durch aktiv erbrachte Vorleistungen lässt dann auch wieder neue Motivation gegenüber den Aufgaben des Lebens entstehen.

Zur Vergegenwärtigung: Ein Ich entsteht durch Ansprache und Anrede, die der leib-seelische Organismus im Kontakt mit wichtigen Bezugspersonen und im mitmenschlichen Milieu insgesamt findet. So entwickelt sich ein Ich gleichsam im Dialog mit anderen Ichs. Gegenseitig rufen sie sich so ins Leben. Die positiven oder negativen Konturen dieser Begegnungen eines Ichs mit unterschiedlichen Dus ergeben die Basis für ein Wir. Zeitlebens werden uns diese Ur-Erfahrungen prägen. Auf diesem Hintergrund ist die frühzeitige Fremdversorgung von Säuglingen und Kleinstkindern sehr kritisch zu betrachten, weil so das nach Zuwendung in einer verlässlichen Primär-Beziehung rufende Kleinkind auf dem Weg der Entwicklung eines stabilen Selbst reichlich Brüchen und Irritationen ausgesetzt ist.[81] »Wo das Ich durch Erziehungseinflüsse reduziert wird, tritt an seine Stelle das Spiel einer Rolle.«[82]

Eine Entwicklungsstörung ist der Narzissmus. Er drückt sich in einer übersteigerten Selbst-Suche, letztlich in der Selbst-Sucht aus. In allen sozialen Kontakten wirken sich die Folgen eines solchen Egoismus bzw. Egozentrismus aus. Auf Dauer werden solche Menschen gemieden und isoliert. Ein Ausweg wird dann in der Selbstgefälligkeit gesehen, frei nach der Devise ›Wenn mir schon niemand Beachtung schenkt, dann mache ich dies umso mehr‹. Dieses permanente Auf-sich-bezogen-Sein führt auch dazu, Gefühle, Nöte oder Bedürfnisse von anderen gar nicht mehr wahrzunehmen. Ebenso entwickelt sich eine immer umfassender werdende ›Blindheit‹ gegenüber Sachzusammenhängen oder sich ankündigenden Ereignissen. Viele Erziehungskonflikte, Beziehungsstörungen, Berufsprobleme oder Selbstverwirklichungsambitionen haben dort ihren Ursprung. ›Rote Karte für Autisten‹, so könnten die Ausführungen von Reinhart Lempp in seinem Buch *Die autistische Gesellschaft* über das Verlorengehen von Verantwortlichkeit für andere in einer ich-zentrierten Gesellschaft überschrieben werden.

Besonders Mütter neigen zu ich-bezogenem Erziehungsverhalten, klammern sich an den eigenen Nachwuchs, weil so mögliche Entbehrungen in Kindheit und/oder Partnerschaft ausgeglichen werden sollen. In seinem Aufsatz »Das nervöse und schwer erziehbare Kind« führt der Individualpsychologe Kurt Seelmann aus: Da die strenge Erziehung häufig in den Händen des Vaters liegt, versuchen Mütter, »besonders solche, die selbst unter dieser Autorität leiden, unbefriedigt und unbeschäftigt sind, gewöhnlich das Gegenteil: Sie wollen milde sein und verwöhnen das Kind«[83]. Durch ein Agieren aus dem eigenen Mangel heraus wird besonders Kindern der Aufbau eines realistischen Selbstbildes verwehrt, was wiederum zur Entmutigung dem Leben insgesamt gegenüber führt.

Alle, die ihren Aufgaben in Erziehung, Partnerschaft, Beruf und Freizeit besser gerecht werden wollen, müssen sich der Aufarbeitung eigener Defizite stellen. Denn nur ein stabiles Selbst ist in der Lage, gute Voraussetzungen für ein störungsarmes Miteinander zu erreichen bzw. bei anderen zur Selbstwerdung beizutragen. Fünf Leitfragen sollen diesen nicht einfachen, aber Erfolg versprechenden Weg zu mehr Eigenständigkeit und Selbstverantwortung erleichtern:

> Was will ich – will ich wirklich?
> Durch was könnten andere Menschen bei der Verwirklichung gestört werden?
> Was könnten andere Menschen von mir erwarten? Welche

Bedeutung hat für mich das Zusammenleben in Gemeinschaften?
› In welchem Ausmaß und an welchen Punkten sollte/müsste ich daher meine Ziele korrigieren?
› Welche Hilfen könnte ich bei meinen Vorhaben durch andere Menschen oder Institutionen erfahren?

Ein solch suchendes Freilegen des eigenen Selbst bzw. des Selbst-sein-Wollens bietet die Chance, Wichtiges von Nebensächlichem zu unterscheiden, Fehlendes auszugleichen und Störendes zu reduzieren. »Auf sich selbst hören zu können, ist eine Vorbedingung dafür, dass man auf andere hören kann; bei sich selbst zu Hause zu sein ist die notwendige Voraussetzung, damit man sich zu anderen in Beziehung setzen kann«, so der Psychoanalytiker Erich Fromm.[84] Dadurch wird ein Wachstum der Persönlichkeit möglich, mit der Folge eines größeren Selbstwerts. Die dabei zu gewinnende neue Vitalität wird sich gleichermaßen in mehr Lebensmut, verstärkter Lernbereitschaft und erweiterter sozialer Kompetenz auswirken. Dies würde nicht nur eine substanzielle Voraussetzung für die Übernahme verantwortlicher Erziehung schaffen, sondern auch das Leben in Partnerschaft, Familie, Beruf und Gesellschaft insgesamt erleichtern.

Respekt und Anerkennung erreicht, wer sich und andere respektiert und anerkennt. Dies gilt für die Erziehung ebenso wie für alle übrigen zwischenmenschlichen Bezüge. Seelenlose Moralapostel können am ehesten der Abschreckung dienen. Eltern bringen dann ihre Kraft in die Erziehung ein, wenn sie selbst Zeit und Zuwendung von ihren Eltern erhalten haben. Im Alter, wenn sie selbst wieder der Unterstützung und Hilfe bedürfen, können sie dann in gelingenden Beziehungen von den eigenen Kindern wieder einiges davon im Generationenverhältnis zurückerhalten.

Konsequenzen für die Erziehung von Kindern und Jugendlichen

In polemischen Diskussionen wird nicht selten der Vorwurf geäußert, dass das ganze Gerede um Grenzen in der Erziehung eigentlich nur Ausdruck eines Machtanspruches von Eltern sei. Ein Standardeinwurf: »Kinder merken schon von sich aus, wenn es reicht oder nicht mehr geht.« Sicher ist feststellbar, dass hier und dort Kinder selbst ihre Grenzen erkennen und anerkennen, und es mag auch sein, dass manche Grenzverdeutlichung Ausdruck von Macht und Anspruch ist. Sich in Überfürsorge äußernde Ängstlichkeit ist häufig ein weiterer Grund für zu viel Enge. Aber mit diesen Bemerkungen wird keinesfalls das Thema ›Die Bedeutung von Grenzen für das Zusammenleben von Menschen‹ unwesentlich. Das alltägliche Miteinander belegt, dass tief sitzende eigene Unsicherheiten sowie eine große Angst vor den Folgen von notwendigen Verdeutlichungen gegenüber Kindern und Jugendlichen das erzieherische Handeln prägen. Dazu hat sicher auch die aus Amerika importierte ›Frustrations-Aggressions-These‹ beigetragen. Viele Eltern vermeiden daher möglichst jede Form von Auseinandersetzung.

In der antiautoritären Erziehung wurde dann von vielen Eltern und anderen Erziehungskräften eine sich wissenschaftlich gebärdende Legitimation für eine repressionsfreie, sprich grenzenlose Pädagogik gesehen. Erzieherisches Unvermögen mutierte so ›über Nacht‹ zu angeblich progressiver Reformkraft. Aber selbst hartgesottene 68er haben zwischenzeitlich feststellen müssen, dass die damit in Deutschland ausgelöste Welle keinesfalls zu mündigeren Bürgern oder verbesserten Erziehungsbedingungen geführt hat. Ein Propagieren von Leitsätzen wie ›Tu, was du willst, ignoriere konsequent wichtige Regeln, Übereinkünfte und Grenzsetzungen, kurz, alles, was von außen kommt, und höre auf niemand, außer dich selbst‹[85] muss normale Erdenbürger in die Irre führen, da wir immer von anderen Menschen umgeben sind und gegenseitige Rücksicht zum Postulat jeglichen Zusammenlebens gehört. Ein Lebensprinzip aber, welches dem ›Mann im Mond‹ gemäß sein mag, ihm aber in seiner Einsamkeit auch keine neuen Perspektiven beschert, sollte wirklich suchende Menschen nicht zusätzlich verunsichern. Die Kurzform des kategorischen Imperativs ›Was du nicht willst, das man dir tut, das füg auch keinem andern zu‹ gilt zeitübergreifend für jegliche Form des Zusammenlebens. Selbst in Sozietäten lebende Tiere handeln danach. So ergeben sich Sinn und Funktion von Grenzmarkierungen ausschließlich daraus, dass sie mir und anderen einen abgesicherten Freiraum gewährleisten. Jegliche Grenzverdeutlichung muss sich daran messen lassen.

Dazu zwei Hervorhebungen:

› Wer sich zu stark auf das Begrenzende konzentriert, verliert die Bedeutung des schutzgebenden Raumes aus dem Blick.
› Ein Nicht-deutlich-Machen von Grenzen – real gibt es keine Grenzenlosigkeit – führt zur Maßlosigkeit. Diese wiederum äußert sich letztlich in Tyrannei oder Verwahrlosung.

Bedeutsam ist die Wahl und Intensität der eingesetzten Mittel bei Grenzverdeutlichungen, ob zwischen Staaten oder im familiären Bereich. Wie schon der Volksmund sagt, sollte niemand ›mit Kanonen auf Spatzen schießen‹. Manche erstmalig auftretende Störung kann durch scheinbares Übersehen an Reiz verlieren. Dies heißt jedoch nicht, ›gute Miene zum bösen Spiel‹ zu machen. Daher ist genau in den Blick zu nehmen, um welche Übergriffe es sich handelt, welche Rahmenbedingungen herrschen und ob es Vergleichbarkeiten mit anderen Situationen gibt, in denen schon deutlich Position bezogen wurde. Keinesfalls ist es angemessen, auf Fehlverhalten mit Härte oder Häme zu reagieren.

Konsequent sein heißt, ein Kind die Zusammenhänge und Wirkungen des eigenen Handelns spüren zu lassen bzw. vor Augen zu führen und dem Erzieher eine angemessene Reaktion abzuverlangen. »Halte den Mund, du störst«, macht zwar einen Regelverstoß deutlich, aber er wird nicht nur wegen der Schroffheit wenig Einsicht oder Nachvollziehbarkeit hervorrufen. Der Hinweis »Dein Dazwischen-Sprechen stört den Bericht von Onkel Norberts Indienreise, den wir gerne hören wollen« verdeutlicht ebenfalls, dass der Beitrag des Kindes jetzt nicht erwünscht ist. Aber gleichzeitig wird bei dieser Intervention zum Ausdruck gebracht, weshalb dies so ist, und zwar ohne Befehlston. Ein Hinweis wie »In fünf Minuten kannst du uns deine Gedanken mitteilen« wird den eigenen Mitteilungsdrang gut kanalisieren. Wenn der Redefluss des weit gereisten Onkels sich in die nächsten Stunden ergießen könnte, ist es wichtig, diesen auch zum vereinbarten Zeitpunkt zu stoppen. Nachvollziehbar und einfühlsam eingebrachte Botschaften bieten somit den geeignetsten Boden dafür, dass sie angenommen werden.

> *Bitte nie um etwas, wo ein Nein nicht vorgesehen ist, denn Bitten kann man ablehnen bzw. ignorieren.*

Neben schroffen Aufforderungen behindern aber auch butterweiche Hinweise jeglichen Erziehungserfolg. »Würdest du bitte das Ziehen an meinen Haaren lassen, das gefällt mir gar nicht.« – »Kannst du dein Herumschmieren mit dem Waldbeerkuchen bitte aufhören, Oma findet es nämlich nicht toll, wenn dabei anschließend wieder Tischtuch und Teppich bekleckert sind.« Solchen Einwirkungsversuchen fehlt die Eindeutigkeit und Zielklarheit in der Aussage, das störende

Verhalten zu beenden, und die Bitte-Form ist hier unangebracht. Ob hart oder soft, beiden Interventionsarten mangelt es gleichermaßen an Angemessenheit.

Werden Erziehungsverantwortliche auf mögliche Kritikpunkte im Umgang mit Kindern und Jugendlichen angesprochen, wird meist recht gereizt reagiert. Ob es um Ausgehzeiten, Konsumverhalten, Ordnung oder Kleidung geht, sehr schnell kommt dann der Satz »Das muss jeder selber wissen!«. Mag eine solche Redewendung in der Situation als Selbstverteidigung begrenzt tauglich sein, als Grundsatz ist er eine pädagogische Bankrotterklärung! Denn wenn wir immer wüssten, was richtig oder sinnvoll ist, würde sicher vieles anders entschieden. Eine Erweiterung des Blickfeldes, vor allem hinsichtlich der Folgen, wäre dagegen äußert hilfreich. Keinesfalls sollte eine Eingabe dazu führen, für einen anderen zu entscheiden. Was wir aber einzubringen haben, sind Kriterien und taugliches ›Handwerkszeug‹ im Umgang mit Entscheidungen. Unabdingbarer Maßstab dabei ist: Jeder hat auf jeden Fall die Konsequenzen seiner Entscheidungen zu tragen!

Was in einer Situation gut oder schlecht, förderlich oder hinderlich ist, wird häufig recht unterschiedlich bewertet. Aber gerade die Erziehung bietet den nötigen Raum zur Auseinandersetzung mit gesellschaftlichen Prinzipien und widersprüchlichen Erwartungen, denen junge Menschen gegenüberstehen. Durch ein Nutzen dieser Chance können so Zug um Zug spezifische Pläne entworfen und angemessene Anhaltspunkte für die eigene Lebensgestaltung entwickelt werden. Regeln bieten dabei Orientierung und können auf ihre Standfestigkeit und gesellschaftliche Akzeptanz überprüft werden.

Der Umgang mit Konflikten und das Finden von Kriterien zum Entwickeln von Kompromissen wäre ein weiteres wichtiges Lernfeld in der Erziehung. Stoßen Interessengegensätze aufeinander, kann weder ›mein Wille‹ noch ›sein oder ihr Wollen‹ den Ausschlag geben. Die Frage lautet: Was ist zu tun oder zu unterlassen, damit Gewolltes, Wichtiges oder Sinnvolles möglich wird? Auf den Bereich der Kindererziehung bezogen schreibt Rousseau: »Entweder wir tun, was ihnen gefällt, oder wir verlangen, was uns gefällt.« Leben wird so als Macht oder Unterwerfung, als Befehlen oder Gehorchen erfahren.[86] Gedanklich knüpft die folgende Empfehlung von Alexander S. Neill hier unmittelbar an: In solchen Situationen schließen gesunde Eltern »eine Art von Kompromiss. Ungesunde Eltern dagegen werden entweder Gewalt anwenden, oder sie verwöhnen die Kinder, indem sie ihnen alle gesellschaftlichen Rechte einräumen.«[87]

Das offensichtlichste und zugleich folgenreichste Gütekriterium jeglichen Erziehungsverhaltens ist der angemessene Umgang mit Konsequenzen. Es fällt den meisten Menschen jedoch äußerst schwer, dabei eine stringente Linie zu verfolgen. Heute ›ja‹ und morgen ›nein‹, hier stahlhart und da pflaumenweich. »Das Gros der Eltern, urteilt Peter Struck, Erziehungswissenschaftler aus Hamburg, falle ›erzieherisch von einem Extrem in das andere: Mal schimpfen, strafen, maulen sie, dann knuddeln, beschenken und loben sie wieder übermäßig‹.« Der Jugendforscher Klaus Hurrelmann nennt ein solches Verhalten »Hü-und-hott-Erziehungsstil« und mit »Wackelpädagogik« typisiert die Schweizer Jugendpsychologin Eva Zeltner einen solchen Zickzackkurs.[88]

Wer als ausgewachsener Weichling anstelle von Konsequenzen die Notbremse zieht, verstärkt Fehlverhalten und schafft damit sich selbst und anderen Probleme. Auch wenn dem Leitsatz Klaus Hurrelmanns »Sanktionen sind das A und O jeder Erziehung« nicht zugestimmt wird, müssen als letztes Reaktionsmittel auch angemessene Strafen im Blick sein, zumindest bei bewussten Regelverstößen. Dies steht keinesfalls im Widerspruch zu einer partnerschaftlichen Erziehung. Im

Gegenteil: Sie schließen »Ordnung und Regeln ein«, weil nur so Kindern Orientierung und Halt gegeben wird.[89]

Neben Verwöhnung und Strenge ist die Selbstüberlassung der dritte große Erziehungsfehler. Alle führen zur Vernachlässigung von zu entwickelnden Anlagen und Kräften im Menschen. Väter bringen häufig durch fehlende oder falsch genutzte Zeit ihren ›Beitrag‹ zur Selbstüberlassung ein. Durch dieses ›Nichts‹ entstehen gravierende emotionale Defizite. Oft kommen sie spät oder gar nicht nach Hause und wollen dann meist ihre Ruhe haben. Die abwesenden Väter, so tüchtig sie beruflich auch sein mögen, bringen sich »langfristig um Frau und Kind«.[90]

Kinder brauchen gleichermaßen Väter und Mütter. Dabei haben Väter die Aufgabe, die Beziehung des Kindes zur Mutter zu öffnen und eine anders gerichtete Geschlechterrolle erfahrbar zu machen. Sind solche Primärerfahrungen nur ungenügend möglich, holen sich Kinder ihre Väter- und Männerbilder aus den Medien. Klischeefiguren können aber nur klischeeartiges Verhalten auslösen. Jungen und Mädchen leiden regelrecht unter einem Vater-Entzug. Besonders in Konfliktsituationen mit der Mutter wird dieser Mangel deutlich, wenn vom Vater eine Ausgleichs- oder Korrektivfunktion, mindestens jedoch emotionaler Beistand erwartet wird. Der Standardspruch einer engagierten Mutter bringt es auf den Punkt: »Was ist es doch gut, dass ein Kind normalerweise Vater und Mutter hat!«

Wohlstandsbürgern ist häufig die nächste Anschaffung wichtiger als sinnvolle zeitliche Zuwendung. »Das Kind gerät hinter der neuen Schrankwand in Vergessenheit«, so Wieland Backes in der Sendung *Nachtcafé* zum Thema »Erziehung wozu?« Aber auch solche Erfahrungen bieten ein breites Lernfeld. Die Lektionen heißen: ›Jeder denkt an sich!‹ – ›Geld regiert die Welt!‹ – ›Was ich nicht bekomme, das hole ich mir!‹

Kinder speichern jede verbale oder nonverbale Botschaft, ob sie stimmig oder absurd, förderlich oder hinderlich ist. So lernen Kinder Nein sagen, indem Erwachsene Nein sagen, mit Konflikten umgehen, indem sie schauen, wie sich Erwachsene in solchen Situationen verhalten.

> *›Folgen‹ wird gelernt, indem Kinder mit all ihren Sinnen dem folgen, wie es vorgelebt wird.*

Die Erfahrung, wie Dinge funktionieren und Menschen in bestimmten Situationen handeln, wirkt stärker als jede Belehrung. Ob sich beispielsweise die Eltern unabhängig von Auffassungen der Umgebung behaupten oder sich anpassen, ob sie mit Elan an neue Aufgaben gehen oder diese vor sich herschieben, welche Funktion das Essen hat, wie mit Alkohol umgegangen wird usw., alles wird zum Lernfeld.

Je kleiner die Familie, desto notwendiger ist eine bewusste Erziehung. Besonders Alleinerziehende neigen zu ›fürsorglichen Überreaktionen‹, weil so verlorenes Partnerglück zu kompensieren oder zu sichern gesucht wird. Fehlende Geschwister und nur begrenzt vorhandene Eltern machen andere Sparringspartner erforderlich. Fehlen diese, kann auch kein soziales Verhalten wachsen, ob es dabei um Rücksicht, Einfühlungsvermögen, Akzeptanz oder die Fähigkeit zur Konfliktlösung geht. Besonders Einzelkinder und Erstgeborene brauchen Gleichaltrige, um nicht dauernd im Zentrum des Interesses von Erwachsenen zu stehen. Auch Jüngste haben mit besonderen Schwierigkeiten zu kämpfen, weil sie häufig doppelt beeinträchtigt groß werden. Einerseits leiden sie unter der Vormachtstellung der Älteren, bis hin zur Entwicklung von Minderwertigkeitsgefühlen, andererseits nehmen ihnen häufig die Großen – meist nett gemeint – viele Aufgaben und Herausforderungen ab.

Ob länger allein lebende Erste, Einzige oder Letzte, alle sind durch ihre Sondersituation gefährdet, in einer Mischung aus Entmutigung und übergroßem Ehrgeiz Verhaltensstörungen zu produzieren. Kindergruppen, Sportverbände, Jugendeinrichtungen und die Unterstützung von Freundschaften mit Gleichaltrigen erhalten daher eine wichtige Ausgleichsfunktion in der Mischung von elterlicher ›Überversorgung‹ und ›Kontaktmangel‹ mit Gleichaltrigen.

Wer Konsequenzen oder Strafen verkündet, sie aber nicht Wirklichkeit werden lässt, drückt damit eigene Angst aus. Meistens hat das damit zu tun, die angedrohten Folgen selbst nicht ertragen zu können. Entweder wird ein Entzug an Zuwendung oder eine Eskalation der Situation befürchtet. Auch könnte die selbstgefällige Eitelkeit eine Trübung erfahren. Neben dieser Erziehungsunfähigkeit wird an Kinder oder Jugendliche aber auch ganz subtil die Botschaft gerichtet, ihnen keine Veränderungskraft zuzutrauen. Je intensiver das Geschimpfe, je höher die Androhung, desto mehr beherrschen Angst und Vermeidung die Situation. Übrigens: Ärger macht's ärger!

Ein mehrfaches Praktizieren dessen führt dazu, häufig in der Kombination mit überzogenem Lamentieren, nicht mehr ernst genommen zu werden. »Dann tanzen die Mäuse unter der Käseglocke«, so ein Vater. Der Praxistipp einer Kollegin für solche Fälle: »Überlege, was du jetzt sagst, denn das musst du auch tun!« Die eigentliche erzieherische Herausforderung besteht jedoch nicht in der Abwehr von Ungutem, sondern in einer Konzentration der Kräfte auf das Sinnvolle.

Dass es gar nicht so schwer sein muss, sinnvoll zu handeln, wird durch das folgende Beispiel deutlich: »Ich weiß nicht, wie ich mit dem dauernden Herumweinen und Plärren meiner Kinder umgehen soll. Nehme ich z. B. unsere Britta dauernd hoch, kommt sie nicht zur Ruhe, ignoriere ich die Situation, finde ich keine Ruhe.« Eine Mutter von drei Töchtern antwortete am Rande eines Gartenfestes darauf: »Früher, als unsere Kinder noch klein waren und irgendwie zu schreien anfingen, stellte ich mir immer drei Fragen: Ist das Kind satt? Hat es frische Windeln? Kann dem Kind sonst was fehlen? Gab es daraufhin keinen Anlass zum Handeln, dann ließ ich das Kind normalerweise schreien. Diese Leitfragen hatte ich von einer Frau übernommen, die ihre Kinder schon größer hatte. Und bis heute prägt dieser Grundsatz im übertragenen Sinne mein Verhalten, selbst wenn unsere Älteste mit ihren 16 Jahren herummosert.«

Abschließend einige praktische Konsequenzen zur Erziehung:

- Selbsterziehung ist die Grundlage für jegliche Erziehung; Selbst- und Partnerkontrolle der sicherste Weg zur Vermeidung von Fehlern.
- Wer etwas für Kinder tut, was diese selbst tun könnten oder lernen sollten, schadet ihnen zeitlebens.
- Kinder sind mit ihren Problemen so ernst zu nehmen, wie wir dies bei uns auch möchten. Ernst nehmen heißt aber nicht, automatisch das Gewollte zuzulassen.
- Erziehung erfordert Zuneigung und Verständnis bei gleichzeitiger Festigkeit und Standhaftigkeit.
- Vor bestimmten Situationen lassen sich besser Regeln aufstellen als anschließend, z.B. bei der Anschaffung von Computerspielen, in Bezug zur Fernsehnutzung und Zimmerordnung oder bei der Frage, wie die Urlaubsreise durchgeführt werden soll.
- Das Verschieben oder Ignorieren anstehender Konflikte führt in der Regel zu ihrer Verschärfung.
- Die größte Freiheit und Ich-Stärke erwachsen aus erfolgreich durchlebten Herausforderungen.

- Grundlegendste Voraussetzung für ein stabiles Kinder-Selbst ist ein stabiles Eltern-Selbst.
- Pflegen Sie den Kontakt zu Ihren Kindern so intensiv wie möglich, in ›guten wie in schlechten Zeiten‹; schaffen Sie sich einen ›Beziehungsvorrat‹ für Stressphasen.
- Jedes Symptom verliert seine Bedeutung, wenn es keine Wirkung mehr hat.
- Wahrnehmungs- und Einfühlungsvermögen bieten die höchste Wertschöpfung für Kommunikationsprozesse.
- Bestehende Vereinbarungen und Grundregeln sind von Kindern und Eltern gleichermaßen einzuhalten.

Verwöhnung begrenzt Leben. Dagegen schafft selbst bewirkter Erfolg inneren Reichtum. Dazu brauchen Kinder, Jugendliche und Erwachsene gleichermaßen eine personenbezogene und situationsangemessene Zuwendung. So haben alle Erziehungsverantwortlichen den Auftrag, Kinder für eine Zukunft in Eigenständigkeit und Zufriedenheit zu befähigen. Dazu benötigen sie kräftige Wurzeln, um stark zu werden, stabile Flügel, um sich lösen zu können, und Eltern, die immer zu ihnen stehen.

Konsequenzen für Schule, Ausbildung und Beruf
Ein 17-jähriger Realschulabgänger hielt in Neuss bei der Abschlussfeier folgende Rede:
»Liebe Eltern, Schüler und Lehrer, das Leid hat ein Ende gefunden. Wir haben gelernt, wie man seine alltäglichen Aggressionen abbaut, dazu diente in erster Linie der Mitmensch, welcher seine Rolle als Opfer mit Bravour spielte. Auf unserem täglichen Stundenplan standen neben den Hauptfächern die eigentlich wichtigen Fächer Angriff und Verteidigung, verbale und körperliche Kriegsführung, wie ignoriere ich den Lehrer, wie zerstöre ich die Schuleinrichtung, wie stelle ich es

auf die Beine, mich nicht beim Rauchen erwischen zu lassen, und das Überlebenstraining für den Schulhof. Diese Fächer konnten nur durch regelmäßiges Üben, Nachhilfe der anderen Mitschüler und nicht zuletzt durch jahrelange Erfahrungen erlernt werden. Trotz des großen Engagements der Lehrer trafen deren Botschaften nur auf körperlich anwesende Schüler. Diejenigen, die trotzdem versuchten, dem geistigen Potenzial der Lehrer zu folgen, erlagen dem Gruppenzwang und somit auch dem Gedanken, die Schule schnellstmöglich zu verlassen. (...) Damit die nachfolgenden Abgänger dem Ernst des Lebens selbstbewusst ins Auge schauen können, wären grundlegende Maßnahmen wie Autoritätsgrundkurse für einzelne Lehrer wünschenswert bzw. erforderlich. In diesen Kursen sollte an erster Stelle die Unterrichtsreihe ›Wie bringe ich Schüler dazu, Hausaufgaben anzufertigen, diese anschließend zu kontrollieren und entsprechend zu bewerten?‹ stehen. Außerdem sollte das Fach ›Wie muss ich den Unterricht gestalten, damit die Klasse meinen Unterricht verfolgt und bestenfalls sogar davon noch etwas hängen bleibt?‹ zum festen Bestanteil gehören. Und würde man seine Berufung als Lehrer ernst nehmen, sollte man unbedingt das Diplom als ›Antiaggressionsspezialist‹ erwerben. (...) Der Lehrer sollte seine Rolle als Statist an den Nagel hängen, sich offensiv um das Wohlergehen und das geistige Potenzial der Schüler bemühen.«

Als ich diesen Text las, habe ich mein Manuskript stark umgestellt und viele der von mir vorgesehenen Gedanken in den Papierkorb befördert, weil diese Aussagen aus der Sicht eines ›Betroffenen‹ authentischer sind. Von daher sollen hier nur einige ergänzende Aspekte aufgegriffen werden:

› Eine Schule, die erwünschte oder ertrotzte Noten gibt, betätigt sich als Verschiebebahnhof von Leistungsproblemen in Richtung Studium oder Berufsausbildung.

› Ausbleibende Reaktionen auf Leistungsverweigerung, störendes Verhalten und Fehlzeiten projizieren irreale Bilder vom Zusammenleben in einer Gesellschaft.
› Unterforderung im Unterricht führt zu Langeweile und Passivität, einer fehlenden Reproduzierbarkeit bzw. Anwendung von dargebotenem Lernstoff und macht letztlich aggressiv.
› Wer in einer Zeit des intensiven Wachstums ein vorhandenes Kräftereservoir nicht gezielt zu körperlicher Leistung herausfordert, trägt zu einer gefährlichen Entkörperlichung bei.
› Eine Konzentration auf Denkleistungen hat zur Folge, sich von anderen Fähigkeiten amputiert zu erleben. Dies bewirkt auf Dauer, auch nur noch in Teilen zu leben.

In der Umkehrung der hier zusammengetragenen Anmerkungen liegt der Schlüssel zur Verbesserung der Situation an Schulen. Die nachfolgenden Thesen sind deshalb positiv formuliert:

› Eine Schule, die Hilfestellungen zur Problemlösung anbietet und zur Auseinandersetzung um Standpunkte und Sachverhalte herausfordert, arbeitet zukunftsorientiert.
› Wenn Lehrer und Eltern ihrer jeweiligen Erziehungsverantwortung nachkommen, könnte sich dies in gemeinsam formulierten Jahres-Lernzielen ausdrücken. Diese würden beispielsweise, wie vom Verband Bildung und Erziehung (VBE) angeregt, in ›Erziehungsverträgen‹ geregelt, einschließlich einer regelmäßigen Überprüfung und entsprechender Sanktionen bei Regelverstößen.
› Eine Phase intensiver Körper- und Sinnes-Erfahrungen fordert dazu auf, sich nicht nur als ›Kopfwesen‹, sondern ganzheitlich erleben zu dürfen.
› Lehrer sind, um dieser Aufgabe gewachsen zu sein, bes-

ser – auch im Sinne der zitierten Schülerrede – vorzubereiten. Dazu wären pädagogisch-psychologische Fähigkeiten besonders zu fördern. Ob dazu auch eine leistungsbezogene Bezahlung zählt, wird häufig diskutiert.

Es ist in Schule und Universitäten eine »Kultur der Anstrengung« nötig, so eine häufig geäußerte Forderung. Schüler, Eltern und Lehrer müssen sich dieser gemeinsam stellen, denn ›Sollen‹ impliziert als Voraussetzung ›Können‹. Neben den fachbezogenen Anforderungen würde so auch der von vielen Lehrern festgestellte Hunger nach Zuwendung bei den Schülern reduziert, denn »da gibt es ein ungeheures Bedürfnis nach Gesprächen, Sinn und Geborgenheit«. Der Leitsatz des Erziehungswissenschaftlers Rainer Winkel »Schüler können nicht schulgeeignet, Schulen aber schülergeeignet gemacht werden« ist hier richtungsweisend.

Wer diese Situation verändern möchte, muss eine Wirksamkeitsüberprüfung von schulischer und elterlicher Erziehungsfunktion ermöglichen. Dazu müssen die Schulgesetzgebung mit all ihren Richtlinien sowie die materielle, technische und personelle Ausstattung von Schulen ebenso auf den Prüfstand wie die Kooperationsfähigkeit und Entscheidungsfreudigkeit von Schulkollegien. Der Umfang von Können, Engagement und Durchstehvermögen der einzelnen Lehrkraft sowie die Bereitschaft und Fähigkeit der Eltern zum Einbringen ihrer Erziehungsleistung wären ebenso zu überprüfen. Dies würde neben einer kräftigen Nachbesserung der Voraussetzungen zu einer leistungsfähigeren Schule auch ein sinnvolleres Zusammenwirken zwischen schulischer Ausbildung und beruflichen Erfordernissen nach sich ziehen. Und wenn 80 Prozent aller Lehrkräfte, so die Einschätzung eines Schulpsychologen aus Bayern, vom sogenannten Burnout-Syndrom betroffen sind, wären auch hier entscheidende Veränderungen notwendig, angefangen von besseren pädagogischen Grundqualifikationen über kleinere Klassen, Unterstützung durch die Jugendhilfe bis hin zu Supervisionsmöglichkeiten. Setzen solche grundlegenden Reformen nicht ein, werden Schulen weiterhin Schmelztiegel unterschiedlichster Konfliktpotenziale sein.

Konsequenzen für Freundschaft, Partnerschaft, Liebe und Ehe

Jede Freundschaft, erst recht eine auf Dauer angelegte Partnerschaft oder Ehe, lebt davon, dass die Beteiligten mindestens so viel einbringen, wie sie an Nutzen daraus ziehen wollen. Stabilität erhält sie, wenn für Belastungs- und Krisenzeiten auf ein gemeinsam zustande gekommenes Guthaben an Grundvertrauen, Engagement und gegenseitiger Akzeptanz zurückgegriffen werden kann. Das gilt für Freundeskreise wie für Paarkontakte. Aber Verwöhnte verhalten sich wie die Gäste innerhalb einer Parabel aus China, wo ein wenig begütertes Hochzeitspaar die Eingeladenen gebeten hatte, Wein mitzubringen und in ein Behältnis am Saaleingang zu gießen. Beim Anstoßen auf das Wohl der Vermählten wurde jedoch offenkundig, dass alle Wasser mitgebracht und gehofft hatten, dass es nicht auffalle. – So hoffen auch Verwöhnte, Nutznießer der Eingaben anderer sein zu können, und genauso verwässert oder substanzlos sind ihre Beziehungen.

Wer nicht gestaltet, kann keine tragfähige Beziehung leben. Wer nichts einbringt, erfährt weder Freude noch Zufriedenheit, erst recht keine personale Erotik. Partner sind keine Selbstbedienungsautomaten, die nach dem System ›Schlitz anpeilen, Münze reinstecken, drücken, kurbeln oder ziehen, nehmen und genießen‹ funktionieren. Aber genau diese Vorstellung ist Basis der Erwartung verwöhnter Menschen. ›Die Partnerin, der Partner wird's schon richten!‹ Hat diese oder dieser nach einiger Zeit die Nase voll, resümiert der dauernd Nehmen-Wollende: »Es bringt nichts mehr.« Da Verwöhnte weder bindungs- noch konfliktbereit sind, steht dann meist die Trennung an. Besonders Muttersöhnchen neigen zu verzärtelnder Erotik, inszeniert durch eine aktive Partnerin. Da heute immer mehr Verwöhnte mit ihrem ausgesprochenen »Ja« zum gemeinsamen Lebensweg unausgesprochen substanzielle Glückserwartungen an den anderen richten, wird so ein Scheitern geradezu provoziert. Hier scheint Ehe mit der Ticketbuchung einer Traumreise verwechselt zu werden, wo im aktiven und gut abgestimmten Zusammenspiel von Reisebüro, Fluggesellschaft, Hotel und Fremdenführer wirklich etwas Tolles erwartet werden kann. Im Gegensatz zur Schule sind hier Abschauen und Kopieren erlaubt: Lernwilligen Paaren eröffnen sich ebenfalls durch ein aktives und gut abgestimmtes Zusammenspiel die tollsten Perspektiven für ein harmonisches und dauerhaftes Zusammenleben.[91]

Wer sich also der Verwöhnung hingibt, verhindert partnerschaftliche Zuwendung und echte Hingabe. Die »Lust will Ewigkeit, will tiefe Ewigkeit«, schrieb Nietzsche.[92] Sie kann nicht ertrotzt, erbettelt, gekauft oder vertraglich geregelt werden. In und mit Lust kann sich Lust dann entfalten, wenn sie kraftvoll und verantwortungsbewusst miteinander entfacht wird. Somit ist eine ›Selbstherausforderung aus Lust‹ in der Kombination mit ›zeitlich befristetem Verzicht‹ der Schlüssel gereifter Menschen zur Erlangung genussvoller Lust.

Konsequenzen für das Zusammenleben in einer Konsumgesellschaft

»Müßiggang ist aller Laster Anfang«, so der Volksmund. Die übermächtigen Römer wurden, als der Gaumenkitzel einen höheren Stellenwert als die Verteidigungsbereitschaft erhielt, so stark in die Defensive gedrängt, dass sie schließlich den Kürzeren zogen. Andere, fleißigere, kraftvollere und ideenreichere Völker bzw. Länder haben dem ehemals weltweit anerkannten Signum ›Made in Germany‹ schon einen kräftigen

Wertverlust beschert. Eine Gesellschaft von Verwöhnlingen hat letztlich keine Zukunft und wird unter menschlich-sozialen und wirtschaftlichen Gesichtspunkten zugrunde gehen. Ob im großen Sozialsystem, in einer Nachbarschaft oder in der Familie: ›Nehmen, ohne zu geben‹ verhindert Zukunft. Echte Sozialpolitik fördert durch eine kombinierte Wirkung mentaler, rechtlicher, ökonomischer, ökologischer und pädagogischer Maßnahmen. Sie vollzieht sich in den Schritten Klimaverbesserung, Ressourcenausbau, Stabilisierungshilfen und in Krisenzeiten durch adäquate Interventionen personeller und materieller Art. Damit würden originäre Hilfen gegeben, um mit sich und anderen förderlicher zusammenzuleben. Gleichzeitig könnten reichlich Abwehrkräfte gegen verwöhnende Versuchungen mobilisiert werden. Auf die Arbeitswelt bezogen forderte vor einigen Jahren eine Autorengemeinschaft: *Gebt uns das Risiko zurück – Strategien für mehr Arbeit.*

Ein kritischer Blick auf unser Sozialsystem offenbart: Sozialpolitik droht immer mehr zur Mittelverteilung für finanzschwache Menschen zu verkommen. Sie hat jedoch den Auftrag, Menschen zu befähigen, möglichst eigenständig und verantwortlich in Familie, Beruf, Freizeit und Gemeinwesen leben zu können. Denn solange unterschiedlichste Notsignale in den entsprechenden Dienststuben einen warmen Geldsegen auslösen, kann dies zu einem kontraproduktiven Reaktionsmuster führen.

In der Stadt Neuss wurde die Bearbeitung von Sozialhilfeanträgen vor etlichen Jahren an folgende Bedingungen geknüpft: Die Antragsteller mussten für zwei Wochen jeweils werktäglich beim Arbeitsamt und einer Zeitarbeitsfirma nachfragen, ob eine kurz- oder längerfristige Beschäftigung möglich sei. Erst bei einem entsprechenden Nachweis wurde der Antrag bearbeitet. Die nach einem Jahr erfolgte Zwischenbilanz offenbarte, dass die Anträge auf Sozialhilfe um knapp 30 Prozent zurückgegangen waren. Entweder hatten die Betroffenen eine Arbeit gefunden oder der Aufwand des Suchens war zu groß.

Die normale Abfolge bei Arbeitslosigkeit ist: persönliche Not > Unterstützung durch den Staat > Geld. Damit wird indirekt die Botschaft vermittelt, dass z. B. mit finanzieller Hilfe Arbeitslosigkeit behebbar wäre. Problemlösend kann aber nur sein, die konkreten Gründe für den Verlust des Arbeitsplatzes zu analysieren, um dann entsprechende Abhilfeschritte einzuleiten. Läge der Grund in zu häufigem Krankfeiern, müsste hier angesetzt werden. Würde sich herausstellen, dass bestimmte fachliche Fähigkeiten nicht reichen, wären Qualifikationsmaßnahmen notwendig. Hat ein unguter Umgang zwischen den Kollegen, ein zu gering ausgeprägtes Sozialverhalten zur Kündigung geführt, sind wiederum andere Schritte einzuleiten. Geschieht dies aber nicht und findet gleichzeitig eine finanzielle Absicherung aus staatlichen Mitteln ohne Gegenleistung statt, wird Verwöhnung praktiziert.

Je länger dies andauert, desto mehr werden eventuell anfänglich vorhandene Anstrengungen zur Verbesserung der Voraussetzungen für einen neuen Arbeitsplatz ausgeblendet. Gleichzeitig wird sich das Denken in Anspruchskategorien rasant entwickeln. In der meist genervt zum Ausdruck gebrachten Aussage »Ich habe zig Bewerbungen losgeschickt und immer noch keine Stelle erhalten« entlarft sich diese Verhaltensweise. Selten bis nie ist zu hören: »Mir ist klar geworden, woran es lag, dass nicht meinem Kollegen, sondern mir gekündigt wurde. Zwischenzeitlich habe ich kräftig an meinen Defiziten gearbeitet, sodass ich mich bald wieder – hoffentlich erfolgreich – bewerben kann.«

Es wird zu selten aufgegriffen oder verstanden: Arbeitslosigkeit hat mannigfache Ursachen. Der Wirtschaftsstandort Deutschland innerhalb globaler Verflechtungen, die momentane Konjunktur, das wirtschaftspolitische Klima, viele Faktoren kommen da zusammen. Die Arbeitslosigkeit des Einzelnen hat daneben aber in der Regel auch ganz persönliche Ursachen. Denn die meisten anderen Menschen haben – von Ausnahmen abgesehen – nicht nur zufällig ihren Arbeitsplatz behalten. Anders sieht es natürlich aus, wenn Entlassungen die Folge von Konkursen oder der Auflösung von Unternehmensbereichen sind.

Werden solche Gedanken aufgegriffen, hätte dies eine drastische Reduzierung von Programmen zur bloßen Finanzumverteilung zur Folge, um so nicht vorschnell Geld von Leistenden an manchen Nicht-Leistungsbereiten zu geben. »Das soziale Netz ist keine Hängematte, sondern eher ein Trampolin«, so brachte es unlängst ein Sozialpolitiker auf den Punkt. Es soll auffangen, auf die Beine helfen und nicht zum Dauerverweilen einladen.

In Großbritannien kündigte die Regierung vor etlichen Jahren ein Programm gegen Sozialbetrug an. Niemand hätte ein »Recht mehr auf bedingungslose Sozialhilfe«, wurde landauf, landab verkündet. »Die Kultur des Nehmens aber Nicht-Gebens« müsste aufhören. Wer sich nicht um Arbeit bemühte, erhielt auch keine Unterstützung mehr. Hauptzielgruppe waren die vielen Alleinerziehenden, wovon 60 Prozent staatlich unterstützt wurden. Tendenz steigend. Abhilfe kann folgender Ansatz schaffen: Wer zum Gesprächstermin bei der staatlichen Jobvermittlung nicht erscheint, erhält kein Geld.

In den USA wurden die Rahmenbedingungen schon vor vielen Jahren einschneidend verändert. Drei Jahre nach der Sozialhilfereform durch Präsident Clinton im Jahre 1996 hatte sich die Zahl der Sozialhilfeempfänger fast halbiert. Die Eckdaten: Es gab höchstens für zwei Jahre am Stück finanzielle Unterstützung durch den Staat, auf die Lebenszeit insgesamt bezogen fünf Jahre. Der Protest der Gegner war deutlich, die positiven Folgen waren überdeutlich. Damit dieses System funktionieren konnte, haben Behörden und Betriebe viele neue Arbeitsplätze geschaffen. In New York beispielsweise wurden diese Kräfte in der Abfallbeseitigung sowie zur Säuberung von U-Bahnen und Parks eingesetzt. Eine Befragung in Massachusetts ergab, dass es 86 Prozent der Betroffenen ein Jahr nach dem Ende der staatlichen Fürsorge gleich oder besser ging als zuvor.[93]

Ein solcher Prozess orientiert sich an dem Axiom, dass vor einem Anspruch gegenüber einer Gemeinschaft die Pflicht kommt, sich in diese – je nach Begabung und Art unterschiedlich – entsprechend einzubringen. »Es ist Zeit, von den Pflichten zu sprechen!«, so der ehemalige Bundeskanzler Helmut Schmidt in der *ZEIT*. »Statt weiterhin über die Menschenrechte zu streiten, sollen die Völker sich über die Pflichten der Menschen verständigen.«[94] Die Sozialpolitik muss eine Wende einleiten, da die immer größer werdende Zahl verwöhnter Abzapfer das für Notfälle geschaffene Versorgungssystem zusammenbrechen lässt. Es muss wieder neu ins Bewusstsein rücken, dass es eine Grundpflicht des Menschen ist, für sich selbst zu sorgen. »Wir haben uns jahrzehntelang an eine fatale Vollkasko-Mentalität gewöhnt. Das kann unser Sozialsystem nicht mehr schaffen«, so der frühere deutsche Bundeswirtschaftsminister Werner Müller. Der Ausweg heißt schlicht: ›Besinne dich auf deine Kräfte, schaffe es selbst!‹

Das Leben ist kein ruhiger Fluss, stattdessen ist mit Stromschnellen, Untiefen oder Hochwasser zu rechnen. Besonders gefährlich und heimtückisch sind Strudel. Von ihnen geht eine große Anziehungskraft aus. Werden Menschen oder Gegenstände durch sie erfasst, ist ein Entrinnen meist nur mit Außenhilfe möglich. Da Verwöhnte wenig bis nichts in eine Gemeinschaft einbringen, könnte das in einem solchen Fall zur Folge haben, dass Notsignale gezielt ignoriert werden. Der beste Selbstschutz besteht darin, gefährdende Strudelsituationen schnell erkennen zu lernen, um sie dann gezielt zu meiden.

ZUM TRANSFER IN DEN LEBENSALLTAG

Das ehrbare Prinzip des Strebens nach Glück wird durch Verwöhnung konterkariert. Diese Erkenntnis ist die Basis zur Einleitung der anstehenden Wende. Damit ist ein Aufgeben bisheriger – meist in der Situation recht angenehm erlebter – Verhaltensweisen verbunden. Aber Vorsicht, nicht immer führt Weniger zu Mehr. Verzicht aus Einsicht ist eine starke Leistung; das Schaffen von Mangel ohne Sinn führt zu Gier oder ist Ausdruck einer Härte gegen sich und andere. Die Entwicklung eines gefestigten Selbst ist also Vorbedingung, um ein dekadentes Terrain verlassen zu können. Aber im Gepäck jeder Reise in neue Welten befinden sich auch Unsicherheit und Angst. Selbst Störendes und Problematisches auf dem bisherigen Lebensweg hatte einen Vorteil, es war wenigstens vertraut. Wie bereichernd ein Aufbruch zum eigenen Ich sein kann, wird von Woody Allen virtuos mit Mia Farrow in Szene gesetzt. Nach vielen Irrungen kommt die von Neurosen geplagte Filmheldin ans Ziel: ›Alice entdeckt das Wunderland der eigenen Seele.‹ Da es im wirklichen Leben nicht immer so poetisch zugeht, hier einige ermutigende Transfer-Anregungen.

Ein Starthilfe-Set

»Eltern fühlen sich oft in ihrer Erziehungsverantwortung alleingelassen«, so eine häufig zu hörende Anmerkung. Auch wenn es in diesem Zusammenhang vieles zu verbessern gibt, lassen sich Eltern aber mindestens ebenso häufig allein. Wenn beispielsweise mit dem Auto etwas nicht stimmt, der PC verrücktspielt, das Finanzamt Probleme bereitet oder eine Geldanlage zu unrentabel wird, wie schnell werden dann Kontakte zu Fachwerkstatt, Computer-Techniker, Steuer- oder Anlageberater aufgenommen! Treten dagegen Erziehungsprobleme auf oder klappt die Beziehung nicht mehr richtig, dauert es viel zu lange, bis überhaupt ein erster Schritt unternommen wird. Häufig passiert gar nichts, das heißt, die Probleme wachsen in der Selbstüberlassung. Aber ein gutes Gespräch unter Freunden, eine Selbsthilfegruppe, Seminare zu Erziehungsfragen, Trainings zur Persönlichkeitsentwicklung oder psychologische Beratungsangebote könnten sehr viel ausrichten. Zur Selbsthilfe einige Denkanstöße:

> Die regelmäßige Wartung eines Autos kann gut einer Werkstatt übertragen werden, für die Pflege und Weiterentwicklung des eigenen Wert-Seins müssen wir schon selber sorgen.
> Wer ständig über verwöhnende Handlungen nach Anerkennung und Zuwendung sucht, sollte besser in die Selbstentfaltung investieren. Anbiederung zahlt sich längerfristig nicht aus.
> Wenn der Preis der Verwöhnung (für den Verwöhner oder den Verwöhnten) zu hoch ist, setzt der Impuls zur Veränderung ein.
> Durch Anstrengung oder Aufschub wird die Lust an der Lust erhalten. Zufriedenheit im tieferen Sinne setzt nur nach selbst erbrachter (verdienter) Leistung ein. Die Ausschüttung von Glückshormonen beim Flow-Erlebnis belegt dies.
> Erhalten Sie sich Neugier und Interesse, weil sie die Motoren für jegliches explorative Verhalten und die Entwicklung von Funktionslust sind; verschüttete Bereiche sind freizulegen.
> Gehen Sie nicht als Erstes an Probleme mit der Frage heran, wie es dazu kam. Alle Kräfte sollten in die Klärung der Frage investiert werden: Wie kann es trotzdem gehen? Dazu bietet ein Erkunden der Beweggründe, weshalb ich so oder so handle, eine gute Voraussetzung.
> In Konflikt- und Problemsituationen ist immer zwischen

Sach- und Personenanteil zu unterscheiden. Meist wird die Sachebene zum Austragungsort von persönlichen Differenzen.

› Konkurrenz stört oft zwischenmenschliche Bezüge; über Kompromisse, Konsens und Kooperationen werden sie lebbar!
› Ohne Mut keine Tat, ohne Handeln kein Erfolg, ohne Erfolg keine Anerkennung und Zufriedenheit!
› Nur nachvollziehbare, einfühlsame und wohlwollend vermittelte Botschaften können aufgenommen und beherzigt werden.
› Zeigen Sie sich selbst die rote Karte für egoistisch-verwöhnendes Verhalten!
› Das Ausmerzen der Verwöhnung eröffnet neue Horizonte, ob als Erfolg oder Zufriedenheit!
› Bei allem gilt: ›Den Schlaf der Trägheit weckt der Schmerz!‹ Wir bewegen uns meist dann in eine neue oder bisher zu meiden gesuchte Richtung, wenn das bisherige Verhalten richtig wehtut.

Wie erfolgreich Ihre Bemühungen auf dem Weg zu einer eigenständigeren – und damit weniger verwöhnten – Persönlichkeit sind, kann der folgende Selbsttest verdeutlichen; konkret geht es um eine Mini-Sprachanalyse:

Verwöhnte Zeitgenossen scheuen Selbstverantwortung ›wie der Teufel das Weihwasser‹. In Äußerungen wie »Es hat leider nicht geklappt!« – »Vom Grundsatz könnte es vielleicht möglich sein!« wird keinesfalls eigene Verantwortung oder Beteiligung zum Ausdruck gebracht. Verwöhnte schaffen es meisterlich, Probleme als von außen gesetzte Ereignisse darzustellen. Damit wird impliziert, dass es für sie auch nichts zu ändern gibt. Irgendeine Macht hat ›es‹ zu vertreten. So wird der Boden dafür bereitet, dass möglichst keine Handlungsaufforderung entsteht. »Es ist halt hinzunehmen!«

Die Sprache Nicht-Verwöhnter grenzt sich deutlich davon ab: »Ja, weil ich die Zeit aus dem Auge verlor, bin ich zu spät gekommen!« – »Ich werde meinen mir möglichen Anteil einbringen, um das Vorhaben zu realisieren!« So drückt sich Selbst- bzw. Mitverantwortung für Zurückliegendes oder Kommendes aus.

Eine weitere Praxishilfe bezieht sich auf eine Selbsteinschätzung zum eigenen Erziehungsverhalten. Hier drei Schlüsselfragen:

› Ahnden Sie jedes Fehlverhalten gleichermaßen sofort und unnachgiebig nach dem Grundsatz ›Wehret den Anfängen!‹?
› Schauen Sie großzügig über Fehlverhalten hinweg, frei nach der Devise ›Es soll Spaß machen, wir waren ja auch mal jung!‹?
› Versuchen Sie sich erst ein Bild über Ursachen und Zusammenhänge zu machen und ziehen Sie dann die sinnvollen bzw. notwendigen Konsequenzen?

Bewegen Sie sich vornehmlich in der ersten Kategorie, zeigen Sie ›Hardliner-Verhalten‹. Im zweiten Fall orientieren Sie sich an einer ›Weich-Ei-Mentalität‹. In beiden Fällen – ob Verbot oder Nachgiebigkeit – liegt die Ursache im Angstbereich. Der dritte Erziehertyp erhält durch seine eigene klare Positionierung die Souveränität zur Umsetzung angemessener Reaktionen, ob bestätigend oder ablehnend.

Falls das Ergebnis Ihrer Selbsteinschätzung große Zufriedenheit auslösen sollte, werden Sie womöglich einer Selbsttäuschung erlegen sein. Für solche Fälle empfehle ich sicherheitshalber: Bitten Sie die Ihnen Anvertrauten in einer passenden Situation um *echte* Rückmeldung oder befragen Sie Partner und Freunde.

Strategien zur Verwöhn-Entwöhnung

Entwöhnung basiert auf Einsicht, benötigt Geduld und braucht klare Regeln. Je länger oder intensiver Verwöhnung praktiziert wurde, desto umfangreicher muss der Kurswechsel geplant werden. Da befinden sich Kleinkinder dauernd auf dem Arm, erhalten eine Sonderstellung bei Krankheiten, werden beim Zähnekriegen ins Elternbett geholt, zeigen Protesttränen im Kindergarten, frönen später einem ungeregelten Fernsehkonsum oder erfahren eine zu große Selbstüberlassung im Jugendalter. Konflikte ergeben sich schneller, als uns lieb ist. Ebenso schnell werden aber auch in diesen Situationen vielfältige Fehlentwicklungen eingeleitet.

Orientierten sich die bisher in diesem Buch zusammengetragenen Gedanken und Anregungen in erster Linie an dem Ziel, möglichst keine verwöhnenden Rahmenbedingungen zu schaffen bzw. zuzulassen, so sollen nun einige Hilfestellungen zum Einlegen des ›Rückwärtsganges‹ angeboten werden. So wie es technisch nicht möglich ist, von ›volle Kraft voraus‹ sofort ebenso kraftvoll in die Gegenrichtung zu schalten, so können auch eingefahrene Verwöhn-Gleise nicht von jetzt auf gleich verlassen werden. Besonders sind vor dieser Wende die eigenen Kräfte und Vorgehensweisen genau unter die Lupe zu nehmen, da das Einleiten von Veränderungen angemessene Erfolgsaussichten haben sollte. Hier nun einige Detailstrategien zum Kurswechsel:

Ein wichtiger Schritt besteht darin, den jeweiligen Entscheidungsraum zwischen ›Ja‹ und ›Nein‹ in den Blick zu nehmen. Wenn keine Anhaltspunkte für erkennbare Störungen existieren, liegt der Handlungsspielraum bei *schreienden Kleinkindern* beispielsweise zwischen Selbstüberlassung und sofortigem Hochnehmen. Dazwischen läge aber: keinesfalls sofort hingehen; nach einiger Zeit nachsehen und gut zureden, dann die Tür einen Spalt offen lassen; zum Kind gehen und eine Zeit lang seine Hand halten, über das Köpfchen streichen, ohne es hochzunehmen; sich vielleicht neben das Bett setzen und dort einige Zeit still verweilen; etwas vorsingen oder erzählen; die Lage des Kindes im Bettchen wechseln, es eventuell für ein ›Bäuerchen‹ hochnehmen. Wer jedoch Weinen oder Herumquengeln selbst nicht ertragen kann, sollte die eigene Unzulänglichkeit nicht durch Erklärungen zu vertuschen suchen, ja nur aus übergroßer elterlicher Sorge dem Kind gegenüber gehandelt zu haben.

Meistens führt eine *Krankheit* zu der Frage, ob das Kind aus dem Kinderzimmer in den elterlichen Schlafraum geholt werden sollte. Hier liegt normalerweise die Entscheidung zwischen ›im Kinderzimmer lassen‹ oder ›ins Elternbett holen‹. Aber das Kinderbett neben dem Elternbett würde auch dem Ziel größerer Nähe dienen. Dies zöge zudem eine leichtere Zurückführung in den vorherigen Zustand nach sich. Damit würden auch diesbezüglicher Streit zwischen Eltern und Kind bzw. zwischen den Ehepartnern und eine Zweckentfremdung des Ehebetts vermieden. Auch viele Zugeständnisse in den Bereichen Essen und Tagesgestaltung sind nicht einfach zurückzuschrauben. Je umfangreicher eine verzärtelnde Sonderbehandlung Fuß fassen konnte, desto schwieriger werden die Normalisierungsschritte sein.

Die Umstellungen durch den Besuch eines *Kindergartens* sind für ein Kind recht einschneidend: andere Kinder, neue Erwachsene und gleichzeitig ein mehrstündiger Verlust der primären Bezugspersonen. Hier pendeln die Entscheidungen in der Regel zwischen ›Abgeben mit Geschrei und Protest‹ und ›Selbst die Zeit im Kindergarten verbringen‹. Beides ist problematisch. In diesem Falle gibt es folgende Zwischenstufen: anfangs ein Kind nur zeitweise in den Kindergarten geben, wobei der Umfang pro Tag erhöht wird; das Kind schon den ganzen Vormittag in den Kindergarten geben, aber zu klar abgesprochenen Zwischenzeiten einen Kurzkontakt ermöglichen; augenscheinlich ›Funktionen‹ im Kindergarten übernehmen, durch welche sich auch Kontakte zum eigenen Kind ergeben (z. B. Besorgungen für das Kita-Team übernehmen); zeitweise mit dem Kind in den Kindergarten gehen, dann aber so viel Aufmerksamkeit wie möglich auf andere Kinder richten; unangekündigt kurzzeitig den Raum verlassen; sich immer umfangreicher in einer Parallelgruppe aufhalten, bis eine Gewöhnung erfolgt ist.

Auch der Fernseh- und Internet-Konsum bietet viele Umgangsstile zwischen Grundsatzverbot und unkontrolliertem Laufenlassen. So lassen sich Rahmenzeiten absprechen oder vereinbaren. Bezogen auf die jeweilige Reife des Kindes können Sendungen, Themen oder Nutzungsarten vorgegeben, miteinander ausgehandelt oder nur noch genehmigt werden. Ein Zeitkonto – vor allem, wenn dieses recht knapp bemessen ist – böte beispielsweise eine Übertragsmöglichkeit von nicht genutzten Werktags-Zeiten ins Wochenende. Weiterhin lassen sich Zusammenhänge zwischen zu erledigenden Aufgaben und Medien-Konsum herstellen, gemäß dem Grundsatz ›Erst die Arbeit, dann das Vergnügen‹. Fernseh-, Video- und Internet-Regelungen lassen sich absprechen und schriftlich festhalten, was z. B. Konflikte aufgrund allgemeiner oder gezielter ›Vergesslichkeit‹ aufseiten des Nachwuchses vermeiden hilft. Für den Videobereich kann eine Grundsatzregel lauten: Keine irgendwo entliehenen Filme ohne Genehmigung und selbst veranlasste Aufzeichnungen nur im Rahmen der vereinbarten Sendungen. Und für das Internet gilt zu regeln, dass es keine eigenen Passwörter gibt, die Eltern ein Überprüfungsrecht der Nutzung haben und Kontakte in Facebook, Twitter und Co. nur im Rahmen altersbezogener Grundsatz-Vereinbarungen möglich sind. Ausschlaggebend für den Erfolg ist, welche Einstellung bei den Erwachsenen diesen Medien gegenüber existiert und mit welcher Konsequenz die Vereinbarungen eingehalten werden.[95]

Nach den gleichen Regeln lassen sich auch überzogene

Ausgehzeiten, ausufernde Handy-Kontakte, unangemessener Geldmittel-Einsatz, fehlende Zimmerordnung oder eine zur Abstinenz neigende Mitwirkung im Haushalt auf ein vertretbares Maß bringen.

Neben der Vergegenwärtigung der Bandbreite zwischen ›Nicht‹ und ›Dennoch‹ ist es sinnvoll, das anstehende Entwöhnungsprogramm in möglichst vielen kleinen Schritten anzugehen. Je nach Alter sollte in diese Planungen auch der Nachwuchs selbst einbezogen werden. Dabei können Vorgehensweise und zeitliche Abfolge ausgehandelt werden, nicht jedoch das Ziel als solches. Es muss deutlich werden, dass es nicht um Machtansprüche, sondern um die Übernahme von Mit- und Selbstverantwortung geht. Oft können auch Rituale und Grundsatzregeln dem Kind Orientierung und Stütze sein. Wenn es zwischendurch besonders mühevoll wird, kann die Erinnerung helfen, dass diese ›Maßnahme‹ bei größerer Umsicht der Erziehungspersonen vermeidbar gewesen wäre. Eigene Unzulänglichkeiten sollten aber nicht zu Wut gegenüber den Betroffenen führen.

Weiterhin ist es äußerst wichtig, *vor* möglichen Eskalationen zu reagieren. Denn wenn erst einmal alle Kraftreserven verbraucht sind, die Laune im Keller und der Kragen geplatzt ist, fehlt in der Regel die notwendige Ausgewogenheit zur Einleitung anstehender Korrekturen. Zur Vergegenwärtigung ist es auch hilfreich, dass Kinder häufig Spiegel unserer Unruhe, Gewohnheiten, Ängste oder Inkonsequenzen sind. Aber so wie der Ärger beim morgendlichen Blick in den Spiegel nicht dem Glaser anzulasten ist, bringt auch ein Stöhnen oder Lamentieren über die unmöglichen Verhaltensweisen von Sohn oder Tochter ›Superdreist‹ nichts. In beiden Fällen hilft nur eine Veränderung der Voraussetzungen.

Konflikte haben neben ihrem Sachanteil, ob dieser auf Speisebevorzugungen, Taschengeld oder Kleidungswünsche bezogen ist, immer auch einen beträchtlichen Beziehungs-

und Machtanteil. Dies ist besonders bei Entwöhnvorhaben in den Blick zu nehmen, da so wichtige Anhaltspunkte zur Detaildurchführung ermöglicht werden. In den meisten Erziehungskonflikten ist die zur Diskussion stehende ›Sache‹ übrigens das kleinste Problem. Insoweit ist unbedingt zu klären, weshalb es häufig Auseinandersetzungen um den Bereich X oder Y gibt. Will das Kind so Aufmerksamkeit und Zuwendung erkämpfen, oder geht es um die Abgrenzung von den Eltern auf dem Weg zu einer eigenständigen Persönlichkeit? Fachleute nennen dieses Verhalten »sozial-aggressive Exploration«. Ob innerhalb der Erziehung zu schnell nachgegeben oder streng am Ziel festgehalten wird, jede Auseinandersetzung dient dem Ziel, Grenzen, Macht und Einfluss sowie die Folgen von Protest in Abgrenzung von Willfährigkeit auszutesten. Die ins Auge springenden Sachfragen dienen dann als Austragungsebene für die emotional-sozial anstehende Standort- und Beziehungsklärung.

Diese kurzen Hinweise zur Entwöhnung wurden innerhalb der Beispiele auf den Eltern-Kind-Bereich bezogen. Leicht können sie jedoch auch auf Fragen des Miteinanders in Partnerschaft, Beruf und Freundeskreis übertragen werden. Auch hier gilt, dass die Beziehungsprobleme weitaus gewichtiger als die offiziell diskutierten Sachfragen sind. Weiterführend ist eine Recherche der eigentlichen Clinch-Ursachen. Wer Unwohlseinsgefühle mit dem nach Sucht riechenden Begriff ›Entwöhnung‹ haben sollte: Verwöhnung ist eine zur Abhängigkeit führende Fehlform des Miteinanders. Spätestens bei den Entzugserscheinungen, beim vehementen Kampf, die bisherigen bequemen Standards von Aufwandsminimierung und Lustmaximierung zulasten anderer nicht aufgeben zu wollen, werden die Parallelen offenkundig.

Stehen Sie noch vor der Entscheidung, wählen Sie von vornherein angemessene Lösungen innerhalb der möglichen Bandbreite zwischen ›Ja‹ und ›Nein‹. Hier kann die Lebensweisheit helfen, dass alles, was nicht angefangen, auch nicht aufgehört werden muss. Sind Sie jedoch schon stark in gefahrenvolle Gewässer abgedriftet, hilft nur ein konsequenter Anti-Verwöhn-Kurswechsel. Je mehr Sie innerhalb der Konfliktsituationen in den Sog der Verwöhnung geraten sind, desto mühevoller wird der Weg zurück sein. Er wird nur Erfolg haben, wenn dieser einfühlsam, wohlwollend, klar und konsequent beschritten wird. Eine abschließende Ermutigung: Es ist nie zu spät für eine positive Veränderung, aber in vielen Fällen ist es höchste Zeit!

Belege für ein stabiles Selbst

Im Gleichnis des Sämanns wird zum Ausdruck gebracht, dass der Erfolg einer guten Ernte nicht vom Umfang des Verstreuens von Saatgut abhängt, sondern von der Keimfähigkeit des Samens, der Güte des jeweiligen Bodens sowie von den anschließenden Wachstumsbedingungen. Erst nach einiger Zeit wird deutlich, was zu welchem Ergebnis führt. Das ist auch in der Erziehung so. Nur aus einem ausgewogenen Zusammenwirken von guten Eingaben, optimal bereiteten Aufnahmevoraussetzungen und förderlichen Rahmenbedingungen werden sich stabile Kinder entwickeln. Es ist ein Grund zu tiefer Freude und Dankbarkeit, wenn trotz ungünstiger Umfeldbedingungen Gutes möglich wurde.

In diesem Buch wurde eine Fülle von negativen Beispielen für Verwöhnung zusammengetragen, häufig auch zur besseren Nachvollziehbarkeit eingebettet in die jeweilige Situation. Daneben gibt es natürlich viele Belege dafür, dass Eltern oder Menschen in anderen Rollen und Funktionen *nicht* verwöhnen. Das hervorzuheben ist mir wichtig. Da Verwöhnung häufig im Zusammenhang mit der Nahrungsaufnahme feststellbar ist, hier drei Episoden aus dem Kleinkindbereich, die verdeutlichen, was durch Erziehung erreicht werden kann:

Laura, gut zwei Jahre alt, beim Mittagessen: Es gibt Sauerkraut, nicht unbedingt ein Favorit der Kleinen. Als sie die Schüssel sieht, signalisiert sie erst per Gesichtsausdruck und dann in Worten: »(Sch)Meckt nicht, Mama!« Daraufhin die Mutter liebevoll, aber klar: »Heute gibt es nun mal Sauerkraut mit Kartoffeln und Fleisch, sonst haben wir nichts!« Das nonverbale, aber deutliche Empfangssignal von Laura: ›Dann ist es halt so.‹ Der Teller wird problemlos leer gegessen.

Beim Mittagessen ist ein Mädchen aus dem Kindergarten zu Gast. Als alle Speisen auf dem Tisch stehen, die Mutter ist noch in der neben dem Essraum liegenden Küche, sagt Christina: »Ich mag aber keine Bohnen!« Daraufhin Thomas als Mini-Gastgeber: »Dann hast du heute Pech gehabt – wenn es Salat gibt, habe ich Pech.« Als die Mutter kurz danach zum Esstisch kommt und die Verteilung der Speisen ansteht, gibt es weder Anmerkungen noch Proteste. Es wird ganz normal gegessen.

So wie bei anderen Problemen werden auch die meisten Essstörungen durch die Erwachsenen in die Kinder hineintransportiert. Dabei spielen die Bequemlichkeit und Unreflektiertheit im Umgang mit Fertignahrung eine immer größer werdende Rolle, weil so weder Kauen gelernt noch Vielfalt erfahren wird. Eine weitere Anleitung zur Verweigerung von bestimmten Nahrungsmitteln erhalten Kinder durch folgende Aussagen: »Magst du das nicht?« – »Wenn du nicht willst, musst du das nicht essen!« – »Was möchtest du denn heute essen?« Solche Bemerkungen schaffen die Basis dafür, dass Kinder aus Funktionslust oder Machtspiel hier ›Ja‹ und dort ›Nein‹ sagen. Mit solchen Redewendungen wird gleichzeitig impliziert, dass es gutes und schlechtes, schmackhaftes und nicht schmeckendes Essen gäbe. Die Frage »Wie viel möchtest du von was haben?« bietet eine Wahlmöglichkeit, drückt aber indirekt auch aus, dass alles auf dem Tisch essbar ist. Erst so können sich im Laufe der Zeit wirkliche geschmackliche Bevorzugungen entwickeln. Und wenn dann gerade Hering oder Spinat als mögliche Anti-Speisen auf den Tisch kommen, hat man halt, wie es der kleine Thomas trefflich ausdrückte, Pech gehabt und nimmt sich weniger.

Die nachfolgende Begebenheit führt vor Augen, wie verbal konsequent wirkende Menschen gegenteilig handeln. Gleichzeitig wird mit mikroskopischer Schärfe deutlich, dass es um Vorteile für die Verwöhnerin geht, vom Gefühl, besonders beliebt und zugetan sein zu wollen, bis hin zum erstrebten Genuss strahlender Kinderaugen.

Tina ist bei ihrer Großmutter zu Besuch. Diese reicht ihr nach dem Essen eine Schale mit buntem Süßzeug: »Zwei Stück darfst du dir aussuchen, aber nur zwei Stück.« Die knapp Dreijährige sucht sich ein rotes und ein blaues Bonbon aus. Vor dem Wegnehmen der Schale schiebt die Großmutter noch schnell ein weiteres Exemplar dazu und sagt: »Hier hast du noch ein gelbes.« Daraufhin die Enkelin: »Aber Oma, du hast doch gesagt, dass ich nur zwei Stück nehmen darf!« – Mit großer Wahrscheinlichkeit wäre dieser Hinweis ein bis zwei Jahre später nicht mehr gekommen. Dann hätte die Enkelin sicher still abkassiert. Aber bemerkt hätte sie die Inkonsequenz auf jeden Fall – und mit großer Wahrscheinlichkeit in Zukunft auch eingefordert.

So banal diese Begebenheit oberflächlich betrachtet vielleicht wirken mag: Wer so eklatant gerade erst getroffene Vereinbarungen unterläuft, sät Verunsicherung und wird fehlende Verlässlichkeit ernten. Ein solches Agieren bezeichne ich mit den Worten Paul Watzlawicks als ›eine sorgfältig geplante Frustration‹. Wer Menschen daran hindert, ein stabiles Selbst zu entwickeln, und sie stattdessen in die irremachende Beliebigkeit führt, handelt verantwortungslos und wird zur Zumutung – nicht nur für Kinder.

Die Kompetenz-Erweiterungs-Regel X + 1

Keine Sorge, eine Anmeldung zur Mathematik-Nachhilfe steht nicht an. Falls diese simple Formel jedoch Eingang in Ihr Leben finden sollte, wird sich immens viel ändern können. Sie basiert darauf, dass Menschen in der Regel nach mehr streben, was immer das auch sein mag. Seelisch Gesunde investieren Kräfte in die Erweiterung ihrer Potenziale, um so persönliche Begabungen geschickt zur jeweiligen Zielerreichung einzusetzen.

Die Regel X + 1[96] geht davon aus, alle Ressourcen zu nutzen, einschließlich der Fertigkeit zum adäquaten Ausgleich von Unterentwickeltem, um Optimierung zu erreichen. Konkret heißt das: Wenn ich das Ziel X erreicht habe, sagt das ›plus 1‹, was als Nächstes anzusteuern ist. Da verwöhnte Menschen einen substanziellen Mangel an Können und Wollen haben und sich zu häufig in der Verharrung befinden, ist über die Zwischenstufe ›Klick im Kopf‹ und im Rückgriff auf Beppo Straßenkehrers Erfolgsrezept in *Momo* ›Schritt für Schritt‹ vorzugehen. Würde der Blick auf das ganze Vorhaben gerichtet, der Mut könnte leicht in den Nullbereich fallen. Aber der Grundsatz ›dranbleiben‹ war schon beim Bau des Sueskanals wie auch bei der Landung des ersten bemannten Raumschiffes auf dem Mond der Schlüssel zum Erfolg. Hier wurden Leistungen erbracht, die vorher unmöglich erschienen. Verwöhnte Menschen tendieren in Situationen, wo Handeln ansteht, jedoch dazu, ein so hohes Idealziel aufzustellen, dass der erste Schritt nie getan wird.[97] So wird den im Unterbewusstsein nagenden Gedanken ›Eigentlich müsste ich ja …‹ der Garaus gemacht, weil ›so was einfach nicht schaffbar ist‹. Zur perfekten Verdrängung gibt es noch schnell den Nachschlag, dass ›es auch keinesfalls sinnvoll wäre‹. So wie hier mit Geschick das Ziel Totalverweigerung angesteuert wird, hält der seelisch halbwegs Gesunde konsequent Kurs auf die Stabilisierung seiner Persönlichkeit. Innerhalb unseres Themas heißt das: ›Mobilmachung gegen die Verwöhnung‹.

Auf den Alltag übertragen gibt es jetzt zig Ansatzpunkte, durch Vermeidung erst gar nicht in die Situation zu geraten, eigene Immunkräfte zu stabilisieren bzw. durch eine Bejahung des Guten leichter zum abwehrenden ›Nein‹ zu kommen. Dies schließt ein, sich für Verstöße gegen die selbst entwickelten Grundsätze auch Sanktionsregeln zu geben. Auf einem solchen Weg werden sicher einige kraftzehrende Hürden vorhanden sein.

Während ich diese Zeilen schreibe, strampeln sich die besten Radrennfahrer der Welt bis zum Gehtnichtmehr ab, um bei der Tour de France eine gute Platzierung zu erreichen. Mögliche Abbruchgedanken bei nachweisbarer Erschöpfung werden durch das Verlangen reduziert, den triumphalen Empfang in Paris unbedingt als Aktiver erleben zu wollen. Wenn bei den Leserinnen und Lesern zwischenzeitlich auch etwas von einer vergleichbaren Sehnsucht entfacht wurde, werden auch sie kraftvoller und konsequenter die Höhen und Tiefen ihrer Tour des Lebens meistern. Immer wenn der Schlendrian sagt: ›Lass es doch‹, ist Überhören oder Widerstand gefordert. Jedes Mal, wenn wir glauben, an die Schallmauer unserer Kräfte zu stoßen, haben wir mit der Regel X + 1 ein probates Mittel zum Weitermachen.

Bei fast jeder Tour de France gibt es schwere Stürze. Auch wenn noch ein großer Teil der Strecke vor den Betroffenen liegt, machen sie meist weiter. Verwöhnte Menschen hören dagegen sofort auf, wenn es ein wenig wehtut oder Durchhalten ansteht. Dass Weitermachen trotz großer Mühe keinesfalls mit Selbstzerfleischung zu verwechseln ist – Verwöhnlinge schaffen sich so den Grund für ihre Verweigerung –, wird durch die gegensätzlichen Absichten deutlich.

Wenn die Regel X + 1 im eigenen Leben einen festen Ankerplatz findet, wird vieles neu möglich. Gibt es Lücken im eigenen Reservoir der Fähigkeiten und Kräfte, werden diese möglichst schnell ausgeglichen. Wie ein umsichtiger Kapitän sorgt der Einzelne dafür, dass weder Fracht noch Schiff zu Schaden kommen und es auf Kurs bleibt. Wenn sich mal wieder die Verweigerung breitmacht, eine Belastung als zu groß eingeschätzt wird, Hürden als unüberwindbar erscheinen, eine eingefleischte Verwöhnhaltung sich in unterschiedlichsten Erwartungen an andere äußert: X + 1 heißt dann, einen ersten, zweiten und soundsovielten positiven Schritt gehen, der vorher vermieden wurde. Zu dieser Formel gehört aber auch, vor dem nächsten X + 1 eine Verschnaufpause einzulegen, weil Übereifer letztlich ebenso hinderlich wie fehlender Eifer ist.

So ändert sich der Blick auf meine Umgebung, ich frage nicht mehr, weshalb es zu etwas kam, sondern wozu etwas geschieht. Und jeder kleine Teilerfolg gibt Kraft und Mut zum nächsten Schritt. Auf Dauer verändert sich so nicht nur der Einzelne, sondern indirekt auch das Umfeld.

In einem Bild ausgedrückt verhält sich jede Gemeinschaft, ob Familie, Freundes- oder Kollegenkreis, wie ein Mobile: Wird ein Teil angestoßen, gerät das Ganze in Bewegung. Sich nicht der Bequemlichkeit hingeben, in Aktion bleiben, Verkrampfung vermeiden und möglichst ohne seelische und körperliche Deformationen auf der Zielgeraden ankommen: Solche Prinzipien gelten gleichermaßen für die Tour de France wie für den Weg des eigenen Lebens.

APHORISMEN FÜR DIE ZUKUNFT

»Die unbequemste Art der Fortbewegung ist das ›In-sich-Gehen‹«, las ich vor Kurzem auf einem Kalenderblatt. Diese Beobachtung prägt im Schongang herangewachsene Menschen besonders. Obwohl die meisten wissen, dass wir unser Leben ändern müssen, um aus unseren Verweigerungen herauszukommen, glauben und hoffen wir, dass es auch ohne unser Tun gelingt. Eine interessante Paradoxie. Einerseits klagen die großen Religionen über einen Rückgang im Glaubensleben und dann ein solch fatalistisches Alltags-Credo. Aber Menschen haben immer schon viel Kreativität zur Entwicklung von Vermeidungsstrategien entwickelt. Statt zukunftsorientiert zu handeln, ergehen sie sich lieber in der Kunst der Selbstvernichtung. In der Umkehrung des Titels eines Buches von Paul Watzlawick zu sogenannten Hekates Lösungen bräuchten wir uns nur auf das ›Gute des Schlechten‹ zu konzentrieren. Denn weshalb sollte so viel Hirnschmalz in Aktion gebracht werden, nur um mir und anderen zu beweisen, dass es nicht geht?

Weiterführender und erfolgverheißender wäre, diese Ressourcen zur Optimierung der je anderen Lebensbedingungen zu nutzen. Kein erfolgsorientierter Kaufmann würde aufwendig Energie ins Nichts fließen lassen und damit den Untergang seines Unternehmens betreiben. Wer aber Ideen und Kräfte in das eigene ›Kleinunternehmen Persönlichkeit‹ investiert, kann bald eine positivere Bilanz vorweisen. Dann würden wir beispielsweise Angst reduzieren, Wahrnehmung fokussieren, überhöhte Ziele relativieren und Werkzeug- bzw. Alltagshandeln qualifizieren wollen. Und als Unternehmer in eigener Sache würde dies Mut für gezielte Interventionen zur Lageverbesserung machen. So wäre in einem Jahr vornehmlich in die Außenkontakte zu investieren, in einem weiteren Zeitraum stünde an, die Finanzabteilung zu reformieren, die Produktion zu überprüfen, Dienstleistungen zu verbessern oder Rücklagen aufzustocken. Ab einem bestimmten Punkt wäre dann von selbst festzustellen, dass der Erfolg weder zu verhindern noch zu verheimlichen ist.

Klare Ziele, eine bewusste Auseinandersetzung mit dem eigenen Selbst, Verantwortung, Rücksicht und Leistungsbereitschaft, eingebunden in ein beitragendes soziales Verhalten, sind somit die Eckpunkte für ein zufriedenes Leben. Es wird sich in einer anerkannten und anerkennenden Position im jeweiligen Lebensumfeld äußern.

Schon der griechische Philosoph Epikur vermittelte innerhalb seiner Lehre zu einer ars vitae:

> ›*Glück entsteht auf der Basis eines sinnvollen Lebensentwurfes und braucht zur Entwicklung die Gemeinschaft mit Freunden.*‹

Da der Lebensstil von verwöhnten Menschen solchen Vorstellungen und Zielen zuwiderläuft, ist der Einsatz für eine konsequente Reduktion verwöhnender Praktiken, ob sich selbst oder anderen gegenüber, eine Vorbedingung zum persönlich geschaffenen Lebensglück des Einzelnen wie zum Wohlergehen ganzer Gesellschaften. Aber das Brecht-Zitat »Es ist kein Weg so schwer wie der Vormarsch zurück zur Vernunft« verdeutlicht, dass reichlich Wille und Kraft notwendig sind, um einen häufig beschrittenen Verwöhn-Irrweg zu verlassen. Erscheint Ihnen das Ganze dennoch viel zu aufwendig – vielleicht gibt es ja doch zwei Leben, eins zum Ausprobieren und eins zum ...?!

PRAXISTIPPS FÜR DEN ERZIEHUNGSALLTAG

Für Wunder muss man beten, für Veränderungen aber arbeiten.

Thomas von Aquin

Auch wenn die meisten Eltern oder andere Erziehungskräfte wissen, dass weder ein ›autoritäres Durchgreifen‹ noch ein ›Laufenlassen‹ zielfördernd ist, pendeln sie meist zwischen diesen beiden Verhaltensweisen. Erst greifen sie zu lange nicht in ein Geschehen ein, wenn es dann aber an die Nerven geht, bitten sie um Ruhe, Beeilung oder Aktivwerden, bringen bei Erfolglosigkeit zig Argumente als Handlungsaufforderung und erhoffen bei erneuter Erfolglosigkeit den Durchbruch per Schrei-Szenario. Mit dieser ›Nothilfe-Maßnahme‹ befinden sich die Handelnden dann ›ruck, zuck‹ im Zentrum eines autoritären Verhaltens: ›Jetzt machst du's sofort‹, ›Ich will das so‹, ›Wenn du es nicht begreifen kannst, dann muss ich es dir eben vorschreiben‹. Aber wie schon erwähnt: ›Ärger macht's ärger‹ und die Lautstärke einer Botschaft sagt nichts über ihre Angemessenheit oder Wirksamkeit aus. Auch eine Anleihe bei Albert Einstein kann weiterhelfen: »Wir können die Probleme nicht mit den Mitteln lösen, durch die sie entstanden sind.«

Viele Erziehungsratgeber betonen, dass der demokratisch-partnerschaftliche Erziehungsstil der beste sei. Trotz seines zu bejahenden Menschenbildes kann er schnell an Grenzen führen. Denn wenn der Nachwuchs in Konfliktsituationen auf die Idee kommt, ›dann lassen wir doch abstimmen‹, was für ein Essen auf den Tisch bzw. welches Getränk ins Glas kommt, wann Zimmer-Aufräumen oder Nachtruhe ansteht, wird dies – Abstimmungs-Einigkeit der Eltern vorausgesetzt – nur bei der Einkindfamilie erfolgreich sein können. Da Eltern und andere Erziehungskräfte aber die Aufgabe haben, klare Zielsetzungen vorzunehmen und Eckpunkte auf dem Weg dorthin zu benennen, hilft hier der von der US-amerikanischen Psychologin Diana Baumrind entwickelte ›autoritative Erziehungsstil‹ als ›gesundes Mittelmaß‹ zwischen autoritärer und permissiver Erziehung. Es geht dabei um die Balance zwischen der Autonomie des Kindes und den aus erzieherischer Verantwortung zu treffenden Richtungsweisungen von Eltern und anderen Fachkräften. In diesem sozial-integrativen Geschehen werden Entscheidungen innerhalb eines abgesteckten Rahmens diskutiert und gemeinsam Vereinbarungen getroffen, wobei die elterliche Sichtweise jedoch Vorrang hat. Eine Verdeutlichung: In der Regel entstehen Erziehungsprobleme durch eine zu geringe vorherige Regelung.

Ein Schlüssel zur Schaffung neuer Voraussetzungen zu guten Lösungen bei anstehenden Regelungs-Notwendigkeiten, erst recht im Konfliktfall, ist das Aushandeln von Vereinbarungen bei klarer Zielvorgabe. Das heißt: Als Erstes wird umrissen, um was es geht, als Zweites wird mit Tochter oder Sohn geklärt, wie dieses Ziel in welchem Zeitrahmen zu erreichen ist. Da bekanntlich viele Wege nach Rom führen, ist hier der Nachwuchs gefordert, sich entsprechend einzubringen. Abgeschlossen wird der Vorgang mit einer möglichst von Sohn oder Tochter zu benennenden Vereinbarung zur Frage: »Und was passiert, wenn's – wegen Vergessen oder Ignorieren – nicht passiert?« Hier eine Verdeutlichung der Vorgehensweise am – oft leidigen – Thema schulischer Hausaufgaben:

1. Zielverdeutlichung durch die Eltern: ›Die aufgetragenen Schulaufgaben sind täglich bzw. zeitnah zu erledigen.‹
2. Frage an Tochter oder Sohn: ›Wie viel Zeit glaubst du für das Erbringen der Hausaufgaben zu benötigen?‹ (Eventuell eine Woche Zeit stoppen und aufschreiben.)
3. Weitere Frage: ›Welcher Zeitraum am Tag ist der günstigste, um die Hausaufgaben zu erledigen? Willst du nach dem Mittagessen erst was spielen und dann die Hausaufgaben machen oder umgekehrt?‹
4. Wenn diese Fragen beantwortet sind, werden die Zeiten von Tochter oder Sohn aufgeschrieben und gleichzeitig von ihnen eine Konsequenz eingetragen für den Fall, dass die Vereinbarung nicht eingehalten wird.
5. Wenn den Kindern nichts einfällt, was eine ›angemessene‹ Konsequenz für sie sein könnte, machen die Eltern zwei bis drei Vorschläge, einer ist dann von Tochter oder Sohn zu übernehmen. Konsequenzen könnten sein: Wenn ein Kind sich schwertut im Lesen, könnte der Vorschlag lauten, eine Woche lang die Abendgeschichte für das jüngere Geschwister oder sich selbst vorlesen. Oder: ›Weil du durch dein Nicht-Einhalten der Vereinbarungen die Abläufe in der Familie durcheinanderbringst, kannst du dann ... Tage das Abendbrot für alle richten.‹

Einige weitere Beispiele zur Konkretisierung des Denkansatzes in Kurz-Form: ›Du weißt, dass jeder sein Zimmer in Ordnung zu halten hat. Möchtest du, dass ich am Donnerstag- oder Freitagabend das aufgeräumte Zimmer kontrolliere?‹ ›In unserer Familie gilt, dass alles, was auf den Tisch kommt, gut essbar ist. Soll ich dir den kleinen Rest vom Mittagessen zum Nachmittag oder zum Abend warm machen?‹ ›Auch Tiere brauchen ein sauberes Zuhause. Du kannst am Samstag vormittags oder nachmittags den Kaninchenstall säubern, wann wirst du's machen? Oder hast du eine andere Idee?‹ ›Ein guter Schulabschluss ist eine wichtige Voraussetzung für ein eigenständiges Leben. Die momentanen Noten erfordern eine gezielte Verbesserung. Dies wird dir als 13-Jährigem sicher auch klar sein. Wie wirst du diese erreichen? Vielleicht ist ja auch Nachhilfe eine Möglichkeit. Wir könnten dann überlegen, in welchem Umfang wir uns an den Kosten (für den Fall einer leidenschaftlichen ›Null Bock auf Schule‹-Phase) beteiligen.‹

Meist ist die Auseinandersetzung zur Vereinbarung ›Was passiert, wenn's nicht passiert?‹ die Voraussetzung dafür, dass der Nachwuchs überhaupt ins Handeln kommt. Denn so wird verstärkt spürbar: Die Eltern – oder andere Erziehungskräfte – meinen es (nun vielleicht zum ersten Mal) ernst. Diese Zusammenhänge sind spätestens durch die Euro-Krise auch ins Blickfeld der Politik geraten, denn beim Aushandeln der EU-Verträge wurde ausgeblendet, zu regeln, welche Sanktionen einsetzen, wenn z. B. die Verschuldungs-Grenze dennoch überschritten wird. Ob in der Politik oder im Erziehungsalltag: Werden Konsequenzen nicht verdeutlicht bzw. wirksam, haben Vereinbarungen nur bei viel gutem Willen eine Umsetzungschance. Ein wichtiger Hinweis: Sprachmuster nach dem Motto ›Du bist dann um 20 Uhr zu Hause‹ sind keine Vereinbarungen, sondern Ansagen oder Befehle.

Wer Kinder in Watte packt, sie bevormundet oder auf den Sockel hebt, hindert sie daran, den Weg ins Leben selbst zu gehen. Sie sind weder Teil meines Selbst, wie dies Michael Winterhoff in seinem Buch *Warum unsere Kinder Tyrannen werden* eindrucksvoll beschrieben hat, noch die Projektion von dem, was ich immer schon gerne hätte sein wollen. Das Eltern-Bildungsprogramm »Starke Eltern – starke Kinder« bringt den Handlungsansatz auf den Punkt: Eltern haben meist ein beträchtliches Investitions-Programm zum Ausbau des eigenen Ich zu absolvieren. Denn damit Kinder nicht unzureichend auf das Leben vorbereitet werden, müssen Eltern und andere Erziehungskräfte massiv in ihrer Handlungskompetenz gestärkt werden. Diesem Ziel dienen die in diesem Abschnitt zusammengetragenen kleinen Geschehnisse im Umgang mit Kindern. Sie entstammen einer umfangreicheren Beratungsarbeit in der eigenen Praxis oder der Diskussions- bzw. Nachfragephase von Vortragsabenden für Eltern. Ziel war immer, mit den eingebrachten Vorkommnissen oder Störungen besser umgehen zu können. Auch wenn es keine besonders bedeutsamen Probleme waren, zehrten sie im täglichen ›Klein-Klein‹ kräftig an den Nerven von Müttern oder Vätern.

Sobald ich erste Ideen für einen neuen Lösungsansatz einbrachte, reagierten die Eltern meist nicht mit ›Mache ich dies besser so oder so?‹, sondern wichen irgendwie aus. Typische Äußerungen: »Ich glaube nicht, dass dies geht; meine Tochter sperrt sich bei so was immer.« Oder: »In anderen Fällen mag das ja gehen, aber mein Sohn macht das nie. Wissen Sie eigentlich, wie oft ich das schon versucht habe?« Diese Aussagen sind in der Regel Ausdruck der Ahnung bzw. Befürchtung: ›Wenn es nun wirklich klappt, dann wird das ja wohl an mir selbst liegen.‹ Und um sich nicht eine begrenzte Fähigkeit als Vater oder Mutter attestieren zu müssen, werden die neuen Vorgehenshinweise erst mal kräftig abgewehrt. Die persönliche Logik: ›Lieber weiter unter dem täglichen Gezeter mit dem Nachwuchs leiden, als einen persönlichen Mangel zuzugeben.‹ Die in solchen Situationen eingebrachte Entgegnung auf so viel latente oder offensive Abwehr »Das heißt, Sie wollen eigentlich gar keine Veränderung!« leitet meist – wenn auch sehr zögerlich und mit manch erneuten Widerstand-Attacken – die eigentliche Aufarbeitungsphase ein. Die Frage »Was hat das Kind/was haben Sie davon, wenn es sich so verhält?« führt mitten in die Lösungsphase.

Hintergrund dieser Überlegung ist die Erkenntnis von Alfred Adler, dass wir uns in der Regel so verhalten, wie es für uns nützlich ist bzw. zu sein scheint. Er nennt das, wie schon kurz erläutert, die Finalität (Zielgerichtetheit) unseres Handelns. In diesem Sinne verhalten wir uns in Entscheidungssituationen wie ein guter Kaufmann und machen Kosten-Nutzen-Hochrechnungen. Ob bei der Anschaffung eines Möbelstückes, beim Buchen einer Urlaubsreise, auf der Suche nach einem Lebens- bzw. Liebes-Partner oder beim Durchgehen-Lassen oder Verbieten bestimmter Verhaltensweisen des Sohnes oder der Tochter. Die Kernfrage lautet gleichermaßen: ›Welchen Aufwand muss ich bei welchem Risiko betreiben, um dieses Ziel zu erreichen?‹ Kinder sind da sehr lernfähig, wie das folgende Beispiel von der ›Schulhof-Selbsthilfegruppe‹ belegt: »Wenn du von deiner Mama etwas haben möchtest, was sie dir eigentlich nicht erlauben oder geben will, dann warte, bis eine gute Freundin anruft und frag dann so: ›Mama, ich will dich ja nicht stören, aber ich darf doch ...‹.« Auch wenn damit eine gewisse Wartezeit als Vorinvestition verbunden ist: Die Erfolgs-Quote gleicht das für das Kind aus – ›es rechnet sich‹.

Wenn ein Kind beispielsweise – oft auf eine langjährige Erfahrung bauend – mit Schreien und Auf-den-Boden-Werfen zum Ziel kommt, wird es dieses Muster bevorzugt einsetzen, besonders vor Zuschauern. Andere ›Erfolgsmuster‹ können sein: herzerweichendes Weinen, mit den Augen klimpern, Essensverweigerung, das Schieberitis-Syndrom (mach ich später), das Kann-ich-nicht-Phänomen, Krankheiten. Es gibt fast nichts, was Kinder (und Erwachsene) nicht als ›Begründung‹ oder ›Verstärker‹ beim Durchsetzen ihres Willens einzusetzen suchen. Hierzu gehört aus Kindersicht auch das Einbringen schlechter Schulnoten, weil sie – besonders wenn Väter oder Mütter Lehrer sind oder auf eine gute Bildung viel Wert gelegt wird – ein ›geeignetes‹ Druck-Mach(t)-Mittel sind. Es ist immer wie beim Händler auf dem Basar: Bleibt er mit seiner Verkaufsstrategie erfolglos, ändert er diese oder packt seine Sachen ein. Wenn also Eltern verstehen, dass ihr Reagieren der Resonanzboden für das Agieren ihrer Kinder ist, brauchen sie ›nur‹ ihr Verhalten zu ändern. Die folgende Parabel kann diesen – sicher nicht mühelos beschreitbaren – Weg hoffentlich etwas beschleunigen.

Ein weiser Mann hatte, basierend auf seinen Beobachtungen des alltäglichen Umgangs von Eltern mit ihren Kindern, die Schöpfungsgeschichte wie folgt neu geschrieben: »Adam und Eva waren zwei Kinder. Das Paradies bot ihnen viel Abwechslung und mannigfache Spielmöglichkeiten. Aber meist saßen sie nur untätig unterm Apfelbaum. Selbst die üppig angebotene Nahrung wurde oft ignoriert. Das sah Gott und er hatte Mitleid mit ihnen. So fragte er sie: ›Was fehlt euch, wieso schaut ihr so bekümmert drein?‹ Die beiden dachten eine Weile nach und sagten: ›Wir brauchen Eltern, sonst macht das Leben keinen Spaß. Denn wenn wir waghalsig auf Bäume klettern, nachts nicht nach Hause kommen, zu viel Süßkram essen, unser Feigenblatt ablegen oder andere verbotene Sachen tun, dann ist keiner da, der sich aufregt, schimpft oder herumzetert.‹ Da sagte Gott: ›Das sehe ich ein, ja, ich werde euch Eltern schaffen, nach eurem Wunschbild und Bedürfnis.‹ Und von da waren die Kinder sehr glücklich.« Auch heute noch fühlen sie sich wie im Paradies, wenn sie ihren Eltern auf der Nase herumtanzen oder sie zum Kochen bringen.

Was kann uns dieser – hoffentlich zum Schmunzeln führende – alternative Schöpfungsbericht verdeutlichen? Nicht an unseren Kindern ist ›eine Schraube‹ zu suchen, um sie richtig einzustellen, sondern wenn schon, dann bei uns selbst. Wenn ein Kind auch nach dem fünften Hinweis nicht wie intendiert reagiert, sollte nicht die Lautstärke erhöht oder die Taktfolge intensiviert, sondern eine effektivere Vorgehensweise eingesetzt werden. Denn häufig führen solch groteske ›Lösungsversuche‹ zur massiven Verstärkung des Problems. Und wenn ein Kind spürt, dass bei Trotz-Attacken die Wirkung verpufft, wird es schnell diese Fehl-Investition auf dem Weg eigener Zielerreichung stoppen.

ERPROBTE WEGE AUS KLASSISCHEN VERWÖHNUNGSFALLEN

Die folgenden Beispiele, mal in der Form einer Einzelfall-Schilderung, mal als grundsätzliche ›Problemlösung‹ dargestellt, verdeutlichen, wie durch ein zielgerichtetes und gekonnt eingebrachtes erzieherisches Handeln Kraft, Zeit und Nerven geschont werden können. Auch wenn die Skepsis der Eltern beim Aufzeigen wirkungsvollerer Erziehungsweisen zu Beginn der Äußerung ihrer Problemanzeigen recht groß war, sie mündete (fast) immer in die Rückmeldung: »Ja, es hat wirklich geklappt!«.

»Der Lehrer ist doof, ich kann die Hausaufgaben nicht!«

Eine Frau, ca. 40 Jahre alt, meldete sich innerhalb eines Elternseminars: »Herr Wunsch, meinen Sie, dass ich meinem Sohn zu viel bei den Hausaufgaben helfe? Jeden Mittag das gleiche Szenario: ›Mama, der Lehrer ist doof, der hat die Hausaufgaben nicht richtig erklärt. Das kann ich nicht.‹ Seine Augen richten sich dann erwartungsvoll auf mich.« Viele im Saal schienen das Problem sehr gut zu kennen. Nun sollte ich also aus dem Stand heraus eine Lösung einbringen. Meine erste Frage war: »Wie alt ist Ihr Sohn?« – »Neun Jahre.« Dann die zweite Frage: »Was sind Sie von Beruf?« Mit leichtem Zögern kam als Antwort: »Lehrerin.« Ein Raunen und Lächeln wurde bei den gut 200 Teilnehmern deutlich, was die Fragerin nicht gerade zu erfreuen schien. Meine – leicht schmunzelnd geäußerte – Spontan-Antwort: »Auf diesem Hintergrund kommt mir als Erstes in den Sinn, ein Zuviel an Hilfe zu vermuten. Näheres kann ich aber erst beim Vorliegen differenzierter Anhaltspunkte sagen.«Ich gab noch ein paar Hinweise, wie die Situation verändert werden könnte, indem sie vermitteln sollte, dass ihr Sohn entsprechend nachhaken müsse, wenn er in der Schule etwas nicht mitbekommt. Aber ihr leicht säuerlicher Blick sagte: ›So nicht!‹ Weitere Informationen wurden nicht erwünscht. Ich gab noch den Hinweis, nach dem Vortrag zur Entwicklung eines speziellen Handlungsansatzes zur Verfügung zu stehen. Wie üblich kamen einige Eltern mit ihren je eigenen Fragen, die besagte Lehrerin war nicht dabei.

Wie es der Zufall wollte, begegnete ich dieser Frau einige Wochen später und sprach sie an. Sie blieb etwas irritiert stehen und sagte dann: »Herr Wunsch, Ihre Botschaft nagte kräftig an mir. Aber nun hat es geklappt. Vorher war aber noch eine Begebenheit in meiner Klasse sehr wichtig. Denn oft habe ich im Unterricht bemerkt, dass ich eigentlich auf Fehlverhalten der SchülerInnen reagieren müsste, um nicht der Verwöhnung freie Fahrt einzuräumen. Aber meist hat mich das Bestreben gehindert, nicht als strenge oder zickige Lehrerin eingestuft werden zu wollen. Dann aber sah ich einige Minuten vor der Pause in einer 7. Klasse, wie ein Schüler eine Cola-Flasche aus dem Ranzen zog, um aus dieser zu trinken. Mir schoss sofort in den Kopf, wenn ich dies zulasse, verwöhne ich durch ein Übergehen von Regeln. Wenn ich klassisch mit ›Das ist nicht gestattet, ein Verstoß gegen die Schulordnung‹ reagiere, bin ich keine nette Lehrerin. Aber Herr Wunsch, Sie saßen mir so im Genick, dass ich reagieren musste. Und dann kam ein Satz über meine Lippen, den ich noch nie formuliert hatte. Ich sagte zu dem Schüler: ›Ich traue dir zu, dass du nicht verdurstest, wenn du bis zur Pause wartest.‹ Auch wenn ich meinen Augen nicht recht traute: Wie ferngesteuert ging seine Hand nach unten und die Flasche verschwand in der Tasche.«

> *»Ich traue dir zu, dass du nicht verdurstet,*
> *wenn du bis zur Pause wartest.«*

»Ob Sie es glauben oder nicht, diese Erfahrung gab mir so viel Mut, mich mittags meinem Sohn zu stellen, wenn er – wie seit Monaten – den Satz von sich gab: ›Mama, der Lehrer ist doof und hat mir die Hausaufgaben nicht richtig erklärt, du musst mir helfen.‹ Da ich Sorge hatte, meinem Sohn trotz meines Vorsatzes erneut auf den Leim zu gehen, hatte ich mir das Bügelbrett in den Flur gestellt, um etwas zu haben, an dem ich mich festhalten konnte. Gerade hatte ich alles hergerichtet, da kam auch schon sein Standardsatz. Ich reagierte durch Überhören und bügelte irgendwas, um mich abzulenken. Mein Sohn war sichtlich irritiert. Aber ich hatte den ganz starken Willen, diesen ›Plärren-Helfen-Automatismus‹ zu beenden. Der Satz kam erneut, etwas lauter und gereizter. Schließlich hatte er ja bisher erfolgreich gewirkt. Ich blieb ganz ruhig und bügelte weiter. Dann kam der dritte – recht barsch-fordernd geäußerte – Anlauf. Darauf sagte ich ihm: ›Dann hast du ja ein Problem.‹ Der Gesichtsausdruck signalisierte Irritation pur. Soll etwa ein lange eingespieltes Miteinander nicht mehr funktionieren? ›Aber Mama, ich kann es wirklich nicht.‹« Darauf brachte die Mutter ein: »Da ich nicht mit dir in der Schule war, gibt es nur zwei Lösungsmöglichkeiten, um Klarheit zur Aufgabenstellung zu erhalten. Entweder rufst du den Lehrer an und sagst ihm, dass er doof sei und die Hausaufgaben nicht richtig erläutert hätte, oder du rufst bei einem Mitschüler an und fragst bei diesem nach. Und wenn du dann noch eine Detailfrage haben solltest, kannst du ja auf mich zukommen.«

Der Sohn stapfte wütend in sein Zimmer und knallte die Tür hinter sich zu. »Ich holte erst mal Luft und war froh, dass ich mich zwischenzeitlich am Bügeleisen festhalten konnte. Ich wäre sonst sicher wieder umgekippt. Als mein

Sohn ca. 40 Minuten später aus dem Zimmer kam und recht fröhlich nach draußen streben wollte – er hatte niemand angerufen –, fragte ich, was denn nun aus den Hausaufgaben geworden sei. Er, leicht zischend: ›Die habe ich gemacht!‹, und raus war er.«
Die Mutter fasste – sichtlich strahlend – ihre Erfahrung in dem Satz zusammen: »Jetzt weiß ich, was Sie mir auf meine Frage innerhalb des Elternseminars eigentlich mitteilten.« Zur Ergänzung gab sie noch ein kleines Geständnis preis: »An dem Abend war ich nach Ihrer Antwort stinkesauer.« Ich frage: »Auf wen?« Sie: »Erst auf Sie und dann auf mich.« Ich sagte lachend: »Mit dieser Reihenfolge kann ich gut leben«, und wünschte ihr viel Kraft für weitere Veränderungsschritte.

»Ich habe keine Lust, mein Zimmer aufzuräumen!«

13-Jährige zum Zimmer-Aufräumen zu veranlassen, um damit ein vertretbares Ordnungs-Niveau zu erreichen, ist eine beträchtliche Herausforderung. Mal kommt als Argument, dass es ja gar nicht so schlimm sei, wenn sich Sohn oder Tochter nicht dem elterlichen Ordnungswahn unterwerfen wollen. Von Kinderseite kommt dagegen sehr häufig: »Mach ich morgen!« Eine weitere Variante das Argument, dass es sich ja schließlich um ›mein‹ Zimmer handle und die Mutter da gar nichts reinzureden habe. Kurzum: »Ich habe keine Lust!«

Es ist sinnvoll, sich die Äußerungen des Nachwuchses einmal genauer anzuschauen. Was den elterlichen Ordnungs-Sinn angeht, ist zu überprüfen, ob er wirklich leicht oder stark überzogen ist. Dann ist eine Kompromiss-Suche angesagt. Andererseits ist das Argument ›Das ist mein Zimmer‹ unter einem doppelten Gesichtspunkt zu hinterfragen: Zum einen funktioniert die Wohngemeinschaft Familie nur, wenn es auch einen verlässlichen Grundkonsens in Richtung Ordnung und Sauberkeit gibt. Schließlich hat das Verhalten des Einzelnen immer auch Auswirkungen auf die anderen. Denn wenn sich zum Beispiel ein eigentümlicher Geruch oder kleine Silberfische aus dem ›Schmutz-Biotop‹ von Sohn oder Tochter ›Schlampig‹ in der Wohnung ausbreiten und die Hinterlassenschaften in Bad und Toilette der restlichen Familie kräftig auf den Nerv gehen, dann ist Handeln angesagt. Zum anderen: Wenn Söhne oder Töchter zu lauthals auf Ordnungshoheit in den ›eigenen‹ vier Wänden bestehen, dann können folgende Hinweise eine Relativierung erreichen: Etwas Eigenes setzt immer voraus, es bezahlt zu haben oder geschenkt zu bekommen. In der Regel wird weder eine Warm-Miete bezahlt noch sind die Möbel ein Geschenk an die Kinder gewesen. Und selbst wenn Volljährige im Elternhaus über eigene Möbel verfügen und Miete entrichten würden, wären die Regeln des Zusammenlebens damit nicht außer Kraft gesetzt. So ist häufig zu beobachten, dass Eltern bei den eigenen Kindern mehr ›faule‹ Kompromisse – ›um des lieben Frieden willens‹ – eingehen, als sie dies bei einem regelmäßig zahlenden Untermieter zulassen würden.

Wenn also nach einer deutlichen Klärungsphase vereinbart ist, dass z.B. am Freitagabend das Zimmer sich grundsätzlich im vertretbaren und genau definierten Zustand X zu befinden hat, das Behausungs-Ambiente zu diesem Zeitpunkt von Vater oder Mutter kontrolliert wird und auch vorher geklärt wurde, was passiert, wenn Sohn oder Tochter die Vereinbarung ›vergessen‹ haben, dann sind Sie einen wesentlichen Schritt weiter. Und wenn dann doch noch mal der Satz »Dazu habe ich keine Lust« kommt, dann hat sich folgende Entgegnung sehr gut bewährt: »Ach, das ist nicht so tragisch. Manchmal mache ich meine tägliche Arbeit ohne und manchmal mit Lust. Meistens geht es mit Lust leichter von der Hand. Probiere doch auch mal aus, ob es bei dir mit oder ohne Lust besser klappt und sag mir Bescheid, wenn du fertig bist. An dem Termin Freitagabend ändert dies natürlich nichts.«

»Mein Kind kann nicht mit anderen in einem Zimmer schlafen!«

Die Kirchengemeinde hatte alle Eltern der Erstkommunion-Kinder zu einer Wochenendfahrt des gegenseitigen Kennenlernens in eine Jugendherberge eingeladen. Außer Franz waren alle Kinder angemeldet. Die Gemeindereferentin mutmaßte, dass es vielleicht am Geld mangeln könnte. Sie sprach die Mutter vorsichtig in diese Richtung an. Nein, finanzielle Gründe schienen es nicht zu sein. Die alleinerziehende Mutter betonte nur recht energisch, dass ihr Franz nicht ohne sie schlafen könne. Der Sohn, so stellte sich heraus, verbrachte die Nacht meist im Bett der Mutter. Auf dieses Bedürfnis des Kindes müsse sie halt Rücksicht nehmen. Er wäre durch die Scheidung stark auf die Zuwendung angewiesen. Deshalb wäre auch keine Anmeldung möglich. Da die Leiterin des Wochenendes selbst eine gestandene Mutter von erwachsenen Kindern war, schaffte sie es mit dem Hinweis, innerhalb des Wochenendes bei auftretenden Problemen sicher eine Lösung zu finden, dass dennoch die Anmeldung zustande kam. Basis war die Vereinbarung, dass die Mutter sich dem Sohn gegenüber bei der Zimmerverteilung restlos zurückhält.

Das Zimmer-/Betten-Verteilszenario verlief ohne irgendwelche Probleme. Franz schloss sich einigen Klassenkameraden an – und weg war er. Auf die Frage an die Mutter am Sonntagmorgen, ob der Sohn nachts bei ihr aufgetaucht sei, kam kleinlaut: »Nein. Aber ich hatte einige Probleme.«

Schon wieder Trouble an der Supermarktkasse

Immer wieder neu ist zu beobachten, dass Kinder an Supermarktkassen herumschreien oder sich auf den Boden werfen, um bestimmte Süßigkeiten oder andere Lock-Konsumartikel zu erhalten. Bleibt die Mutter ruhig und äußert klar, dass dieser Kauf nicht vorgesehen sei, könnte der Vorgang so gemeistert werden. Feuern aber einige ›Möchtegern-Großmütter‹ oder andere Kunden das Kind mit mitleidigen Blicken an und ergänzen das Ganze durch Hinweise an die Mutter, nicht so hartherzig sein zu sollen, welche nicht selten in Äußerungen wie: »Wenn man dazu kein Geld hat, sollte man halt keine Kinder bekommen« gipfeln, dann wird es schwierig.

»Wie kann ich damit besser umgehen?«, fragte eine recht genervte Mutter. Damit es nicht zu solchen Machtkampf-Szenarien kommt, hier einige Vorkehrungen. Zu Hause wird schriftlich festgelegt, was zu kaufen ist. Dabei wird direkt mit überlegt, welche Artikel vom Kind beschafft werden können, ob eine bestimmte Joghurtsorte, Quark oder Tütenmilch. Denn wer einbezogen wird, fühlt sich ernst genommen. Wenn dann doch der Nachwuchs versucht, an der Kasse machtvoll Zusatzeinkäufe zu veranlassen, dann bietet die Frage »Wo steht das auf dem Zettel?« eine starke Entlastung. Wenn es dennoch zum ›Ich-will-aber-Theater‹ kommt, dann bewirkt diese ruhig eingebrachte Äußerung oft ein kleines Wunder: »Ich weiß nicht so recht, was du willst, aber dir muss es sehr wichtig sein. Dann machen wir jetzt Folgendes: Du machst deinen Job weiter und ich regle den Einkauf an der Kasse. Wer zuerst fertig ist, geht schon mal an die Tür.« Mir wurde jedenfalls mehrfach versichert, dass diese Reaktion nicht nur Sohn oder Tochter, sondern auch manchen der lieben Mitmenschen im Umfeld die Sprache verschlagen hat.

»Mein Sohn mag halt nicht alles essen!«

Der Reisebus zur KJG-Ferienfreizeit in Südtirol stand auf dem Dorfplatz. Schnell musste noch ein Elternpaar den Gruppenleitern eine ›Gebrauchsanleitung‹ mit auf den Weg geben: »Ja, unser Sohn ist in puncto Essen etwas eingeschränkt. Manches mag er einfach nicht. Der hat einen ganz eigenen Geschmack.« Der Jugendleiter meinte nur, dass dies kein Problem sei, da die meisten Kinder so ihre Angewohnheiten hätten und dass sie mit solchen Eigenheiten in der Vergangenheit immer gut klargekommen seien.

Am ersten Tag der Ferienfreizeit wurden neben Informationen zur Hausordnung auch folgende drei Essregeln verkündet:

1. Alles, was aus der Küche kommt, ist gut essbar.
2. Von den jeweiligen Gerichten gibt es von Fleisch, Gemüse und Beilage auf jeden Fall einen Probierlöffel.
3. Was sich jemand selbst auf den Teller nimmt, wird auch selbst gegessen, notfalls als Vorspeise bei der nächsten Mahlzeit.

Auch wenn in den ersten Tagen etliche Akzeptanz-Probleme offenkundig wurden, nahm das Murren der Kinder mit dem ›eigenen Geschmack‹ rasch ab. So hatten Sätze wie »Iiih – einen solchen Fraß kann man doch nicht essen!« keine Erfolgs-Chance. Die Erfahrung der jugendlichen Reiseleiter war: ›Wenn etwas klar und verbindlich geäußert wird, ist der Erfolg fast vorprogrammiert.‹

Als die Feriengruppe mit dem Bus wieder zu Hause am Kirchplatz angekommen war, wollten die besorgten Eltern natürlich wissen, wie es denn nun mit dem Sohn und seinem Essverhalten geklappt hätte. Die Reiseverantwortlichen berichteten, dass nach einer kurzen Zeit die Mahlzeiten recht unproblematisch verlaufen seien. Manchmal wurde sogar die Frage geäußert: »Muss ich noch einen Probierlöffel nehmen?« Denn unumwunden zuzugeben, dass die bislang konsequent verschmähten Möhren doch essbar wären und gar nicht so übel schmeckten, käme ja einem Verrat am bisherigen Verhalten gleich.

Die Eltern freuten sich übrigens nicht über diese Nachricht. Nein, sie sagten im Beisein ihres Sohnes: »Wir glauben euch ja, dass ihr euch viel Mühe gegeben habt. Aber ihr könnt doch nicht in drei Wochen etwas verändern, was schon seit Jahren existent ist.« Damit wurden für den Sohn die besten Voraussetzungen geschaffen, weiterhin bei Möhren, Spinat und Co. seine Verweigerungs-Spiele inszenieren zu können. Hätten sich die Eltern jedoch gefreut, wäre dies zum Preis des bitteren Eingeständnisses erfolgt, dem Sohn seit Jahren auf den Leim gegangen zu sein.

»Ich hol nur schnell was aus meinem Zimmer!«

Das Neubaugebiet bot viele Spielmöglichkeiten. Nur der reichlich ins Haus getragene Schmutz trübte diese Idylle. Besonders wurde dies relevant, wenn die Kinder ›mal ganz kurz‹ was aus der Wohnung holen wollten und sich dafür nicht die Schuhe auszogen. Regelmäßig wurde anschließend herumlamentiert: »Weshalb habe ich das Haus sauber gemacht? Damit es nun in zwei Minuten wieder schmutzig ist! Denkt ihr denn kein bisschen nach? So geht das auf keinen Fall weiter.« Meist war Sohn oder Tochter bei den letzten der Erziehung dienen sollenden Hinweisen unbeeindruckt schon längst wieder draußen. Die Lösung war das Ergebnis folgender neuen Einsicht: Solange Väter und Mütter lamentieren, brauchen die Kinder nicht zu handeln. Der Nachwuchs (Erwachsene sind da meist nicht anders) stellt die Ohren in solchen Situationen auf Durchzug. Wenn die Kosten-Nutzen-Rechnung anders ausfällt, würde sich das schnell ändern.

> *Solange Eltern lamentieren, werden die Kinder ihr störendes Verhalten nicht ändern.*

Als der Sohn das nächste Mal wieder ›ganz schnell‹ nach oben in sein Zimmer gehechtet war und gerade den Versuch einleitete, schnell aus der Haustür zu stürmen, stoppte ihn die Mutter mit der klaren Aufforderung: »Schau, wie die Treppe nun aussieht. Nimm jetzt ein Kehrblech plus Handfeger und mach die Lehm-Krümel weg.« Alle Versuche, einen Aufschub der Arbeit zu erreichen (»Mama, das ist gemein von dir, ich mach es ja später, aber das Spiel ist jetzt so spannend«), hatten keine Chance. In diesem Moment muss die Einsicht gewachsen sein, dass vier bis sechs Minuten Kehren wesentlich aufwendiger ist als zwei Minuten Schuhe aus- bzw. anziehen. Wenn der Sohn danach wieder ganz schnell nach oben wollte und er seine Einsicht-Phase zu verdrängen schien, wirkte die nette Frage der Mutter: »Willst du kehren oder die Schuhe ausziehen?« jedenfalls Wunder.

»Die Handyrechnung ist einfach zu hoch!«

Der Vater hatte für die 17-jährige Tochter einen Handy-Vertrag abgeschlossen, weil das ja schließlich viel preiswerter ist. Als die Kosten pro Monat mehrfach über 100 Euro lagen und jeder Warnhinweis (›So geht das nicht weiter, das nehme ich nicht mehr hin‹) ungehört zu verhallen schien, sprach der Vater dies innerhalb einer Beratung an. Denn mit den ausufernden Kosten stieg auch sein Ärger. Auf die Nachfrage, ob er denn mit der Tochter auch innerhalb einer klaren Vereinbarung – am besten schriftlich – geklärt habe, was bei einer Überziehung des monatlichen Budgets passieren würde, sagte er: »So viel Vertrauen muss doch wohl sein.« »Nun«, sagte ich ihm, »das Fehlen eines Vertrages ist hier nicht das Hauptproblem, sondern das Ausbleiben der Konsequenz. Denn solange Sie sich noch ärgern, ist Ihre Tochter ganz entspannt. Wenn Sie aber stattdessen handeln würden und der Tochter beispielsweise eine SMS mit dem Inhalt ›Habe den Vertrag wegen mehrfacher Überziehung des Budgets gekündigt. Neue Regelung möglich, Kostenerstattung kommt auf dich zu. Lieber Gruß, Papa‹ geschickt hätten, dann würde sie ganz schnell reagieren.«

»Mit solchen Klamotten werde ich schon am Schultor gemobbt!«

Wer möchte schon, dass der eigene Nachwuchs einer solchen Entwürdigung ausgesetzt ist? Aus Sicht von Tochter oder Sohn ist eine solche Äußerung eine sehr wirkungsvolle Strategie, die Eltern zum erwünschten Handeln zu bringen. Der Versuch ist ja nicht strafbar. Eine Lösung, um aus meist hitzigen Diskussionen zum Thema angemessene Kleidung und Kostenrahmen herauszukommen, ist die Vereinbarung eines eigenständig zu verwaltenden Budgets für Kleidung und Lifestyle. Der Betrag ist in Bezug zum jeweiligen Familien-Einkommen bzw. zu den bisherigen Ausgaben zu setzen.

Hier die Kriterien zur Rahmenvereinbarung: Die Aus- und Einnahmen werden regelmäßig aufgeschrieben (mit unregelmäßiger Kontrolle), die Kleidung ist so zusammengestellt, dass Sie sich mit den Kindern gut in der Öffentlichkeit sehen lassen können, und die Unterwäsche ist so umfangreich, dass nicht ständig gewaschen werden muss. Diese Regelung gilt erst mal für ein Jahr. Restliche Gelder werden auf das Taschengeld übertragen. So wird haushalten gelernt und Dauerdiskussionen wie ›Das brauche ich noch unbedingt‹ oder ›Damit kann ich mich nicht in der Clique zeigen‹ der Boden entzogen.

Was Sie wissen sollten, ist folgende Begleit-Erfahrung: In der Regel kaufen Kinder und Jugendliche zu Beginn etwas relativ Teures, quasi als Eintritts-Ritual in die Eigenständigkeit. Dann sind Eltern aufgefordert, das Ganze in Ruhe zur Kenntnis zu nehmen und keinesfalls Vorhaltungen (›So teure Sachen in deinem Alter!‹) oder Warnhinweise (›Dann kommst du mit dem Geld nie aus!‹) von sich zu geben.

Je klarer den Söhnen und Töchtern ist, dass während des Jahres auf keinen Fall Geld oder Kleidungsstücke nachgeschoben werden, desto umfangreicher lernen sie mit dem verfügbaren Geld umzugehen. Übrigens eine Fähigkeit, welche vielen politisch Verantwortlichen zu fehlen scheint. Das

Ganze hat noch einen recht originell wirkenden Nebeneffekt: Sie können Ihren Kindern zum Geburtstag oder zu Weihnachten eigentlich nicht schenkbare Dinge wie Socken und Unterwäsche zukommen lassen, ohne besorgt sein zu müssen, dass sie sich nicht darüber freuen. Denn dies entlastet ja ihr Kleidungs-Budget.

Wenn wegen ›Durchhängen‹ die Versetzung gefährdet ist

»Unser 13-jähriger Sohn bringt im Halbjahreszeugnis vier Fünfer nach Hause. Hausaufgaben hat er angeblich keine auf, im Unterricht passiert nichts, die schlechten Noten liegen an den Lehrern, weil die ihn nicht mögen. Bisher hatte er keine Probleme. Wenn wir ihm sagen, dass dies so nicht weitergeht, er aktiver lernen müsse, kommt von ihm der Standard-Spruch: ›Nur keine Panik, alles halb so schlimm!‹ Was soll ich da machen?« So eine Mutter in der Beratung.

Ohne hier auf die vielen klassischen Möglichkeiten zwischen Nachhilfe, schulischen Förderplänen und Zielvereinbarungen einzugehen, schlug ich ihr sinngemäß folgendes Gespräch mit ihrem Mann bei der abendlichen Familien-Mahlzeit vor: ›Gestern traf ich Frau Müller, unsere noch recht neue Nachbarin drei Häuser weiter. Die berichtete mir, dass ihr 14 Jahre alter Sohn Franz null Bock auf Schule habe und die schlechten Noten ignoriere. Die Müllers wollten das nicht so hinnehmen und haben ihrem Sohn mitgeteilt: Wenn er das Versetzungs-Zeugnis nicht erhalten würde, würden sie dies so auffassen, dass er durch seine ›Sitzenbleib-Runde‹ quasi nicht älter werde. Dies hätte zur Folge, dass die Geburtstags-Feier ausfallen und die mit dem Älterwerden verbundenen Privilegien wie Taschengelderhöhung und längere Ausgehzeiten auch nicht einsetzen würden und der lang ersehnte Mofa-Führerschein natürlich auch nicht erworben werden könne. Ist doch irgendwie eine konsequente Maßnahme!‹

Der schulmüde Sohn wird sich entweder direkt in der Situation vehement äußern, dass eine solch deftige Strafe total ungerecht sei oder sich einige Zeit später – der Mutter gegenüber – ähnlich äußern. Dies bietet Ihnen die Möglichkeit zu folgenden Fragen: ›Wie willst du denn in der Schule die Kurve kriegen? Ich finde die Idee der neuen Nachbarn super. Ob das mit deinem nächsten Geburtstag passiert, liegt ganz an dir. Wenn du Nachhilfe brauchst, dann sag uns das. Wir werden uns an den Kosten etwas beteiligen. Und wenn du es vermasselst, ist der ausfallende Geburtstag keinesfalls eine Strafe, sondern die Konsequenz deines Herumhängens‹.

Die uralte Erkenntnis, dass unmittelbar spürbare Nachteile möglichst zu vermeiden gesucht werden, hat schon gewaltige Verhaltensänderungen eingeleitet. Je deutlicher dies spürbar wird, umso schneller wird ein zielorientiertes Handeln eingeleitet.

Schon wieder zu spät nach Hause gekommen!

»Wieso kommst du erst um 24 Uhr nach Hause? Wir hatten doch 23 Uhr vereinbart«, sagte der Vater. »Aber wenn du dir Zeiten schlecht merken kannst, dann schreiben wir diese vor dem nächsten Rausgehen halt auf. Und da es ja nicht das erste Mal ist, dass es deswegen Diskussionen gibt, möchte ich nun auch von dir hören, was passiert, wenn du wieder einmal zu spät kommst.«

Basis dieses neuen Umgangs war ein Beratungsgespräch in meiner Praxis. Es wurde erkannt, dass zu häufig, wenn Sohn oder Tochter schon fast vor der Tür sind, noch rasch Termin-Ansagen oder Termin-Vereinbarungen vorgenommen werden. Aber dann ist es nachvollziehbar, dass diese nicht ins Bewusstsein finden oder schnell verdrängt werden. Also brauchen Termin-Absprachen einen Rahmen, in welchem die Uhrzeit klar vereinbart und gleichzeitig auch die Konsequenz bei Nichteinhaltung schon im Voraus durch Sohn oder Tochter benannt wird. Und wenn doch mal wieder die Zeit überschritten und beispielsweise vereinbart wurde, dass die doppelte Überziehungszeit beim nächsten Date einzusparen ist, gibt es keinen Lamentiergrund mehr.

Wenn Handy-Kontakte zum Pulsschlag des Lebens werden

»Irgendwann hörte ich, wie unsere Mara (zwölf Jahre) einer Freundin berichtete, in den letzten acht Wochen über 1200 SMS verschickt zu haben. Da sich unsere Tochter vom Taschengeld eine Flat fürs Kartentelefon gekauft hatte, gab es keine finanziellen Probleme. Aber 20 SMS pro Tag, das ist zu viel. Jetzt will sie sich auch bei schülerVZ anmelden. Auch unser 16-jähriger Ben hat ständig sein Smartphone in der Hand, klickt dauernd zwischen Facebook, Google News und YouTube herum, schaut gebannt aufs Display und hofft auf irgendwelche coolen Mitteilungen. Man hat den Eindruck, als wenn es sich um einen Topmanager, Staatschef oder Weltstar handeln würde: immer erreichbar, jederzeit muss es möglich sein, wichtige Nachrichten in die Welt zu senden. Auch bei den Mahlzeiten und Schularbeiten dreht sich alles um das ach so wichtige und geliebte Handy. Selbst zum WC geht er nie ohne sein Multi-Gerät. Wie kann ich diese Handy-Manie stoppen?«

> ›Ich simse, chatte, twittere und surfe, also bin ich!‹

Wenn sich die erste Euphorie mancher Eltern (›Schau mal, wie kompetent unser Kind diese neun Medien bedienen kann!‹) auflöst, werden meist stärker die Gefahren eines unkontrollierten Umgangs in den Blick genommen. Ja, 1200 SMS in zwei Monaten zu versenden und ständig mit einem Multifunktions-Gerät herumzuhantieren, sind eindeutige Belege für fehlende Selbstkontrolle. Dass viele Erwachsene dieselben Probleme haben, macht das Einleiten notwendiger Änderungsschritte für den Nachwuchs nicht einfacher.

Hier nun einige grundlegende Hinweise zum Umgang mit den – uns immer stärker auch beherrschenden – neuen Multifunktions-Medien.

Blieb in der griechischen Mythologie Narziss vor jeder Pfütze stehen, um sich an seinem Abbild zu ergötzen, so starren heutige Zeitgenossen nervös-verliebt auf das so wunderschön in der Hand liegende Hightech-Teil und sind entzückt vom sich spiegelnden eigenen Abbild. Erst nach langen innigen Blicken und zarten Fingerspielen wenden sie sich bei akuten Außenanforderungen von ihrem Zweit-Ego ab und seufzen, dass zu viele andere auch so ihr Image aufzupolieren versuchen. Bei so viel Schillerndem steht Klärung an, ob für die Kinder- oder die Elterngeneration. Die grundlegendste Frage, welche im Umgang mit jeglichen technischen Geräten regelmäßig zu stellen ist, lautet: Bin ich Herr oder Knecht? Oder: Bestimmt die Technik über mich oder nutze ich diese gezielt? Wer sich für eine sinnvolle Nutzung entscheidet, wird viele zeitraubenden und manche geisttötenden Handlungen ins Aus verweisen und wirkungsvollere Möglichkeiten zur Ich-Stabilisierung suchen. Sicher mag es faszinierend sein, mit einem Super-Smartphone jedes in der Luft befindliche Flugzeug oder ruck, zuck per Strichcode-Scanner den Hersteller und billigsten Anbieter eines Artikels identifizieren zu können, aber es gibt sinnvollere Möglichkeiten der Nutzung von Lebenszeit. Um aber nicht in jeder Einzelsituation alle Kriterien zwischen ›wichtig‹, ›unwichtig‹ und ›abzulehnen‹ erneut durchgehen zu müssen, sind einige grundsätzliche formale und inhaltliche Nutzungsregeln festzulegen.

Hier einige Konkretisierungen formaler Art: Abends ab ... Uhr bis nach dem Frühstück, im Theater, bei wichtigen Gesprächen, auch mit Freunden, ist der elektronische Quälgeist ausgeschaltet. Unter inhaltlichen Gesichtspunkten: Wichtige Telefonate oder SMS, ein Blick in den Fahrplan oder zum Wetterdienst, kurz mal die Tagesnachrichten sind okay. Dagegen sind permanente Zeitfresser, rasante Ablenker oder gefährdende Ausflüge in zu schillernde oder abartige Welten einfach tabu.

Die Umsetzung solcher Grundregeln mit Sohn oder Tochter hätte folgende Kriterien:

1. Ziel: Der sinnvolle Einsatz von technischen Geräten und die Abwehr von Gefahren ist zu verdeutlichen.
2. Rahmen: Wir Eltern haben eine große Verantwortung gegenüber deinem Leben und wollen dich bei der Entwicklung deiner Mündigkeit im Umgang mit diesem Medium unterstützen und schützen.
3. Weg: Kinder und Jugendlich entwerfen selbst – altersgemäß – unter formal-zeitlichen und inhaltlichen Gesichtspunkten einen Rahmenplan zur Nutzung, welcher mit den Eltern abzustimmen ist. In der Regel sind hier kräftige Nachbesserungen nötig, weil Selbstüberschätzung, Vermeidungsverhalten oder die fehlende Bereitschaft zur Selbstbegrenzung überwiegen werden.
4. Der letzte Punkt dieser Vereinbarung ist die – von den Kindern selbst eingebrachte oder zäh miteinander erarbeitete – Festlegung, ›Was passiert, wenn's nicht passiert?‹ Hier werden Handy-Sperrzeiten zwischen einem Tag und einer Woche zu verhandeln sein, je nachdem, wie intensiv der Regelverstoß war.

Diese so geschaffene Vereinbarung wird in eine Schriftform gebracht und – wie bei Verträgen üblich – von beiden Seiten unterschrieben. Für den Fall, dass Ihr Kind auf die Idee käme, sein Codewort fürs Handy zu ändern, um sich so der elterlichen Kontrolle zu entziehen, dann hat es sich wegen

Vertragsbruch selbst von diesem Gerät verabschiedet. Wichtig für Sie als Eltern ist, sich nicht wie ein Geheimdienst an die elektronischen Geräte heranzumachen, sondern solche Kontrollen wohlwollend zu vereinbarten Zeiten – unter Einbeziehung von Sohn oder Tochter – vorzunehmen.

Zum Umgang mit sozialen Netzen wie schülerVZ, Facebook oder ähnlichen Foren und zur – vielleicht beabsichtigten – Einstellung von Fotos oder Video-Clips bei YouTube und Co. ist ein vorheriges elterliches Genehmigungsverfahren unumgänglich. Besonders die Nutzung von – teilweise auch als geschützt bezeichneten – Chatrooms ist zu regulieren und auch zu kontrollieren, weil sich Kinder und Jugendliche in den eigenen vier Wänden mehr als sicher fühlen und sich nicht vorstellen können oder wollen, welche Gefahren damit verbunden sind. Diese Anregungen können ganz einfach auf den TV-Konsum, den Einsatz von Video-Geräten, Spielkonsolen sowie den Umgang mit dem PC übertragen werden.

Und für die älteren Söhne oder Töchter, die meinen, alles fest im Griff zu haben und die Eltern sollten sich deshalb gefälligst raushalten, ist die Verdeutlichung wichtig, dass alle Eltern für unter 18-Jährige eine klare Erziehungsverantwortung und jenseits der Volljährigkeit eine nicht unerhebliche Mitverantwortung in der familiären Lebensgemeinschaft haben. Erst recht trifft das zu, wenn die ›Eigenständigkeits-Deklarationen‹ der Kinder und Jugendlichen wesentlich ausgeprägter als die Fähigkeit zur Erwirtschaftung des eigenen Lebensunterhaltes sein sollten. Und der Hinweis, dass Personalbüros bei Bewerbungen immer häufiger erst mal einen Blick ins Internet werfen, um abzuklären, welche peinlichen Fotos oder Nachrichten über den potenziellen betrieblichen Neuzugang im Internet zu finden sind, bewirkt häufig ein kleines Einsichts-Wunder.

Hier noch einige Eckdaten zur Diskussion: Kinder brauchen kein eigenes Handy. Gibt es bestimmte Anlässe, wo ein

Handy als Not-Telefon sinnvoll wäre, z.B. bei ungünstigen öffentlichen Verkehrsverbindungen, dann kommt für diese Situation das ›Familienhandy‹ zum Einsatz, welches zur Gemeinschafts-Ausstattung gehört. Und nochmals: Bei den Mahlzeiten, Hausaufgaben, wichtigen Gesprächen, der wöchentlichen Familienkonferenz und abends ab ... Uhr sind die Geräte aus und liegen auch nicht im Blickfeld. Dies ist regelrecht einzutrainieren, da die Kompetenz im Umgang mit diesen Medien nicht mit dem Kauf erworben wird.

In der Regel wird die Funktion des Einschalters von modernen Medien viel schneller begriffen und umgesetzt als die des Ausschalters. Werden z.B. Ferienfreizeiten oder freiwillige schulische Lerntrainings zu ›handy-freien‹, dafür aber ›kommunikations-intensiven Zonen‹ erklärt, dann, so berichten die Leitungskräfte, stehen nach einigen Stunden, spätestens nach einem Tag die Jugendlichen vor ihnen und winseln oder fordern mit zitternden Händen – wie Abhängige – die Rückgabe ihres Super-Teils. Nach zwei, drei Tagen ist meist die Entzugs-Phase durchschritten und das ›Zweite-Ich-Gerät‹ wird fast vergessen.

Gehen die Eltern mit gutem Beispiel voran, wird die Umsetzung einfacher, wenn auch nicht unbedingt diskussionsärmer. Um sich eine gute Familienzeit zu ermöglichen, wird den Eltern und Jugendlichen als freiwillige Selbstverpflichtung empfohlen, einen Kasten in der Garderobe als ›Handy-Schlafstelle‹ einzurichten. Eine solche Praxis ist schon bei einigen Manager-Konferenzen üblich, um so das permanent einsetzen könnende melodische Gedudel oder eher nüchterne Summen, Piepen oder Schnarren von Handys aus- und die volle Konzentration aufs Thema einzuschalten.

KOMPRIMIERTE AUSSAGEN ZWISCHEN KURZ-REGELN UND SELBSTTEST

Ein Grundsatz im Umgang mit Kindern: Je größer das Harmoniebedürfnis, je umfangreicher das ›Ich-helfe-gern-Gen‹ wirkt, je ausgeprägter meine Angst vor etwaigen Risiken ist oder je intensiver ein Konfliktvermeidungs-Verhalten deutlich wird, desto ausgeprägter ist ihr Verwöhn-Verhalten. Wer etwas haben möchte, es aber selbst nicht erreichen kann, ist abhängig von anderen. So wirkt die in meiner Arbeit entwickelte ›Unterforderungs-Überforderungs-Hypothese‹!

Wichtige Klärungs-Fragen:
> Weshalb kann ich keine – oder nur sehr schwer – Spannungen aushalten?
> Was möchte ich durch ›Dauer-Umsorgen‹ kompensieren?
> Welche Belastungen aus dem beruflichen Bereich bzw. der persönlichen Lebensführung führen mich zu häufigem Konfliktvermeidungs-Verhalten?
> Weshalb treffe ich keine klaren Aussagen? Liegt es an meiner Unsicherheit (dann steht Nacharbeit und Überblicks-Aneignung an) oder daran, dass ich meinem Kind gefallen, nicht als schroff oder streng gelten möchte (dann ist eine Selbststabilisierungs-Offensive notwendig)?
> Gibt es eine gemeinsame Grundrichtung in der Erziehung zwischen Ihnen und Ihrem Ehe- bzw. Lebenspartner?

Aussagen, die nie über Ihre Lippen kommen sollten:
> »Wenn du dich nicht anstrengst, hat dich Papa/Mama nicht mehr lieb.«
> »Das schaffst du nie.« (Als ernst gemeinte Aussage)
> »Wenn du so weitermachst, wirst du in der Gosse landen!«

Aussagen, die Sie tunlichst vermeiden sollten:
- »Sollen wir lieber den Kinderwagen nehmen?«
- »Wenn du es nicht magst, brauchst du es nicht zu essen!«
- »Wenn dich die Kinder in der Kita ärgern, dann brauchst du nicht hin!«
- »Wenn es dir zu schwer ist, dann lass es!«
- »Ich mache mir ganz viel Sorgen um dich, weshalb tust du mir das an?«
- »Wenn dir der Lehrer dafür eine Fünf gegeben hat, dann ist das nicht hinnehmbar.«

Aussagen mit einer großen positiven Wirkung:
- »Wir können zwar noch etwas über die Sinnhaftigkeit von ... diskutieren, aber das ändert nichts an der Handlungs-Notwendigkeit.« (Zu viele Eltern meinen, durch Argumente den Sohn oder die Tochter zu einsichtigem Handeln führen zu können. Das ist ein Irrglaube. Besonders dann, wenn die Kinder durch Dauer-Nachfragen und -Diskutieren eine Entscheidung verschieben oder umkehren wollen.)
- »Das Aufschieben wichtiger Dinge bringt keine Vorteile, aber in der Regel Nachteile.«
- »Da ich dir die Zusammenhänge schon mehrfach erläutert habe, steht jetzt nur noch das Handeln an.«
- »Du kannst deine schulischen Lern-Aufgaben, das Zimmer-Aufräumen, den Tisch-Dienst oder das Säubern des Badezimmers zum vereinbarten Zeitpunkt mit oder ohne Lust machen. Schau mal, wie's besser klappt.«
- »Ich traue es dir zu!« – allein aus dem Glas zu trinken, aufs Töpfchen zu gehen, für fünf Minuten still zu sein, allein einzuschlafen, beim Tischdecken zu helfen, den Konflikt zu lösen, die Rutsche zu nutzen, auf den Baum zu klettern, vom Beckenrand ins Wasser zu springen, allein die Oma zu besuchen, morgen die Klassenarbeit zu schaffen usw. Diese

Aussage-Grundrichtung ist gleichzeitig der ermutigendste Lebensgrundsatz, welchen wir unseren Kindern mit auf den Weg geben können.

Weiterführende Denkansätze:
> Ärger macht's ärger, ist fehlgeleitete Energie!
> Schimpfen, lamentieren oder diskutieren Sie noch oder handeln Sie schon?
> Wem sonst nichts einfällt, der macht sich Sorgen.
> Beziehungszeit lässt sich nicht per Fremd-Betreuung einkaufen.
> Bei großer Wut oder Enttäuschung über ein Verhalten: ›Es ist mein Fleisch und Blut.‹
> Bei eindeutigem Fehlverhalten: Verurteile die Handlung und nicht das Kind!
> Auch Eltern können irren und machen Fehler. Dies auch zu verdeutlichen, hilft den Kindern spürbar.
> Das Schlimmste, was einem Kind passieren kann, sind fehlerfreie Eltern! Aber Eltern mit vielen Fehlern sind auch nicht der Hit ...

Auch wenn wir nicht wissen, was alles auf unsere Kinder zukommen wird: Wir sollten und können die Zukunfts-Chancen unserer Kinder verbessern, indem wir Herkunfts-Voraussetzungen optimieren! Ob Sie in Konflikten poltern oder nette Miene zu Nicht-Hinnehmbaren machen, zig Erklärungen bzw. Einsichts-Appelle liefern oder wegtauchen wollen: Nur ein zielgerichtetes und angemessenes Handeln ist weiterführend.

Zum Schluss ein ermutigender Satz für die Praxis von Dietrich Bonhoeffer: »Der größte Fehler, den man machen kann, ist, immer Angst zu haben einen Fehler zu machen.«

SELBSTTEST:
Was ist mein Erziehungsstil?

Entscheiden Sie sich für jeweils eine der drei vorgeschlagenen Lösungen und schreiben Sie sich die Zahlen auf einem Blatt untereinander auf.

Wie reagieren Sie, wenn Ihr Kind ...	
... kurz nach dem Schlafenlegen herzerweichend zu weinen beginnt?	
Ich nehme das Kind hoch und singe noch ein Schlaflied.	3 Punkte
Ich überhöre das Weinen und reagiere nicht.	2 Punkte
Ich schaue kurz nach, ob etwas passiert ist.	1 Punkt
... bei eigenständigen Geh-Lernversuchen hinfällt?	
Dann tröste ich das Kind sofort und frage, ob es sich wehgetan hat.	3 Punkte
Ich gehe davon aus, dass nichts passiert ist, und reagiere gar nicht.	2 Punkte
Ich beobachte die Szene genau und gebe – wenn ich keine Anhaltspunkte für eine Verletzung habe – eventuell eine kleine Ermunterung zum Weitermachen.	1 Punkt
... das Aufräumen der eigenen Spielutensilien dauernd verschiebt?	
Damit das Zimmer endlich geordnet wird, schimpfe ich mit dem Kind und erledige es selber.	3 Punkte
Ich räume die Spielsachen einfach weg und packe sie in den Keller, damit das Kind erfährt, dass es nicht ohne Aufräumen geht.	2 Punkte

Ich erläutere dem Kind kurz, dass es ohne Aufräumen nicht geht, zeige ihm, wo was hingehört (bei sehr kleinen Kindern), und überlege mit dem Kind, wie das Aufräumen besser klappen kann.	1 Punkt

… sich zu weigern scheint, das vorbereite Essen zu sich zu nehmen?

Ich sage, dass ich das Kind nicht zum Essen zwingen werde, und biete was anderes an.	3 Punkte
Ich ignoriere den Protest und sage, dass das Essen aufzuessen ist.	2 Punkte
Ich erarbeite nach der ersten augenscheinlichen Ess-Verweigerung mit dem Kind altersbezogen ein Regelwerk zum Umgang mit Essen.	1 Punkt

… mehr oder weniger regelmäßig nachts an Ihr Bett kommt und hineinkriechen will, weil es bei Ihnen ›schöner‹ ist?

Sie sagen murrend: »Dann komm schnell.«	3 Punkte
Sie lassen das Kind einfach nicht ins Bett und schicken es in sein Zimmer zurück.	2 Punkte
Sie machen in der Situation gute Miene zum ärgerlichen ›Spiel‹ und klären zeitnah, dass jeder in seinem eigenen Bett schläft, alle die ungestörte Nachtruhe brauchen und morgens auch eine kurze Zeit zum Kuscheln im Elternbett möglich ist.	1 Punkt

… häufig klagt: »Ständig ärgern mich die anderen Kinder, besonders Kevin!«?

Ich rufe dann die Mutter von Kevin an und sage, dass das so nicht geht.	3 Punkte
Dann sage ich: »Du musst dich wehren!«	2 Punkte
Dann frage ich: »Welche Lösung für diese Streitereien hast du denn?	1 Punkt

... den übernommenen Tischdienst nicht rechtzeitig umsetzt oder ständig ›vergisst‹?	
Dann erledige ich das, geht mir doch schnell von der Hand.	3 Punkte
Dann werde ich sauer und fordere die Tätigkeit sofort ein.	2 Punkte
Dann weiß ich, dass die Regelung zu unklar ist, und ändere das.	1 Punkt
... Sie ständig drängte, es beim Sportverein anzumelden, dann aber nach kurzer Zeit keine Lust mehr hat?	
»Wenn es dir nicht gefällt, brauchst du auch nicht mehr hinzugehen.«	3 Punkte
»Wir haben dich auf dein Drängen angemeldet, jetzt bleibt es auch dabei.«	2 Punkte
»Es geht ja nicht darum, was du jetzt willst, sondern um die von dir gewünschte Anmeldung. Diese läuft noch für ein halbes Jahr und danach schauen wir weiter.«	1 Punkt
... sich beschwert: »Der Mathe-Lehrer ist total ungerecht und mag mich nicht!«?	
»Ich werde den Mathe-Lehrer anrufen und ihm sagen, dass es so nicht geht.«	3 Punkte
»Schule ist dein Ding, da halt ich mich raus. Ich musste das früher auch selber regeln.«	2 Punkte
»Ob er dich nicht mag, weiß ich nicht. Aber Mathe hat was mit Zahlen zu tun, da gibt es nicht so schnell ungerechte Noten. Wenn du dich trotzdem ungerecht benotet fühlst, dann können wir ja überlegen, wie du ihn beim nächsten Mal ansprechen kannst.«	1 Punkt

... von Ihnen im Alter von zwölf Jahren beim Rauchen mit Gleichaltrigen beobachtet wird?

Sie übersehen das Ganze, reagieren gar nicht und denken an Ihre ersten Zigaretten.	3 Punkte
Sie schreiten sofort ein und nehmen dem/der Zwölfjährigen die Zigaretten weg. Schließlich ist das ein Verstoß gegen das Jugendschutzgesetz.	2 Punkte
Sie übersehen in der Situation das Ganze und suchen zeitnah eine Gelegenheit, um mit dem Sohn/der Tochter das Thema Rauchen anzusprechen.	1 Punkt

... als 13-Jähriger häufiger eine Stunde später als vereinbart am Abend nach Hause kommt?

Sie lassen das durchgehen, schließlich waren Sie auch mal jung.	3 Punkte
Sie bekunden deutlich Ihr Missfallen, verstehen das als Vertrauensbruch und verordnen einen Hausarrest.	2 Punkte
Sie reagieren in der Situation relativ gelassen, machen einen Uhrenvergleich, lassen sich noch mal die vereinbarte Uhrzeit benennen, vermeiden eine ›Wie es dazu kam-Diskussion‹, überlegen selbst, was Sie eventuell in puncto Klarheit der Regel versäumt haben, und klären vor dem nächsten Ausgehen exakt, was wie zu geschehen hat.	1 Punkt

... ohne Ihr Wissen mit 15 Jahren die Freundin/den Freund über Nacht mit ins ›eigene‹ Zimmer genommen hat?

Sie schauen sich den ›Gast‹ irritiert an, denken, dass das heute halt so ist, und sagen nichts.	3 Punkte
Sie reagieren recht sauer und stellen die beiden zur Rede, schließlich ist das ja *Ihre* Wohnung.	2 Punkte

Sie reagieren in der Situation relativ gelassen, begrüßen recht verwundert den unangemeldeten Gast und sagen Ihrem Sohn/Ihrer Tochter, dass da wohl im Bereich der Planung bzw. Absprache etwas schiefgelaufen sein müsse, was bald zu klären sei. Mit ihm/ihr regeln Sie dann in klaren Worten zeitnah (ohne den ›Gast‹), wie in Zukunft mit einer ›Übernachtungs-Idee‹ umzugehen ist.	1 Punkt

Um herauszufinden, ob Sie mit Ihren Antworten mitten in der Verwöhnungsfalle stecken, zu schroff reagieren oder ein fast ideales Erziehungsverständnis offen legen, addieren Sie Ihre Zahlenwerte. Wenn Sie bei 12 Punkten liegen oder knapp darüber, sind Sie rekordverdächtig. Glückwunsch! Haben Sie ungefähr 24 Punkte erreicht, ist Ihr Denkansatz der Eigenverantwortung von Sohn oder Tochter zwar recht ausgeprägt, aber eine gewisse Schroffheit Ihrer Reaktionen wird ein besseres Ergebnis in Richtung ›Förderung der Eigenverantwortung‹ behindern. Sollten Sie nahe an die maximal möglichen 36 Punkte kommen, ist Nacharbeit und substanzielle Änderung angesagt. Sie scheuen offenbar das (Er)Tragen der Konsequenzen und brauchen hier noch mehr Übung. Sie sollten die Verwöhnungsfalle – um Ihrer selbst und der Kinder willen – jedenfalls nicht weiter zum bevorzugten Aufenthaltsort erklären, sondern stattdessen die Kernaussagen dieses Buches noch einmal, möglichst mit Ihrem Partner/Ihrer Partnerin, auf sich wirken lassen.

ANHANG

ANMERKUNGEN

1 Hierzu eine DPA-Meldung vom 25. Juni 2012: Forscher unterstreichen, dass Kleinkinder schon früh aus dem offenen Becher trinken lernen sollten. Die Nuckelflasche sei eine Gefahr für die Zähne, besonders »wenn sie mit zucker- oder säurehaltigen Getränken gefüllt sind«. So sind ca. 15 Prozent eines Jahrgangs von der sogenannten ›Nuckelflaschen-Karies‹ betroffen. Außerdem unterstreichen Fachärzte, dass so auch die Entwicklung eines gesunden Kiefers beeinträchtigt wird, welcher auch für die Lautbildung wichtig ist.
2 Der Text erschien um ca. 30 Prozent gekürzt u.a. in *DIE ZEIT* vom 1. Oktober 1998 und in der *Schweizer Familie* vom 10. Dezember 1998.
3 Jedes fünfte Kind wird regelmäßig zur Schule gefahren, in Köln werden in einer Grundschule 60 Prozent der Kinder per Auto oder zu Fuß von den Eltern gebracht. Quelle: Medienservice der Techniker Krankenkasse, Sonderheft *Endlich Schulkind!*, August 2011.
4 AWO-Studie in der Stadt Monheim, Quelle: *Rheinische Post* vom 23. August 2012.
5 Karlheinz Wolfgang, Leiter des Instituts für berufsfördernde Individualpsychologie, Neuss.
6 Jean-Jacques Rousseau: *Emil oder Über die Erziehung*, Paderborn 1978, S. 10.
7 Jean Liedloff: *Auf der Suche nach dem verlorenen Glück. Gegen die Zerstörung unserer Glücksfähigkeit in der frühen Kindheit*, München 1998, S. 70.
8 Ebd., S. 78.
9 Jean-Jacques Rousseau: *Emil oder Über die Erziehung*, a.a.O., S. 65.
10 Roman Herzog: »Erziehung im Informationszeitalter«, in: *Bulletin*, Presse- und Informationsamt der Bundesregierung vom 18. Juni 1998.
11 Siehe hierzu meinen Beitrag »Kinder brauchen Vorbilder«, auf: www.familienhandbuch.de/erziehungsfragen/allgemeine-erziehungsfragen/kinder-brauchen-vorbilder.

12 Siegfried Uhl: *Anmerkungen zur Erziehung am Ende des Zwanzigsten Jahrhunderts*, Köln 1998, S. 11 f.
13 Damit es nicht zur Krise kommt, verweise ich auf mein Buch *An welcher Schraube Sie drehen können, damit Ihre Beziehung rundläuft*, München 2011.
14 Das normalerweise positiv besetzte Wort ›selbst-los‹ wird so stark hinterfragt.
15 Wolfgang Brezinka setzte sich in seinem Buch *Von der Pädagogik zur Erziehungswissenschaft* mit diesem Paradigmenwechsel kritisch auseinander.
16 Jean-Jacques Rousseau: *Emil oder Über die Erziehung*, a.a.O., S. 67.
17 www.tagesspiegel.de/berlin/ergebnis-von-sprachtests-kitabesuch-garantiert-keine-ausreichenden-sprachkenntnisse/6261050.html.
18 Welt-online vom 23. Mai 2012.
19 Dazu notierte Siegfried Uhl: »In mehreren Studien ist als Folge der Drogenaufklärung kein Nachlassen, sondern das Ansteigen der ›Probierbereitschaft‹ nachgewiesen worden.« In einem anderen typischen Aufklärungsbereich wurde festgestellt, dass manche Schüler »anstelle eines vernünftigen ein risikobereiteres Sexualverhalten« bevorzugen (Siegfried Uhl: *Anmerkungen zur Erziehung ...*, a.a.O., S. 26 f.).
20 In der »Idee der Arbeitsgemeinschaft« wurde dieser Gedanke zum Charakteristikum eines eigenständigen Bildungsverständnisses; siehe hierzu Albert Wunsch: *Die Idee der »Arbeitsgemeinschaft«. Eine Untersuchung zur Erwachsenenbildung in der Weimarer Zeit*, Frankfurt/M., Bern, New York 1986.
21 Das erste Straf- bzw. Klageverfahren gegen Erziehungspersonen wegen sozialer Verwahrlosung oder seelischer Grausamkeit, begangen durch Verwöhnung von Kindern, steht meines Wissens noch aus.
22 Alexander S. Neill: *Theorie und Praxis der antiautoritären Erziehung. Das Beispiel Summerhill*, Hamburg 1969, S. 116 f.
23 In einer norddeutschen Großstadt konnten Kinder einer Grundschule diese trotz ›hitzefrei‹ nicht verlassen, weil sie den Fußweg nach Hause noch nie gegangen waren. Über 25 Prozent der Kinder, welche zur Schule gefahren werden, haben eine Wegstrecke von unter 800 Metern. Kein Wunder, dass immer mehr Kinder durch Bewegungsmangel krank werden.
24 Barbara Esser u. Kerstin Holzer: »Menschenskinder! Tanzt Ihnen auch der Nachwuchs auf der Nase herum? Pendeln Sie zwischen Schmusekurs und Strenge? Ein Wegweiser für das Abenteuer Familie«, in: *Focus*, 27/1999, S. 52.
25 In den Nachbarländern Dänemark und Niederlande wurden schon

grundlegende Reformen mit ersten Wirkungen eingeleitet. In den USA hat die einschneidend veränderte Sozialgesetzgebung zu einer deutlichen Zunahme der Eigenverantwortung geführt.
26 So die *Rheinische Post* schon am 12. Februar 1999. Seither hat sich leider nichts zum Besseren verändert.
27 KNA-Meldung vom 14. Mai 2012.
28 Nach der ZDF-Sendung *37°* und der anschließenden Diskussion in *37° plus* vom 14. April 2009.
29 Schlafen bei Licht fördert nach einer dpa-Meldung vom 12. Mai 1999 eine spätere Kurzsichtigkeit. Forscher aus den USA berichteten in der britischen Zeitschrift *Nature*, dass von 500 untersuchten Kindern diejenigen, die bis zum Alter von zwei Jahren bei Licht schliefen, 48 Prozent später an Kurzsichtigkeit litten. Bei Kindern, die im Dunkeln schliefen, waren es nur neun Prozent. Bei 31 Prozent führte selbst ein kleines Nachtlicht noch zur Kurzsichtigkeit.
30 *Rheinische Post* vom 8. März 1999.
31 Zitiert aus einem Kommentar der *Wirtschaftswoche* vom 29. Januar 1998.
32 In den Niederlanden z.B. zahlen Eltern erst mal die Gesamtrechnung, dann erstattet der Staat bei einem Jahreseinkommen unter 16 000 Euro ca. 60 Prozent und ab 72 000 Euro 1,8 Prozent der Kosten. Ein Drittel der Kosten übernehmen die Arbeitgeber.
33 Aus: »Wörterbuch der russischen Sprache« von 1905, zitiert nach: Josef Rattner: *Verwöhnung und Neurose. Seelisches Kranksein als Erziehungsfolge*, Zürich 1968, S. 14.
34 Josef Rattner: *Verwöhnung und Neurose*, a.a.O., S. 36 f.
35 Ebd., S. 17.
36 Ebd., S. 41.
37 Ebd., S. 19.
38 Ebd., S. 37 ff.
39 Alfred Adler selbst glich z.b. seinen Mangel im Fach Mathematik – in seiner Gymnasialzeit war er deshalb versetzungsgefährdet – so stark aus, dass es bald zum Lieblingsfach wurde.
40 Josef Rattner: *Verwöhnung und Neurose*, a.a.O., S. 46.
41 Ebd., S. 23 f.
42 Ebd., S. 28.
43 Ebd., S. 34.
44 Ebd., S. 65 f.
45 Josef Rattner: *Die Individualpsychologie Alfred Adlers. Eine Einführung in Adlers verstehende Psychologie und Erziehungslehre*, München 1974, S. 26.

46 Josef Rattner: *Verwöhnung und Neurose*, a.a.O., S. 48.
47 Heinz L. u. Rowena R. Ansbacher (Hrsg.): *Alfred Adlers Individualpsychologie. Eine systemische Darstellung seiner Lehre in Auszügen aus seinen Schriften*, München 1995, S. 130.
48 Zitiert nach Barbara Oehler: *Der Einfluß der verwöhnenden und verzärtelnden Erziehung auf die gesunde und kranke Entwicklung der menschlichen Persönlichkeit*, Zürich 1977 (Dissertation), S. 46.
49 Ebd., S. 6.
50 Felix von Cube: *Fordern statt verwöhnen. Die Erkenntnisse der Verhaltensbiologie in Erziehung und Führung*, München 1997, S. 114.
51 Ebd., S. 14.
52 Ebd., S. 126 f.
53 Ebd., S. 144.
54 Ebd., S. 119 f.
55 Der Neugiertrieb ist nach von Cube der menschlichste aller Triebe.
56 Felix von Cube: *Fordern statt verwöhnen*, a.a.O., S. 124 f.
57 Ein Säugling, der seine Nahrung per kleine Schnuller-Öffnung zu sich nimmt, käme nie auf die Idee, eine größere zu reklamieren. Würde durch Zufall oder Absicht die Erfahrung eines sehr leichten Trinkvergnügens durch eine größere Öffnung gemacht, kann dieser Vergleich auch zu einer entsprechenden Einforderung führen.
58 Felix von Cube: *Fordern statt verwöhnen*, a.a.O., S. 115 f.
59 Ebd., S. 120.
60 Ebd., S. 14.
61 »Männer lassen lieben«, sagen Frauen – aus der Perspektive von Verwöhnerinnen darf dies jedoch keine Kritik sein.
62 Zitiert nach Felix von Cube: *Fordern statt verwöhnen*, a.a.O., S. 117.
63 Ebd., vgl. S. 151 u. 120.
64 Norbert Copray: »Mut zur Erziehung?« In: *Publik Forum*, 18/1993.
65 Felix von Cube: *Fordern statt verwöhnen*, a.a.O., S. 114.
66 Norbert u. Gabriele Münnix: *Leben statt gelebt zu werden. Wie wir Kindern Orientierung geben*, Zürich, Düsseldorf 1998, S. 118 f.
67 Stefan Bonner u. Anne Weiss: *Generation doof. Wie blöd sind wir eigentlich?* Bergisch Gladbach 2008, S. 44.
68 Kommentar in der *Rheinischen Post* vom 23. März 1999.
69 Martin E. Seligman: *Erlernte Hilflosigkeit*, München, Wien, Baltimore 1986, S. 47.
70 Norbert u. Gabriele Münnix: *Leben statt gelebt zu werden*, a.a.O., S. 24.
71 Ebd., S. 147; siehe dort auch S. 100.
72 Wenn Erzieherinnen, Lehrer oder Jugendleiter Rückmeldungen zu Verhaltensauffälligkeiten von Kindern geben, stoßen diese häufig auf

Abwehr oder Beschwichtigung. Ein Aufgreifen der Information als Anregung für eigenes Handeln ist selten.

73 Die Schuld für diesen Zustand kann natürlich nicht nur den Arbeitslosen und Sozialhilfeempfängern zugeschrieben werden. Andere haben an dieser Entwicklung auch ihren Teil, von verwöhnenden Eltern oder Lebenspartnern über inkonsequente Betriebe bis hin zu den öffentlichen Stellen des sozialen Netzes.

74 Im hessischen Seligenstadt, so berichtete mir eine Schulleiterin, erhalten Mädchen von ihren Müttern bis zu dreimal im Monat eine menses-bedingte Entschuldigung für den Sportunterricht.

75 Felix von Cube: *Fordern statt verwöhnen*, a.a.O., S. 123. f.

76 Alleinerziehende Mütter klammern sich häufig an ihr Kind, wollen »nur noch für es da sein« und werden ihm mit einer solch besitzergreifenden Liebe schaden. So soll das Kind stellvertretend das erfüllen, »was im Leben der Frau nicht gelungen ist«. Zitiert nach Norbert u. Gabriele Münnix: *Leben statt gelebt zu werden*, a.a.O., S. 68.

77 Josef Rattner: *Verwöhnung und Neurose*, a.a.O., S. 63.

78 József Koch: »Die Entfremdung und ihre Überwindung bei Jean-Jacques Rousseau und Erich Fromm«, in: Johannes Claßen (Hrsg.): *Erich Fromm und die Kritische Pädagogik*, Weinheim, Basel 1991, S. 100.

79 Felix von Cube: *Fordern statt verwöhnen*, a.a.O., S. 31.

80 Siehe hierzu die Ausführungen zu den Risiken des Lebens in Konsumgesellschaften in meinem Buch *Abschied von der Spaßpädagogik*.

81 Siehe hierzu die Ausführungen des international anerkannten Bindungsforschers Gordon Neufeld in seinem Buch *Unsere Kinder brauchen uns! Die entscheidende Bedeutung der Kind-Eltern-Bindung*.

82 Josef Rattner: *Verwöhnung und Neurose*, a.a.O., S. 52 ff.

83 Zitiert nach Barbara Oehler: *Der Einfluß der verwöhnenden und verzärtelnden Erziehung ...*, a.a.O., S. 46.

84 Erich Fromm: *Psychoanalyse und Ethik. Bausteine zu einer humanistischen Charakterologie*, München 1992, S. 97.

85 Diese Aufforderung ist der »Ethik für (seinen Sohn) Amador« des spanischen Philosophen Fernando Savater entnommen. Zitiert nach Siegfried Uhl: *Anmerkungen zur Erziehung ...*, a.a.O., S. 11.

86 Jean-Jacques Rousseau: *Emil oder über die Erziehung*, a.a.O., S. 22.

87 Alexander S. Neill: *Theorie und Praxis ...*, a.a.O., S. 117.

88 74 Prozent der Eltern offenbarten in der bereits genannten *Focus*-Studie mangelnde Konsequenz im Umgang mit Fehlverhalten bzw. nicht eingehaltenen Vereinbarungen. In: Barbara Esser u. Kerstin Holzer: »Menschenskinder ...«, a.a.O., S. 48 f.

89 So Jan-Uwe Rogge, Autor des Buches *Kinder brauchen Grenzen*, in: Barbara Esser u. Kerstin Holzer: »Menschenskinder ...«, a.a.O., S. 50.
90 Norbert u. Gabriele Münnix: *Leben statt gelebt zu werden*, a.a.O., S. 69. Dort wird weiter ausgeführt: »Viele delinquente Jugendliche kommen aus vaterlosen Familien, wobei hier durchaus nicht nur Scheidungswaisen gemeint sind.«
91 Siehe hierzu mein Partnerschafts-Stabilisierungs-Buch *An welcher Schraube Sie drehen können* ..., a.a.O.
92 Zitiert nach Felix von Cube: *Fordern statt verwöhnen*, a.a.O., S. 162.
93 *Wirtschaftswoche* vom 13. Mai 1999.
94 Ganzseitig stellte *DIE ZEIT* vom 3. Oktober 1997 die Pflichten den Rechten gegenüber und forderte zur breiten Diskussion auf.
95 Differenziertere Hinweise hierzu im letzten Kapitel, speziell unter der Überschrift »Wenn Handy-Kontakte zum Pulsschlag des Lebens werden«.
96 Ich lernte diese Regel innerhalb von Seminaren zur Optimierung des privaten und beruflichen Lebenserfolges durch Karlheinz Wolfgang kennen, den ehemaligen Leiter des Instituts für berufsfördernde Individualpsychologie (IIP) in Neuss.
97 Neurotiker stellen (zu) hohe Ideale auf, um die Wirklichkeit zu entwerten und Gründe für ein Nicht-Reagieren zu haben. Dies schafft den Grund, »vor der Front des Lebens davonzulaufen«, wie Alfred Adler feststellte.

LITERATURHINWEISE

Adler, Alfred: »Verzärtelte Kinder«, in: *Zeitschrift für Individualpsychologie*, 5/1980

Ansbacher, Heinz L. u. Rowena R. (Hrsg.): *Alfred Adlers Individualpsychologie. Eine systemische Darstellung seiner Lehre in Auszügen aus seinen Schriften*, München 1995

Antoch, Robert F.: *Von der Kommunikation zur Kooperation. Studien zur individualpsychologischen Theorie und Praxis*, München 1981

Ashner, Laurie u. Meyerson, Mitch: *Wenn Eltern zu sehr lieben*, Reinbek 1991

Baron, Stefan: »Schwerer Irrtum. Was ist sozial?«, in: *Wirtschaftswoche* vom 29. Januar 1998

Baumann, Michael: »Den Job erledigen – Zur Sozialhilfereform Clintons«, in: *Wirtschaftswoche* vom 13. Mai 1999

Benard, Cheryl u. Schlaffer, Edit: *Sag uns, wo die Väter sind. Von Arbeitssucht und Fahnenflucht des 2. Elternteils*, Hamburg 1991

Bergmann, Wolfgang: *Warum unsere Kinder ein Glück sind. So gelingt Erziehung heute*, Weinheim, Basel 2009

Berzbach, Frank: »Eltern erziehen! Albert Wunsch hat recht. Aber auch die Kinderlosen tragen einen Teil der Schuld«, in: *DIE ZEIT* vom 15. Oktober 1998

Bleckmann, Paula: *Medienmündig. Wie unsere Kinder selbstbestimmt mit dem Bildschirm umgehen lernen*, Stuttgart 2012

Bonner, Stefan u. Weiss, Anne: *Doof it yourself. Erste Hilfe für die Generation Doof*, Bergisch Gladbach 2009

Dies.: *Generation doof. Wie blöd sind wir eigentlich?* Bergisch Gladbach 2008

Braunmühl, Ekkehard von: *Antipädagogik. Studien zur Abschaffung der Erziehung*, Weinheim, Basel 1980

Brezinka, Wolfgang: *Von der Pädagogik zur Erziehungswissenschaft*, Weinheim, Basel 1971

Ders.: »Werte-Erziehung in einer wertunsicheren Gesellschaft«, in: Huber, Herbert (Hrsg.): *Sittliche Bildung. Ethik in Erziehung und Unterricht*, Asendorf 1993

Brinck, Christine: »Wenn Mama zur Feindin wird«, in: *DIE ZEIT* vom 18. März 1999

Dies.: »Wo ist Vati?«, in: *Focus*, 5/1995

Bruckberger, Erich: *Die neuen Eltern* (drei Bände), Wien 2010

Buber, Martin: *Ich und Du*, Leipzig 1923

Cube, Felix von: *Fordern statt verwöhnen. Die Erkenntnisse der Verhaltensbiologie in Erziehung und Führung*, München 1997

Dönhoff, Marion Gräfin: »Es sind unsere Kinder. Gewalt unter Jugendlichen – ein Abbild der Gesellschaft«, in: *DIE ZEIT* vom 8. April 1998

Dreikurs, Rudolf: *Grundbegriffe der Individualpsychologie*, Stuttgart 1990

Dreikurs, Rudolf, Gould, Shirley u. Corsini, Raymond J.: *Familienrat. Der Weg zu einem glücklicheren Zusammenleben von Eltern und Kindern*, Stuttgart 1977

Dreikurs, Rudolf u. Soltz, Vicki: *Kinder fordern uns heraus. Wie erziehen wir sie zeitgemäß?* Stuttgart 1972

Dunkel, Monika u. Hoffmann, Michaela: »Was ist sozial?«, in: *Wirtschaftswoche* vom 29. Januar 1998

Enzensberger, Hans Magnus: »Reminiszenzen an den Überfluss«, in: *DER SPIEGEL*, 51/1996

Erikson, Erik H.: *Kindheit und Gesellschaft*, Stuttgart 1965

Frankl, Viktor E.: *Das Leiden am sinnlosen Leben. Psychotherapie für heute*, Freiburg, Basel, Wien 1984

Fromm, Erich: *Haben oder Sein. Die seelischen Grundlagen einer neuen Gesellschaft*, Stuttgart 1976

Gebert, Frank: »Tribunal gegen die Väter«, in: *Focus*, 40/1993

Gordon, Thomas: *Familienkonferenz*, München 1989

Ders.: *Die neue Familienkonferenz. Kinder erziehen ohne zu strafen*, Hamburg 1993

Hentig, Hartmut von: *Die Schule neu denken*, München 1993

Herzog, Roman: »Erziehung im Informationszeitalter«, in: *Bulletin*, Presse- und Informationsamt der Bundesregierung vom 18. Juni 1998

Höfer, Max A. u. a.: »Alptraum Sozialstaat ... ungerecht, unzeitgemäß, unwirtschaftlich«, in: *Capital*, 10/1999

Hofstätter, Peter R.: »Tiefenpsychologische Persönlichkeits-Theorien. III: Die Individualpsychologie«, in: *Handbuch der Psychologie. Band 4: Persönlichkeitsforschung und Persönlichkeitstheorie*, Göttingen 1996

Juul, Jesper: *Das kompetente Kind*, Reinbek 2002

Kast-Zahn, Annette: *Jedes Kind kann Regeln lernen. Vom Baby bis zum Schulkind: Wie Eltern Grenzen setzen und Verhaltensregeln vermitteln können*, Ratingen 1997

Kast-Zahn, Annette u. Morgenroht, Hartmut: *Jedes Kind kann schlafen lernen. Vom Baby bis zum Schulkind: Wie Sie Schlafprobleme Ihres Kindes vermeiden und lösen können*, Ratingen 1995

Krenz, Armin u. Klein, Ferdinand: *Bildung durch Bindung. Frühpädagogik: inklusiv und beziehungsorientiert*, Göttingen 2012

Liedloff, Jean: *Auf der Suche nach dem verlorenen Glück. Gegen die*

Zerstörung unserer Glücksfähigkeit in der frühen Kindheit, München 1998

Lorenz, Konrad: *Die acht Todsünden der zivilisierten Menschheit*, München 1984

Marone, Nicky: *Erlernte Hilflosigkeit überwinden. Die Frau in der Gesellschaft*, Frankfurt/M. 1996

Mayer, Susanne: »Mal an die eigene Nase fassen. Werden Kinder zu sehr verwöhnt? Eine Replik auf Albert Wunsch«, in: *DIE ZEIT* vom 8. Oktober 1998

Meves, Christa: *Manipulierte Maßlosigkeit*, Freiburg 1986

Miller, Alice: *Am Anfang war Erziehung*, Frankfurt/M. 1980

Dies.: *Das Drama des begabten Kindes und die Suche nach dem wahren Selbst. Eine Um- und Fortschreibung*, Frankfurt/M. 1994

Montessori, Maria: *Selbsttätige Erziehung im frühen Kindesalter*, Stuttgart 1913

Münnix, Norbert u. Gabriele: *Leben statt gelebt zu werden. Wie wir Kindern Orientierung geben*, Zürich, Düsseldorf 1998

Neill, Alexander S.: *Theorie und Praxis der antiautoritären Erziehung. Das Beispiel Summerhill*, Hamburg 1969

Ders.: »Zur Autorität«, in: *DIE ZEIT* vom 30. Oktober 1970

Neufeld, Gordon u. Maté, Gabor: *Unsere Kinder brauchen uns! Die entscheidende Bedeutung der Eltern-Kind-Bindung*, Bremen 2006

Oehler, Barbara: *Der Einfluß der verwöhnenden und verzärtelnden Erziehung auf die gesunde und kranke Entwicklung der menschlichen Persönlichkeit*, Zürich 1977 (Dissertation)

Postman, Neil: *Keine Götter mehr. Das Ende der Erziehung*. Berlin 1995

Ders.: *Das Verschwinden der Kindheit*, Frankfurt/M. 1986

Ders.: *Wir amüsieren uns zu Tode. Urteilsbildung im Zeitalter der Unterhaltungsindustrie*, Frankfurt/M. 1985

Prekop, Jirina: *Der kleine Tyrann. Welchen Halt brauchen Kinder?* München 1995

Rattner, Josef: *Die Individualpsychologie Alfred Adlers. Eine Einführung in Adlers verstehende Psychologie und Erziehungslehre*, München 1974

Ders.: *Verwöhnung und Neurose. Seelisches Kranksein als Erziehungsfolge*, Zürich 1968

Renz-Polster, Herbert: *Kinder verstehen. Born to be wild: Wie die Evolution unsere Kinder prägt*, München 2009

Rogge, Jan-Uwe: *Kinder brauchen Grenzen*, Reinbek 1993

Rousseau, Jean-Jacques: *Emil oder Über die Erziehung*, Paderborn 1978

Rutschky, Katharina (Hrsg.): *Schwarze Pädagogik. Quellen zur Naturgeschichte der bürgerlichen Erziehung*, Berlin 1997

Sax, Leonhard: *Jungs im Abseits. 5 Gründe, warum unsere Söhne immer antriebsloser werden. Die aufrüttelnde Analyse eines Kinderarztes*, München 2009

Schavan, Annette: *Schule der Zukunft. Bildungsperspektiven für das 21. Jahrhundert*, Freiburg, Basel, Wien 1998

Schiefenhövel, Wulf u. a. (Hrsg.): *Eibl-Eibesfeldt – Sein Schlüssel zur Verhaltensforschung*, München 1993

Schmidbauer, Wolfgang: *Die hilflosen Helfer. Über die seelische Problematik der helfenden Berufe*, Reinbek 1977

Schmidt, Helmut: »Zeit, von den Pflichten zu sprechen!«, in: *DIE ZEIT* vom 3. Oktober 1997

Schneider, Regine: »Unsere Kinder: Verwöhnt, unselbstständig, überfordert. Müssen wir wieder strenger sein?«, in: *Familie & Co.*, 10/1999

Schulze, Gerhard: *Die Erlebnisgesellschaft. Kultursoziologie der Gegenwart*, Frankfurt/M. 1992

Seligman, Martin E.: *Erlernte Hilflosigkeit*, München, Wien, Baltimore 1986

Tamaro, Susanna: *Der Zauberkreis. Ein Märchen für große und kleine Kinder*, Zürich 1996

Tschöpe-Scheffler, Sigrid: *Fünf Säulen der Erziehung. Wege zu einem entwicklungsfördernden Miteinander von Erwachsenen und Kindern*, Ostfildern 2011

Watzlawick, Paul: *Anleitung zum Unglücklichsein*, München 1983

Wickler, Wolfgang u. Seibt, Uta: *Das Prinzip Eigennutz. Zur Evolution sozialen Verhaltens*, München 1991

Winterhoff, Michael: *Warum unsere Kinder Tyrannen werden. Oder: Die Abschaffung der Kindheit*, Gütersloh 2008

Wunsch, Albert: *Abschied von der Spaßpädagogik. Für einen Kurswechsel in der Erziehung*, München 2003

Ders.: »Abschied von einer Bespaßungspädagogik. Für eine Erziehung in Freude und Verantwortung«, in: Krenz, Armin (Hrsg.): *Handbuch für ErzieherInnen*, München 2008

Ders.: »Abschied von einer Bespaßungspädagogik – weil Kinder ernst zu nehmende Geschöpfe sind!«, in: Moser, Christian Sebastian, Danich, Peter u. Halper, Dietmar (Hrsg.): *Schlüsselbegriffe der Demokratie*, Wien 2008

Ders.: *An welcher Schraube Sie drehen können, damit Ihre Beziehung rundläuft. Boxenstopp für Paare*, München 2011

Ders.: »Erziehung zwischen Über- und Unterforderung«, in: Deutscher Kinderschutzbund (Hrsg.): *Starke Eltern, starke Kinder*, Jahresthemenheft 2006

Ders.: *Die Idee der »Arbeitsgemeinschaft«. Eine Untersuchung zur Erwachsenenbildung in der Weimarer Zeit,* Frankfurt/M., Bern, New York 1986

Ders.: »Der Jugendwahn – pubertäres Verhalten als Lebensprinzip?«, in: Bergold, Ralph u. Becker-Huberti, Manfred (Hrsg.): *For ever young: Ideal. Hoffnung, Drohung?* (Dokumentation der Bad Honnefer disputatio 2007), Bad Honnef 2008

Ders.: »Kurswechsel. Von der Spaßpädagogik zur Erziehungskompetenz«, in: Bischöfliches Generalvikariat Essen (Hrsg.): *Katholische Grundschule – christliches Erziehungsbündnis für die Welt von morgen,* Essen 2002

Ders.: »Lehrer können nicht alles leisten«, in: Bonner, Stefan u. Weiss, Anne: *Doof it yourself. Erste Hilfe für die Generation Doof,* Bergisch Gladbach 2009

Ders.: *Stark fürs Leben. Eine Aufsatzsammlung,* erschienen als Band 6 der Schriftenreihe des Thomas-Morus-Bildungswerkes Schwerin im Erzbistum Hamburg 2003

Ders.: »Verwöhnung, die abhängigmachende Volks-Droge«, in: *Jugendwohl,* 7/8 1998; gekürzt ebenfalls unter »Droge Verwöhnung« in: *DIE ZEIT* vom 1. Oktober 1998; ebenfalls unter »Volksdroge Verwöhnung« in: *Elternforum,* 4/1998; ebenfalls unter »Verschaukelte Kids« in: *Schweizer Familie* vom 10. Dezember 1998; ebenfalls unter »Droge Verwöhnung« in: *Bausteine für Frauengruppen,* 4/1999

Ders.: »Verwöhnung als Motivations-Killer – Anstöße zur Vitalisierung verschütteter Schüler-Potenziale«, in: Smolka, Dieter (Hrsg.): *Schülermotivation. Konzepte und Anregungen für die Praxis,* Neuwied 2002

Ders.: »Vom Mängelwesen zur starken Persönlichkeit. Welche Kinder geben unserer Gesellschaft eine tragfähige Zukunft?«, in: Kirche und Gesellschaft (Schriftenreihe der Katholischen Sozialwissenschaftlichen Zentralstelle), H. 313 (Oktober 2004)

Ders.: »Von wirkungslosen oder abhängig machenden Beratungsstellen«, in: *Blickpunkt,* Oktober 2003

Ders.: »Werden Kinder heute zu sehr verwöhnt?« – »Abschied von der Spaßpädagogik« – »Kinder brauchen Vorbilder«, in: Fthenakis, Wassilios E. u. Textor, Martin R. (Hrsg.): *Das Online-Familienhandbuch,* www.familienhandbuch.de

Zimmer, Katharina: *Wer sind unsere Kinder? Jugendliche heute – verwöhnt, verlassen, missverstanden,* München 1994

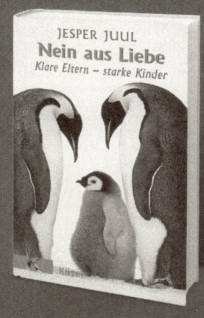